나를 말할 권리

다르게 보고 말하는 인권

지은이 **김희윤**

한양대학교 교육대학원에서 국어교육을 전공하고 있다. 한동안 부천에서 신문기자로 활동했다. 2010년 청산문학 제1회 신인문학상 '시 부분' 신인상을 수상했고, 2012년에는 경기도의회 의장상을 수상했다. 개인 저서로는 소설『불현듯 사랑한다는 것』,『빠르게, 카운터 펀치』등이 있다.

나를 말할 권리
다르게 보고 말하는 인권

© 김희윤, 2014

1판 1쇄 인쇄__2014년 10월 05일
1판 1쇄 발행__2014년 10월 15일

지은이__김희윤
펴낸이__홍정표
펴낸곳__글로벌콘텐츠
　　　　등록__제25100-2008-24호
　　　　이메일__edit@gcbook.co.kr

공급처__(주)글로벌콘텐츠출판그룹
　　　　대표__홍정표
　　　　편집__김현열 노경민 김다솜 **디자인**__김미미 **기획·마케팅**__이용기 **경영지원**__안선영
　　　　주소__서울특별시 강동구 천중로 196 정일빌딩 401호
　　　　전화__02) 488-3280 **팩스**__02) 488-3281
　　　　홈페이지__http://www.gcbook.co.kr

값 12,800원
ISBN 979-11-85650-56-2 03300

당신의 권리는 보장받고 있습니까

나를 말할 권리

김희윤 지음

다르게 보고
말하는 인권

글로벌콘텐츠

이 책을 통해 다루어지는 모든 이야기는 다양한 역사적 사료와 건강한 상식에 근거한 필자의 주관적인 의견임을 밝히고 싶다. 보다 객관성 있는 시야를 바라는 독자들에겐 실망을 안겨 주는 꼴이라 송구스럽기 그지없지만, 인간이 의식을 지닌 주체적 개체인 이상 '객관적'이긴 불가능하다는 사실을 우선적으로 인정하고 넘어가야겠다.

이 책은 교과서적인 인권 이야기가 아니다. 세대를 거듭하며 발전해 가는 사회 안에서 기본적인 혜택조차 누리지 못하는 약자들에 대한 막연한 연민으로부터 기록되어졌다. 사각지대에 놓여 우리가 미처 보지 못하는 각종 부조리를 들춰내야 할 필요성을 자각하기 위해서는 '다르게 보고 말하는 것'이 얼마나 중요한지를 새삼 깨닫게 되는 바다.

사회 내 존재하는 비정규직 노동자와 외국인 노동자, 동남아 계열 이주여성, 무슬림, 장애인 등 사회·문화적으로 특수한 계층에 속하는 사람들만을 집중 조명하던 이야기를 넘어서, 입시 지옥에 갇힌 청소년, 바삐 뛰어다니며 구직 중인 청년, 실직한 가장, 유유히 공원을 거니는 노인에 이르기까지 세상의 편견에 똑바로 맞설 수 없는 이들과, 비정상적인 시선에 어깨를 당당히 펴지 못하는 지친 영혼들에게 따뜻한 위로의 말 한 마디를 건네고자 이 책이 기획된 참 의의가 있다.

서점에만 가도 '인권'에 관한 책은 널리고 널렸지만 일상을 향유하는 인간의 보편적 의미로서의 인권이란 말은 어디에도 없다. 단지 특정한 문화적 상황이나 환경 ― 이를테면, 안락사의 문제라든지 사형제도의 존속과 폐지 등 ― 과 관련한 특수한 인권 찾기에만 급급했던 현실에 제동을 걸고자 한다. 정작 현실 속 '우리'의 인권은 어디에 있는가? 표피를 감춘 채 일상 안에 존재하는, 그래서 지나치기 쉬운 인권유린에 대해 우리는 어떻게 대처해야 하는가가 관건인 셈이다.

여태껏 우리사회는 '당연함'이라는 가치 아래 얼마나 많은 소수자들의 권익을 짓밟아 왔는가? '그럴듯함'이라는 명분 아래 놓여 무시되고 바스러진 수많은 사람들을 다시금 돌아볼 줄 알아야 한다. 또한 국가와 사회라는 거대한 이름 아래 묵살된 모든 이들의 개성과, 각자의 개별적 선택권을 되살리기 위해서는 우리들 자신이 공동체 내 소수자란 사실을 인정해야만 하는 것이다.

우리는 왜 주체적인 인간으로 살아가면서도 어깨를 움츠리려 들고, 인간의 기본적 권리마저 제대로 누리지 못하는가? 인간의 기본적 권리들을 머리로는 알면서도 왜 입을 열어 당당하게 주장할 수 없는가? 우리를 억누르는 강압적인 힘의 세력에 압도되었을 때는 어떻게 맞설 수 있는가? '인권'이란 가깝고도 먼 개념을 우리는 어떻게 이해하고 수호해야 하는가? 궁극적으로 우리는 우리의 인권을 축소시키려는 주변적인 상황들과 그러한 환경을 조성하는 이들, 즉 국가로부터 어떻게 인권을 지켜낼 수 있는가? 이러한 고민들이 쌓이고 덮인 20대의 현실적인 회의와 더 나은 세상을 외치고자 하는 의연한 감성이 이 안에 고스란히 담겨 있다.

현실을 거닐며 우리의 인권을 지켜 내는 방법은 국가에서 안 된다고 규제하는 모든 것들로부터 이상을 쥐어짜 내 펼쳐 보이는 일이다. 꺼내 든 이상을 손아귀에서 놓아 버릴 때 우리는 국가라는 괴물에 잠식당하게 되고, 나는 '나를 말할 권리'를 잃게 된다.

목소리가 거세된 삶 또는 무기력한 시체의 삶으로부터의 해방을 꿈꾸다 바싹 마른 나뭇잎처럼 바스러진 수많은 사람들. 더 나은 삶을 위한 변혁을 위해 사회·경제적 요건들을 포기한 양심적 지식인들. 우리 사회는 나를 말할 권리를 잃지 않기 위해 얼마나 많은 선진들의 권면과 희생이 뒤따랐는가? 그들이 필사적으로 지켜 내려 한 것은 바로 '우리'를 이루는 한 사람 한 사람이고, 그들의 개별적 목소리라는 사실을 결코 잊어서는 안 될 일이다.

오늘도 '나'의 목소리를 잃지 않기 위해 목청을 돋우는 사람들에게 진심으로 머리 숙여 경의를 표하며, 이 책이 그러한 일상적 권리 운동의 일환으로써 조금이나마 도움이 되었으면 한다.

2014년
김희윤

1 나를 말할 권리

02 당신을 패배시키는 사회

3 문화로 이해하는 인권

4 차별 없는 세상

01 나를 말할 권리

나면서부터 은혜 입는 존재

아기는 태어나기 이전부터 엄마 뱃속에서 일정기간 보살핌을 받는다. 엄마의 배가 풍선처럼 부풀기 시작해 해산달이 되면 아기는 최초의 울음을 울기 위해 세상 밖으로 나온다. 좁고 깜깜한 뱃속에서 밝은 세상으로 나온 아기는 엄마와 최초의 유대관계를 맺고 가정이라는 소사회의 구성원이 된다. 아기는 엄마로부터 길러지고 보살핌을 받는다는 점에서 수동적인 존재이지만, 나름의 커뮤니케이션을 통해 스스로를 표현하는 능동적인 존재이기도 하다. 아기는 배가 고프거나 기저귀가 젖으면 울기 시작하고, 잠투정을 부리거나 배앓이를 하는 경우에도 울음을 터뜨린다. 아기의 울음은 직접적 음성언어이기보단 비언어적 의사소통에 가까워 보통 사람들이 듣기엔 천편일률적이지만, 귀를 기울여 보면 울음마다 각양각색 다양한 신호를 보내고 있다고 한다. 신기하게도 지상의 모든 엄마들은 아기가 요구하는 것이 무엇인지를 알아차려 금방 울음을 그치게 만든다. 세대가 아무리 변해도 엄마는 아기에게 꼭 필요한 절대적인 존재임을 부인할 수가 없다.

가족구성원이 제대로 갖추어진 정상적인 가정의 경우, 아기는 귀여움을 한껏 받으며 쑥쑥 자라나게 된다. 반면 태내를 등지고 세상 밖으로 나오자마자 버려지게 된 불행한 운명의 아기는, 아무런 보살핌을 받을 수 없어 사흘도 채 살지 못하고 한줌 흙이 되고 말 것이다. 세상에 태어나자마자 다시금 흙으로 돌아갔어야 할 우리는 운 좋게도 엄마의 보살핌을 받고 자라났으며, 나면서부터 엄마라는 존재에게 은혜를 입고 자라난 셈이다. 또한 누구든 땅을 한번이라도 밟아 보았거나 쌀을 한 톨이라도 먹어본 적이 있는 사람은 자연에 대한 허락 없이 수많은 것들을 누리고 있는 것이며, 국방·경찰·소방·공원·도로 등 공공재 사용과 함께 다양한 혜택을 사회 안에서 누리고 있다. 그래서 인간은 필연적으로 사회적 존재다. 개인 혼자서는 세상에 존재할 수도, 자신의 삶을 가치 있게 꾸려나갈 수도 없기 때문이다.

세상을 통해 누린 것이 많다고 생각하는 '건강한 개인'일수록 자신의 지적·물질적·재능적 자산을 사회에 환원하길 원하고, 사회가 진화될수록 각박해지는 현실을 뒤엎기 위해 부의 공정하고 올바른 분배가 이루어지길 바라게 된다. 정작 현실에선 모든 것이 생각과는 정비례하지 않지만, 우리가 수혜 입은 존재로 태어난 이상 가능한 한 인간답게 살기 위해 노력해야 함은 분명하다.

그러나 이러한 생각은 많은 문제를 내포하고 있다. '사회'라는 언어를

'국가'로 치환하였을 경우 인간은 국가로부터 은혜 입은 존재가 되고, 국가는 한 개인에게 은혜 갚기를 종용할 수 있는 명분이 생겨나고 만다. 그래서 국가는 수많은 개인에게 '국가가 개인에 우선한다'는 사고를 조장하고, 인골탑 위에 국가가 서게 되는 일본의 '가미카제'적 국민성이 국내에서 부활하게 될 우려를 안겨준다. 1944년 필리핀 전쟁 때 등장한 가미카제는 파일럿으로 구성된 자살특공대다. 그들은 목표물의 파괴라는 임무를 수행하기 위해 모든 수단과 방법을 동원하게 되는데, 이때 전투기에는 폭탄과 최소한의 연료만을 싣고 적진으로 돌격함으로써 특공대원 본인은 스스로가 자살공격용 소도구가 된다. 물론 국내적 시각만으로 일본의 민족성이라든지 문화적 야만성을 함부로 왈가왈부할 순 없지만, 가미카제가 국가를 위해 개인을 희생시킨 일본의 파시즘적 사고를 대변하는 것은 자명한 사실이다.

사실 굳이 일본까지 가지 않아도 국내현안의 미시성에 초점을 맞추어 보면 파시즘은 곳곳에 산재해 있다. 특히 국가가 내세우는 파시즘은 친근한 대중매체를 앞세워 다양한 갈래로 뻗어 나가기 때문에 인간의 정신을 지배하기 용이하다. 어떠한 국가든 인간이 태어나면서부터 은혜를 입는 존재라는 걸 교묘히 이용하여 세뇌시키려 드는 것이다. 부모에 대한 효심에서 국가안보까지 개인은 국가로부터 각종 수혜를 얻었으며, 지금 이 순간에도 대내외적으로 보호받고 있으니 우선적으로 국가에 복종해야 한다는 논리다. 그래서 국가는 개인에 대해 '국가의 이익이 곧 나의 이익'이라는 생각을 심어주려 하는데, 경우에 따라서는 나의 이익을 희생시키는 가운데 국가의 이익이 우선시되기도 해 문제가 된다. 이러한 희생은 마치 독립운동가의 숭고한 희생처럼 고상한 것으로 여겨지는데, 암묵적으로 다수의 동의를 이끌어 내기 때문에 더 교묘한 발상이라 할 수 있다.

과거 히틀러의 나치즘과 무솔리니의 파시즘, 일본의 군국주의 등은 개인의 희생 위에 국가가 서야 한다는 국가주의를 근본으로 한다. 국가주의는 국가의 이익을 개인의 이익보다 절대적으로 우선시하는 사상원리로, 개인의 희생이 필수 불가결한 정책이다.1) 이런 나라에 속한 개인은 강하게 세뇌돼 스스로의 권리를 포기하면서까지 어떻게든 국가를 떠받들고자 하는 경향이 있다. 강한 나라에 대한 열망 때문일까. 국가주의라는 최면에 걸린 사람들은 국가가 종용하는 희생에 대해 아무도 '왜'라는 의문을 갖지 않는다.

그렇다면 사람들은 왜 개인의 안위보다 중시되기도 하는 국가를 만들었는가? 과거 사회에 속한 사람들은 전적으로 더 나은 삶을 살기 위해 국가라는 통치체제를 만들었고, 오늘날과 같은 국민국가를 수립하기 위해 수많은 선진들이 피땀을 흘려 왔다. 즉, 국가를 위한 국가를 만든 것이 아니고, 개인과 개인의 필요에 의해 국가를 만들었다는 것이 기본 관념이다. 그런 의미에서 보자면 절대적인 것은 국가가 아닌 개인이고, 개인의 삶은 국가보다 더 중요한 것이 된다. 그러므로 국가는 개인의 집합체인 공동체의 터전이 되어 줌과 동시에 때에 따라서는 전복시킬 수 있는 대상이어야 한다.

그러나 국내의 정서는 그렇지 못하다. 강압적인 통치자일수록 귀를 막고 남한테 희생을 종용하기 일쑤인데, 이 때문에 개인은 자신의 불이익을 감수하면서까지 국가의 눈치를 살펴야만 한다. 그래서 개인은 국가나 민족을 위해 자신이 왜 희생해야 하는지 알지 못한 채, 국가가 개인의 삶보다 더 우선한다고 강요받게 되는 것이다.

사회적으로도 수많은 사람들이 '국가에 쓰임 받기 위해서'라는 말을 많이 하는데 그럼 되묻고 싶다. 우리가 왜 그래야 하는가? 국가로부터 사회적 수혜를 입었기 때문에? 그렇다면 그 수혜는 국가가 아닌 세상에 돌려주는 것이 더 합당하지 않은가? 오히려 국가라는 체제는 개개인을 위해 존재하고, 그들의 생명과 행복을 지켜 나가는 데 더 큰 의미가 있는 것이 아닌가? 우리의 의식을 지배하는 우선순위가 바뀌어야 한다. 개개인을 통해 비로소 완성되는 국가가 아닌, 개개인을 보완해 주는 국가가 되어야 하는 것이다. 만약 우리가 부패한 국가의 국민으로서 살아간다면 자신이 속한 국가가 부패한 국가인지 어떻게 알아낼 수 있는가? 그것이 부패한 국가라 설명할 기제가 존재하는가? 나치에 침묵했던 독일 국민들이 단순히 우매하기 때문에 히틀러에게 박수를 쳐 줬다고 말할 수 있는 것인가?

어떤 삶을 살 것인가에 대해서는 스스로가 선택할 문제이지만, 나면서부터 은혜를 입었다고 국가에 자신을 헌납할 의무는 없다. 국가보단 개인이다. 오해하지 말아야 할 것은 독립운동가 개개인은 국가를 수호하기 위해 자신을 헌납하였지만, 나라를 지키기 위한 궁극적인 목적에는 국민들 모두가 안녕하고 행복하길 바라는 마음이 더 컸음을 잊지 말아야 한다. 국민 없이는 나라가 존속할 이유가 없다.

---

1) 이유선, 「사회 철학」, 민음인, 2009, 12쪽 참조.

왜 권리인가?

대학교 3학년 때 '남북한비교문학론'이란 과목을 수강한 적이 있었다. 당시 교수님은 국립중앙도서관 내 북한자료센터를 둘러보고 감상문을 작성해 오라고 하셨는데, 더운 여름날 인천에서 서울을 오간다는 게 여간 귀찮은 일이 아니었다. 땀을 뻘뻘 흘리며 도착한 도서관에는 이질적이다 못해 북한냄새가 진동하는 자료들이 빽빽했다. 책장 앞에 선 나는 어떤 과자를 고를까 걱정하는 어린아이처럼 이 책 저 책 살펴보기 바빴다. 그러다 아무 생각 없이 인민(초등)학교 교과서를 집어 들고 1학년에서 6학년을 목표로 진급하듯 차분히 책을 넘겨보았다. 대체적으로 김일성 일가에 대한 찬양적 요소가 곳곳에 배어 있었지만, 특이한 점은 고학년으로 올라갈수록 사상성이 더욱 짙어진다는 것이었다.

다양한 서적들 가운데서도 인민학교 수학책을 펼쳐 들고는 조소를 금치 못했는데, 문제의 예시가 '군사놀이, 붉은 별 세기, 인민군대아저씨들이 미제승냥이놈들의 땅크를 몇 대나 까부셨는지' 등 이색적인 형태로 이루어져 있었기 때문이다. 국내에서 연필 한 다스를 세는 것이 북한에선 붉은 별을 세는 것으로 나타난다. 이는 남과 북이라는 서로 다른 체제 안에서 각 집단의 고유한 삶의 양식이 상당히 이질화돼 왔음을 의미한다. 더욱이 남북 간 사회·문화적 이질화를 한눈에 살펴보려면 각 집단의 언어를 규정해놓은 사전을 찾아보면 된다. 『력사 사전』에선 북한체제의 전반적인 관념이 언어적 정의를 통해 드러나고 있다. 나는 '종교에 대한 북한의 생각은 어떨까' 하고 '기독교'라는 단어를 찾아보았는데, 역시나 '종교는 착취·억압의 도구이며 제국주의자들의 후진국 침략을 위한 사상적 도구'라는 비판 아닌 비난적인 목소리가 담겨 있었다.

이와 같이 문화적인 틀을 넘어선 북한교육의 문제는 어떠한 과목이든 사상적 양식을 덧씌워버려 '애초에 다른 생각을 할 수 없도록 만드는 것'에 있다. 김일성, 김정일, 김정숙 등을 찬양하는 교과서들부터, 북한식으로 탈바꿈된 사회주의 도덕, 공산주의 도덕 등 주체사상이라는 메커니즘을 유지하기 위한 이념적 세뇌가 상당히 치밀하다. 누구라도 몇 년 동안 그러한 사상적 교육만을 줄곧 받는다면 다른 생각을 품으려야 품을 수조차 없을 것이다.

더욱이 이맘때쯤 한 뉴스보도를 보고 자지러졌는데, 북한 조선중앙TV에 의해 매겨진 전 세계 국민의 행복지수였다. 자료에 따르면 중국이 1위, 북한이 2위로 순위가 높게 매겨진 반면 우리나라는 152위, 미국은 203위로 전 세계 꼴찌였다.[1] 국민의 행복지수라기 보단 북한 정부 관료들만의 이기적인 행복지수가 아닌가 싶다. 이처럼 북한은 교육은 물론이거니와 언론조차도 국가라는 괴물에 잠식당해 개인이 어떠한 권리도 자유롭게 내세울 수 없는 불행한 사회다.

우리는 그동안 국가의 일방적인 통치에 아무런 제약 없이 맹목적으로 동의해 왔다. 그 안에서 국가가 국민들에게 가한 수많은 폭력 또한 법과 정의라는 이름 아래 암묵적으로 수용되어져 왔다. 그리고 여전히 수많은 사람들이 국가 혹은 국가로 상정되는 다른 그 무엇으로부터 실생활 가운데 가해지는 권리의 축소를 온몸으로 겪고 있다. '그래도 우리나라는 북한만큼은 아니야'라고 말할 수는 있겠지만, 권리를 모두 빼앗긴 뒤의 참담함이 바로 북한의 현재 모습일 뿐 권리의 범주를 상대적으로 읽어 내려 해선 안 된다.

특히나 자신의 권리를 지켜보려는 사람들은 무언가를 해 보려고 하다가도 금세 의욕을 잃게 되고 마는데, 그 이유는 우리 사회의 '법'이 시민들의 삶과는 철저히 유리됐기 때문이다. 우리나라처럼 법이 생활 속의 한 부분으로 자리 잡지 않아 법을 낯설게 느끼는 사람들이 많을수록, 법은 나와는 관계없는 '전문가들의 영역'이라는 도식이 성립할 가능성이 크다. 때문에 많은 사람들이 법 앞에 벽을 쌓고, 전문가들은 사회적·도덕적 투영이 필요한 상황에서도 판단을 적용함에 있어 오로지 법을 기준으로 삼아 시민과의 괴리를 더욱 부추긴다.[2] 당장 우리에게 필요한 것은 세상에 대한 측은함을 갖고 사건의 정황을 온전히 이해한 뒤에 이루어지는 법의 적용이지, 단순히 법의 일률적인 잣대로 판결을 내리는 것이 온당한 일인가를 눈여겨봐야 할 것이다.[3]

게다가 법적 전문가도 어차피 국가라는 체제에 의해 고용된 이들이다. 가령 판결을 내리는 판사 본인은 여태껏 최대한 객관적이고 공정한 판결을 내려왔으며, 지금 이 순간에도 법의 테두리 안에서 공정하게 직무를 수행한다고 생각할 것이 분명하다. 그러나 법의 진정한 얼굴은 '완전할 수 없는 인간의 직관'에서 나온다는 사실을 똑바로 직시해야 한다. 즉, 판결이라는 것은 법을 근거로 한 판사 본인의 주관적 논리임을 부인할 수가 없다는 사실이다. 때문에 법이 국가나 고위층과 연관될 경우, 그들만의 이해관계에 따라 판결의 공정성은 떨어지기가 쉽다.

또한 법률조문이나 법적 절차들은 일상에서 친근하게 와 닿지 않도록 만들어져 있다. 마치 일부러 어렵게 말하려는 듯 일상 언어와의 괴리가 상당하다. 법은 본질적으로 실용적인 관점에서 시민들을 위해 세워진 것이지만, 전문가들만의 영역으로 담을 쌓은 채 오랜 세월을 등지고 서 있다. 이처럼 법을 둘러싼 각종 권위가 타파되지 않는 이상 시민들은 더더욱 법에 대한 괴리감을 느낄 수밖에 없을 것이다.

그렇다면 우리는 고고하게 법률조항을 읊고 있을 몇몇 법조인들의 도움 없이 어떻게 우리의 권리를 지켜나가야 하는가? 누구든 자신의 권리를 자유롭게 행사하기 위해서는 개인에게 가해지는 모든 폭력으로부터 안전을 보장받을 수 있어야 한다. 또한 누구든 자신이 살아갈 공동체를 스스로 선택할 수 있어야 하며, 무엇에도 방해받거나 위협받지 않고 본인의 삶을 자유롭게 선택할 수 있는 권리가 주어져야 한다. 이에 대해 로버트 노직은 '완전한 자유주의'를 주장하며, "어떠한 상황이든 개인이 가지고 있는 권리가 침해되어서는 안 된다"고 말한다. 국가의 개입을 최소화함으로써 개인의 권리를 침해하려는 국가에 제동을 걸자는 것이다. 이러한 권리침해는 국가안보, 정의, 복지사회라는 이름 아래 일상적으로 행해지고 있다. 단지 법과 유리된 삶을 살아가는 우리만이 피부로 느끼지 못하고 있을 따름이다.[4]

'권리'란 '원하는 것을 요구하고 누릴 수 있는 자격'이다. 그러나 그 자격엔 '책임'이라는 의무사항이 필수조건으로 전제된다. 이 책임이란 타인의 권리를 침해하지 않는 범위 내에서 이루어져야 하는 것을 본질로 한다. 북한이 정권을 세습하고 자신들의 세력을 유지하기 위해 국민들을 세뇌하고 굶어죽게 만드는 것은 자신들의 책임을 다하지 않은 것이며, 법률가가 법과 시민 사이를 괴리시키는 것도 권리에 대한 책임을 다하지 않은 행위로 간주된다. 국가는 매체를 통해 대중을 모든 정책결정의 과정에서 소외시키려고 애를 쓰겠지만, 우리는 우리의 권리를 주장하기 위해 전면에 나서서 싸워야만 하며, 그러한 과정에서 국가에 피해를 주거나 타인을 희생시키는 결과를 빚어내서는 안 된다. 권리란 끊임없이 분쟁을 야기하는 뫼비우스의 띠다. 권리는 사회상에 따른 유동성을 본질로 하므로 대상이나 상황에 맞게 기존 오류를 지적당하기도 하고, 새로운 가치를 모색하며 발전해 나간다. 단지 본인이 세운 절대기준만으로 상대의 권리를 괄시하고, 각 상호간 권리의 범위를 인정하려들지 않기 때문에 권리를 침해하는 일이 발생하는 것이다.

결국 우리는 권리를 말하기에 앞서, 어떡하면 남을 짓밟지 않고 서로가 서로를 위하는 진정한 인간성을 되살릴 수 있을까 고민하는 것을 우선적인 과제로 삼아야 한다. 그런 뒤에야 바람직한 의미로서의 권리를 음미해 볼 수 있다. 권리는 내 몸과 떨어뜨려놓을 수 없는 발밑의 그림자다.

---

1) 「북한 행복지수는 세계 2위… 한국은 152위, 1위는?」, ≪경향신문≫, 2011.5.31 11:58:58, http://news.khan. co.kr/kh_news/khan_art_view.html?artid=201105311158581&code=910303 (2014.4.23).
2) 김두식, 『헌법의 풍경』, 교양인, 2004, 34쪽 참조.
3) 이회창, 『아름다운 원칙』, 문예당, 2002, 154~155쪽 참조.
4) 이유선, 『사회 철학』, 민음인, 2009, 57쪽 참조.

'우리'라는 감옥

　과거 모 연예인과 국무총리의 '저희 나라' 발언은 많은 사람들에게 실망감을 안겨 주었다. 겸손을 반영하는 언어인 '저희'라는 말은 대외적인 자리에서는 우리를 낮추는 데 사용되므로 평소 지양해야 하는 표현으로 잘 알려져 있다. 그럼에도 많은 사람들이 습관적으로 '저희'를 사용해 망신을 당하기도 하고 TV 전파를 탔다가 여론의 뭇매를 맞기도 한다. 날이 갈수록 사람들로부터 미움을 사고 있는 '저희'에 반해, 사람들의 의식 속에서 꾸준히 우위를 점하고 있는 언어가 있다. 바로 '우리'라는 말이다.

　'우리'는 '저희'에 대한 반작용으로 생겨난 것 같지만 사실은 '너희'에 대한 반발로 자라난 말이다. 우리와 너희, 우리 집과 너희 집, 우리 선생님과 너희 선생님 등 '우리'라는 말은 '우리 안에 있는 모두'를 포괄할 수 있는 거대한 포용성을 지녔다. 단지 그 모두라는 게 너희와는 극명하게 구분된 '우리'만을 지칭하는 반쪽짜리 언어라는 데 한계가 있지만 말이다. 이처럼 '우리'라는 말은 우리의 무의식을 통제해 내가 속한 공동체와 남이 속한 공동체를 나누어 서로를 적대시하게 만든다. 그래서 '우리'는 언제나 선하고 승리해야 하는 입장인 데 반해 너희는 항상 악하고 패배해야 할 대상이 된다.[1] 가령 체육대회를 해도 우리 편은 꼭 이겨야 하지만 상대편은 져야만 하는 게 우리의 근본속성이다.

언어는 사고를 담는 그릇이다. '우리 것이 좋은 것이여'라고 외치던 자긍심은 다른 시각에서 볼 때 너와 나를 가르는 저열한 흑백논리의 대상일 뿐이다. 특히 국내외를 함께 놓고 보면 '우리'가 표상하는 태도는 더욱 분명해진다. 예컨대 어느 역사책이든 기술하는 내용은 한결같다. 우리나라와 우리민족은 언제나 고상하고 이타적이어서 주변국들에 많은 도움을 주었지만, 다른 나라와 다른 민족은 항상 비열하고 잔인해 우리에게 흉악한 간계를 쏟아놓을 뿐이다. 그나마 우리의 역사 안에서 이루어진 비겁한 행동들은 우리만의 어떤 고상한 목적에 의해 불가피하게 이루어졌다고 정당화되기 일쑤다. 이는 우리 안에서 벌어지는 자아도취적 왜곡으로, 우리와 다르거나 상반된 입장을 취하는 남들에 대해서만 엄격한 도덕적 잣대를 들이미는 격이다.[2]

문제는 우리가 우리의 입장만으로 모든 것을 합리화하는 가운데서 옳다고 생각되어지는 모든 것들이 꼭 옳지만은 않다는 데 있다. 19세기 말 유럽에서 성행한 반유대주의, 백색인종주의, 제국주의, 반사회주의와 민족주의 사상을 기반으로 발생한 나치즘은 제2차 세계대전 당시 나치당(국가사회주의독일노동자당)에 의한 유대인 학살을 가져왔으며, 수많은 군인들과 민간인들의 죽음을 몰고 왔다. 나치즘 지지자들은 생물학 지상주의에 근거한 아리아 인종 및 게르만인의 우월성을 본질로 반유대주의를 표방한 전대미문의 홀로코스트를 자행해 냈다.

홀로코스트는 나치 독일에 의한 유대인 대량학살로, 추산한 인구만 따져도 600만 명 이상의 사망자를 냈다. 과격한 유대인 박해정책을 추진한 히틀러는 제2차 세계대전 당시 점령한 유럽 각지에서 유대인들을 살해하였으며, 강제수용소에 격리한 유대인들을 가스 살해와 총살로 말살하다시피 했다. 이러한 파시즘이 가능했던 표면적인 이유는 집권한 히틀러의 언변이 정치적으로 뛰어나 민중의 지지를 이끌어 냈고, 인종주의에 뿌리를 둔 민족주의를 내세워 자신을 지지하는 세력을 한데로 규합할 수 있었기 때문이다. 그 결과 자민족우월주의에 빠진 나치즘은 자기민족과는 배타적인 타민족을 파리 목숨보다 못하게 여겼다. 즉, 독일 나치에 의한 홀로코스트는 '우리가 바라는 완전무결한 목적'을 위해 타인의 생명을 꺼뜨리거나 희생시켜도 아무런 도덕적 책임을 느끼지 못할 수 있다는 역사적 증언인 셈이며, 한 사회의 가치관이 거꾸로 서 있거나 가치판단이 흔들릴 때, 한 개인이 지닌 비합리적 감정에 '우리'의 힘이 실어지면 그것이 얼마나 위험해질 수 있는가를 보여주는 극단적 사례다.[3]

그렇다면 우리의 '민족적 우월성'이 사람으로서 지녀야 할 마땅한 도덕의식을 상쇄시키는 것은 아닐까? 대답은 언제나 '그렇다'는 것이지만, 개인이 도덕의식을 느끼고 안 느끼고를 떠나 '우리' 안에서는 모든 것이 정당화될 수 있다는 점에서 더욱 끔찍한 결론에 도달하게 된다. 다시 말해 '우리' 안에 존재하는 모든 개체는 언제든지 보편적인 도덕이나 윤리로부터 해방될 수 있는 존재이며, 공동체가 지향하는 하나의 공통된 지표만으로 무장된 구성원으로서 자리할 뿐이다.

또한 '우리'는 인간의 의식과 사유의 범위를 국한시키는 역할을 한다. 과거 씨족과 부족 중심 사회를 누리던 인간은 생래적으로 사회적 존재라는 점에서, 사회 안에서의 일정한 혹은 개별화된 소속감으로 무장된다. 혈연, 지연, 학연으로 대표되는 어떠한 사회적 조건들을 공유하고 있는 한 사회의 구성원들이 일종의 동류의식을 가지고자 파벌을 조직하는데, 이는 다른 사람들에게는 불이익이 되거나 부조리한 배척활동을 하는 이기적인 집합체로 작용한다. 이러한 파벌은 국내 사회전반에서 나타나고 있으며 그 유형조차 다양하지만, 개개인들에게는 '얽매임'이라는 사회적 부조리를 가져다 줄 뿐이다.

예컨대 국내 대학생만 놓고 보아도 한 개인에게는 동기, 선후배, 동아리, 학생회 등 다양한 '우리'가 존재하게 되는데, 각각의 '우리'는 저마다 다른 가치와 이해관계로 얽혀 있다. 그렇기 때문에 어느 사회든 집단 간 갈등이 빚어질 수밖에 없고, 이해관계가 상충될 때는 저마다의 '우리'가 모든 '너희'를 배척할 수 있게 된다. '우리는 늘 옳고 그 밖의 것들은 전부 그르다'는 관념은 평소 우리가 잘 인식하지 못할 뿐 자기중심적인 인간의 의식구조를 대변하며, 모든 공동체가 힘의 논리에 의해 움직인다는 것을 표상한다.

불현듯 무엇이 선이고 도덕인지 알 수 없는 상황에서도, '우리'는 여전히 이해관계라는 명분 하나를 손에 쥐고 경계조차 불분명한 모습의 적들로부터 우리 자신을 지켜 내려 애쓸 것이다. 결국 어느 사회든 내가 속한 공동체가, 곧 '우리'가 되는 것이고, 각각의 공동체 중 다수를 차지하는 집단이 우리 사회의 표준적인 '우리'로 포장된다는 사실이다.

물론 우리는 우리나라에서 태어났고, 우리 사회 안에 존재하며, 우리 언어를 통해 한국적인 삶을 영위하고 있다. 이는 어느 누구도 부인할 수 없는 진실이지만, '우리'라는 것은 결국 한 개인이 살아가는 공동체 안에서 무작위로 선택되어질 뿐이라는 점을 잊지 말아야 할 것이다. 태생적으론 한국인일지라도 어렸을 때부터 해외에서 나고 자란 개인은 이미 그 나라의 문화권에 철저히 녹아든 상태이지, 자신이 한국인이라는 사실에서 어떤 애틋함이 비집고 자라날 틈이 없다. 어쩌면 그 자신이 한국인이란 사실을 죽을 때까지 자각하지 못하는 수도 있다. 그만큼 한 개인이 자신을 인지하는 데 있어 어느 시기에 어느 공간에서 나고 자랐는지, 또 어떤 문화권에서 어떤 언어를 배우고, 어떠한 삶을 살아가는지가 자신의 울타리를 규정하는 결정적 조건이 된다.

즉, '우리'라는 감옥은 어느 공동체에 속하는 개인에게 있어선 철저히 절대적이지만, 각각의 공동체를 함께 늘어놓았을 때는 상대적인 모습으로 다가올 따름이다. 전 세계의 모든 사람들을 '우리'라고 지칭하지 않는 이상, '우리'라는 건 '너희'라는 타자와의 관계 속에서만 존재하고 발전해 나갈 뿐이다. 그러므로 내가 남과 함께 더불어 사는 이상 우리는 '우리만의 우리'를 깨뜨려야 한다.

1) 박노자, 『당신들의 대한민국』, 한겨레출판, 2006, 204~207쪽 참조.
2) 에리히 프롬, 황문수 역, 『사랑의 기술』, 문예출판사, 2006, 161~162쪽 참조.
3) 노무현, 『여보 나좀 도와줘』, 새터, 2002, 24쪽 참조.

국가를 짊어진 사람들

　2003년 5월 유시민 의원이 '국기에 대한 맹세'는 파시즘의 잔재라는 주장을 하여 사회적 논란이 일어난 적이 있었다. 당시 유 의원은 '애국은 내면적 가치인데 국가 앞에서 충성을 공개서약하게 하는 것은 대한민국 헌법정신에 어긋난다는 생각'으로 이러한 취지의 발언을 했다.[1] 그러나 국내사회의 무겁고 권위적인 분위기는 자유로운 사회로의 다양성을 수용하지 못하는 듯하다. 어느 한 개인이 이념에 대한 자신의 소신을 이야기하는 것 자체가 마치 발설되어져선 안 되는 것처럼 민감하게 받아들여지고, 그 생각이 시대를 너무 앞서 간 경우에도 기존질서를 고수하기 위한 세력들로부터 질타와 비난의 대상이 되기 십상이다. 다르게 보고 생각하는 것 자체가 쉽사리 용인되지 않는 사회구조 안에서 개인이 양심을 꺼내보이려면 희생을 감내해야만 하는 씁쓸한 국내현실. 이밖에도 국기에 대한 맹세를 강요하는 것은 헌법에서 규정하는 양심의 자유를 침해한다는 위헌 논란도 있었지만, 유신체제의 산물인 '국기에 대한 맹세'는 여전히 지속되고 있다.

'국기에 대한 맹세'는 우리나라에서 국민의례를 할 때 낭송하는 것으로, 1968년 충청남도 교육위원회에 의해 처음으로 만들어졌으며, 1972년 문교부에 의해 전국적으로 확대·시행되었다. 그러나 맹세문의 문안이 시대와는 맞지 않고 문법적으로도 어긋난다는 점을 들어 2007년에는 '자랑스런'이란 문구가 '자랑스러운'으로, '조국과 민족의'라는 문구가 '자유롭고 정의로운 대한민국의'로 변경되었으며, '몸과 마음을 바쳐'라는 문구는 완전히 삭제된 형태로 현재까지 사용되고 있다. 당시 '국기에 대한 맹세'의 존폐여부는 잠시나마 뜨거운 쟁점을 낳았으나 현재는 흐지부지된 상태다.[2]

'국기에 대한 맹세'로 표상되는 '국가'는 우리에게 있어 자유로운 터전이며 그 소중함은 이루 말할 수 없을 정도다. 하지만 국가는 언제나 절대선이고 신성한 것이라는 교육을 받고 자라난 우리의 무의식은 그것을 그대로 좇아가기 급급하다. 때문에 많은 사람들이 애국심이라는 신성불가침한 가치에 의해 표현의 자유를 잃고 있으며, 생각지도 못한 몇몇 언어로 인해 친일파나 종북세력 같은 사회 내 이단아로 오해를 살까 두려워 애국자 코스프레를 하기도 한다.

그러나 이러한 표면적 애국심은 우리가 누군가를 사랑하게 되는 것처럼 마음 안에서 일어나는 자발적인 애국심이 아니다. 국가에 의한 개인의 의식 통제로 이루어지는 인위적인 애국심일 뿐이다. 그러므로 우리는 국기에 대한 맹세를 하기에 앞서 스스로를 향해 질문의 칼날을 꺼내 들어야 한다. 과연 국기에 대한 맹세를 한다고 애국심이 넘치는 사람이고, 그것을 하지 않는다고 해서 애국심이 없는 사람이라 단정 지을 수 있을까? '국기에 대한 맹세'처럼 우리의 삶 곳곳에 도사리고 있는 갖가지 규율들은 일상생활 안에서부터 사람들을 굴종하게 만드는 국가적 장치 그 이상의 무엇도 아니지 않을까?

그렇다면 다시 한 번 되묻고 넘어가야 할 것이 있다. 우리는 정말 국가를 위해 몸과 마음을 바쳐 충성을 다해야 할까? 20세기의 대표적 무정부주의자 엠마 골드만은 강연을 통해 이런 말을 남겼다. "자만, 오만함, 자기중심주의가 애국심의 본질이다."3) 엠마 골드만은 무엇을 해도 애국심과 연결짓는 국가의 언어와는 상당히 배타적인 입장을 취하고 있다. 그도 그럴 것이 사실 국가라는 거대한 집단—사실은 소수의 막강한 권력자들—을 유지하는 원동력은 따로 있다. 개인의 생명쯤이야 간과되어도 무방하다는 야만적 집단주의가 국가체제의 근본 메커니즘이다. 그래서 국가가 국민들에게 바라는 충성은 맹목성 짙은 완전한 복종이지, 그들이 원하는 개인의 신체적 자유나 행복추구권은 사실 국가에게 있어 별로 중요하지 않다. 국가는 단지 선전과 세뇌, 공포심을 자극해 국민을 어떻게 잘 이끌고 통제할 것인지에 초점이 맞추어져 있을 뿐이지, 국민 개인의 신체적·정신적 권리에 대해선 아무런 관심이 없다. 그저 말 잘 듣는 국민을 길러 내기 위해 혈안이 된 국가는 자라나는 세대에 끊임없이 애국심을 주입하고, 공장에서 제품을 찍어 내듯 수많은 애국자들을 생산해 낼 따름이다. 시민이기에 앞서 국민이 된 애국자들은 자유와 국민의 권리에 대한 논란 자체를 꺼려한다. 그들에겐 무엇보다 국가와, 국가가 부여한 의무가 우선이기 때문이다. 애국의 내면화가 무식한 방식으로 이루어진 결과다. 이 공장의 애국자들은 처음부터 끝까지 국가에 빚을 지고 있다는 관념을 벗어던지지 못한다. 국가는 국민들을 위해 사회적으로 유용한 일들을 한다지만, 결국 국민의 노동과 세금을 기반으로 움직일 따름이라는 것을 끝끝내 깨닫지 못하는가 보다.

잠깐 시선을 돌려 영화 〈변호인〉에 대한 이야기를 해야겠다. 2013년 12월 개봉하기 전부터 큰 이슈가 된 영화 〈변호인〉은 故 노무현 대통령의 이야기로 1981년 부산에서 실제로 있었던 부림사건을 모티브로 다루었다. 법정드라마의 변호사로 변신한 송강호의 정의로운 변론연기가 이 영화의 백미다. 무려 다섯 차례나 이어지는 공판은 딱딱하거나 지루하지 않게 영화가 전하고자 하는 메시지를 강렬하게 전달했다. 특히 네 번째 공판은 갈등이 최고조에 도달하는 부분이었는데, 국가의 부당함에 끝까지 맞선 송강호는 "대한민국 주권은 국민에게 있고 모든 권력은 국민으로부터 나온다. 국가란 국민입니다!"라고 외친다.[4] 이 대사가 주는 울림은 대단했다. 예나 지금이나 무소불위의 권력을 휘두르는 국가에 대한 경종을 울리는 듯했기 때문이다. 국가가 국민에게 부당한 폭력을 휘두를 때 그것을 못 본 척하고 두둔하는 것은 애국이 아니다. 누가 뭐래도 부당함에 끝까지 맞서고 국가권력 남용을 바로잡으려 노력하는 것이 바로 진정한 애국이다.

국가에 의해 프로그래밍 돼 자신이 무엇을 사랑하는지도 모르는 기계적 애국자들이 태반인 사회에서도, 영화 속 변호인처럼 진정으로 나라를 사랑하고 애국을 등에 짊어진 사람들이 있다. 일제의 국권침탈 과정에서 대한민국이 국권을 상실하자 많은 이들이 눈물을 흘렸고, 그 안에서 여러 저항운동이 일어났다. 또한 역사를 지탱하며 독재정권과 불의에 항거한 수많은 애국자들이 있다. 그런데 여기서 또 문제 삼아야 할 점은 꼭 나라를 위해 무언가를 헌신하고 자신의 목숨을 다 바쳐 희생한 사람만이 숭고한 애국자로 추앙받는다는 것이다. 물론 그들은 진정한 애국자라 칭송받아 마땅하다. 다만 그 시기에 나라를 잃은 슬픔을 진심으로 애도한 사람에 대해 '아무것도 하지 않았다'는 이유만으로 애국하지 않았다고 말할 수 있을 것인가? 방관과는 다른 차원에서 일제나 독재정권에 대한 가시적인 저항이 없다고 애국자가 아니라 규정하는 것이 과연 옳은 일인가? 애국의 내면적 가치가 꼭 외면으로 드러나야만 가치 있다고 말할 수 있을 것인가? 애국을 실질적인 관점에서만 본다면 그것은 실용이지 온전한 애국을 말하는 것이 아니다.

그렇다면 우리는 어떤 사람을 애국자라고 말해야 할까? 애국자란 진심으로 나라를 사랑하는 사람인지, 아니면 나라를 위해 희생하고 헌신한 사람만이 그 축에 들 수 있는지, 그것도 아니라면 이 모든 것을 아우르고 포괄할 수 있는 광의의 개념인지 그 의미를 새로 정립할 필요가 있다. 단지 '나라를 사랑하는 사람'이 애국자라면 그 의미의 범위는 너무나도 넓고 추상적이지 않을까? 어렸을 적 우리가 슈퍼맨을 흉내 내려 높은 계단에서 뛰어내리며 '슈퍼맨!'하고 외치면, 그 순간만큼은 진짜 슈퍼맨이 된 듯 착각하는 것과 애국자가 되겠다고 마음먹는 것이 무엇이 다른가? '나는 애국자다'라고 말한다고 해서 그 순간 자신이 진정한 애국자가 되는 것인가?

애국은 입고 싶으면 입고 벗고 싶으면 벗는 옷의 개념이 아니다. 애국자라고 해서 국가의 생각에 의해서만 움직이는 꼭두각시가 될 필요는 없는 것이며, 진정한 애국은 국가와 능동적으로 대화하고 상호영향을 주는 가운데 더 나은 사회로의 이행을 위한 환경적 토대를 구축해 가는 일이다.

이를 위해선 개인을 향한 국가의 통제범위가 더 이상 넓어지지 않도록 견제하고, 우리의 일상적 권리를 침해받지 않기 위해 시민의 말할 권리를 넓혀가는 것이 우선 과제다. 국가의 일원 그 이상의 의미를 지니지 않는 인위적인 주입식 애국을 거부하고, 애국의 참의미를 되새겨야 한다. 우리가 진정으로 애국하는 길은 나라를 비판적으로 보기 위한 꾸준한 관심과 지속적인 견제다.

---

1) 김두식, 『헌법의 풍경』, 교양인, 2004, 78~79쪽 참조.
2) 「'국기에 대한 맹세' 이렇게 바뀐다」, <노컷뉴스>, 2007.7.26 11:57. http://www.nocutnews.co.kr/news/316478 (2014.4.23) 참조.
3) 하워드 진, 이아정 역, 『오만한 제국』, 당대, 2001, 212쪽
4) [김지혜의 논픽션] 「'변호인', 송강호표 법정 드라마 어떻게 만들었나?」, <SBS funE>, 2013.12.26 14:18:12. http://etv.sbs.co.kr/news/news_content.jsp?article_id=E10004893268 (2014.4.23).

자장면의 중심에서
탕수육을 외치다

생전에 어머니는 떡볶이를 자주 해 주셨다. 양이 항상 넉넉해 배불리 먹어도 한 대접은 남았던 떡볶이를 추억하면 여전히 군침이 돈다. 남은 떡볶이를 버리기 아까워 그대로 두었다가 몇 시간 뒤 배고플 때 다시 데워 먹으면 얼마나 맛있었던지. 그때부터 다 불어 버린 떡볶이가 내 입맛이라 는 걸 알고, 포장마차를 전전하며 오래 익은 떡볶이만 열심히 사먹었던 것 같다. 생각해 보면 보통 떡볶이나 다 불어 버린 떡볶이나 제각기의 맛이 있어, 어떤 사람은 그냥 떡볶이를 좋아하고 또 어떤 사람은 다 불어터 진 떡볶이를 좋아한다. 다만 표준적인 맛을 원하는 사람들이 훨씬 많아 세상의 주류를 이루고 있을 따름이다. 그들의 상식선에서 다 불어 버린 떡볶이는 한두 점 먹다 버려질 정도의 가치만 지녔다. 그 이유는 떡볶이나면 같은 밀가루음식은 전분이 적당한 정도의 수분을 흡수하면 탄력을 주지만, 지나치면 흐물흐물해지고 국물은 걸쭉해져 제 맛을 잃는다. 그래서 다 불어 버린 음식은 맛이 없다고 버려지기 일쑤다. 반면 떡볶이에 한한 이야기지만 시간의 지연을 통해서만 진정한 맛이 완성되는 것으로 보는 나 같은 사람도 세상에 꼭 하나쯤은 있다.

다원화된 시민사회 안에서 사람들은 각기 나름의 입맛이 있듯 취향과 기호도 제각각이다. 그러나 사회의 주류를 이루는 지배계층은 사람들을 하나의 통일된 체계 안에 가두어 놓길 희망한다. 그것이 사람들을 결집하고 통치하기가 더 쉽기 때문이다. 이웃해 있는 북한이 그러하다. 북한은 표현의 자유가 극도로 제한돼 있는 국가다. 누구든 현 체제와 수령을 찬양하지 않고서는 살아갈 수 없으며, 자신의 양심이 전하는 비판적 언사를 꺼내 놓으려거든 목숨을 내놓아야 한다. 어쩌면 우리나라 지배계층의 근본속성이 그들을 닮아 가고 있는지도 모르겠다.

'수월'과 '편리'를 내세워 모든 것을 통일하려는 위험한 발상은 시민 저마다의 목소리를 잃게 만든다. 사실상 수월이나 편리라는 것도 지배계층에나 해당하는 것이지, 시민들의 편의와는 딱히 연계되는 부분이 없음에도 '완전한 합의'를 최상의 덕목으로 여긴다. 무서운 것은 그러한 발상이 언어의 다양성을 고려하지 않고 한 목소리만 낼 것을 강요하는 몇몇 사람들에 의해 모든 개인의 의식으로까지 뻗어 나간다는 점이다. 그래서 서로가 서로에게 눈을 부라리며, 다른 선택을 하면 질타의 시선을 내리꽂고, 모두와 같은 선택을 하길 종용한다. 행여나 조금이라도 튈라치면 그들 사이에서는 '별종'과 '비정상'이라는 이름의 '사회 부적응자'로 낙인찍혀 단순히 기피해야 할 대상이 되고 만다. 그렇다고 겉으로 피하는 내색을 비추진 않는다. 이해와 포용의 시대에서 '이단아'에 대한 개방적인 면모를 보여주지 않으면 자기가 모난 사람이 되니까 겉으로는 모든 것을 이해하고 받아들이는 척한다. 그러나 그것을 마음으로까지 포용하진 못한다. 누구든 피상적인 이해만으로도 사회생활을 하는 데 아무런 어려움이 없는 데다, 어떤 문제가 생겨도 사실상 피를 보는 것은 본인이 아닌 이단아가 될 가능성이 크다. 이단아 없는 일상엔 거의 다 비슷한 속성의 사람들만이 남게 된다. 이러한 뜨뜻미지근한 이해관계 속에서는 전부가 비슷한 선택지와 고만고만한 답안지를 작성하게 되고, 복사기처럼 그대로 베껴 내는 것을 미덕으로 아는 사회가 된다. 이것이 사회 속에 편입된 현대인의 일반적 속성이자 암묵적으로 일원화를 부추기는 우리 사회의 한계점이다.

신영복 교수의 옥중서간에는 이러한 뉘앙스의 표현이 나온다. "한 사람이 부딪쳐야 할 혹독한 처지를 상상하기조차 어렵지만 도둑질을 해서라도 먹고 살 수밖에 없다는 생각까지도 포함해 다른 사람의 생각은 일단 존중되어져야 한다고 믿고 있다."[1] 즉, 한 개인의 삶의 조건에 대해 제대로 알지도 못하면서 그의 생각이나 행위에 대해 무작정 왈가왈부할 수 있는 게 아닌 만큼, 개개인의 언어는 그 나름대로 존중돼야 한다는 말로 해석된다. 타인의 개성을 존중하지 않는 고만고만한 우리의 삶에서 곱씹어 보지 않을 수 없는 말이다.

더욱이 '미국의 양심'이라 불리는 노암 촘스키는 "개개인의 표현의 자유는 어떤 이유로도 제한될 수 없는 권리"임을 분명하게 밝히고 있다. 이와 관련된 유명사례로 포리송 사건을 들 수 있다. 반유태주의자인 포리송은 "나치가 가스실을 이용해 유대인을 학살하지 않았다"는 왜곡된 주장으로 교수직에서 해임되는데, 이때 촘스키는 그의 표현의 자유를 옹호하는 탄원서에 서명해 주고 프랑스 지식인들에게 엄청난 비난을 샀다. 그러나 촘스키는 단순히 포리송의 표현의 자유만을 인정하였을 뿐, 그의 사상에 동의하기는커녕 포리송에 대해 알지도 못한다고 말했다. 그는 단지 표현의 자유를 지키기 위한 성명서나 탄원서에 서명하는 것을 주저하지 않는 다는 것이다. 촘스키에 의하면, 우리가 증오하는 사람들에게도 표현의 자유가 허락되어져야 하며, 우리 마음을 흡족하게 해 주는 표현만 인정해서는 안 된다고 한다. 즉, 표현의 자유는 누구에게나 열려 있고 제한될 수 없는 권리임을 분명히 밝히고 있다는 게 촘스키 주장의 핵심이다.[2]

다만 미국사회의 권위자가 전하는 말과 우리 사회에서 통용되고 체감할 수 있는 권리 사이에는 크나큰 괴리가 있다. 촘스키의 관점은 지배계급의 독선이나 표현의 자유를 말살하는 세력들로부터 표현의 자유를 지켜 내고, 개인이 어떠한 입장이든 그 표현이 자유롭게 펼쳐져야 한다는 것이다. 그러나 우리의 실제적 일상은 의지표명이나 선택 등에 대한 일원화된 강요로 인해 수많은 사람들이 난쟁이가 되어 버리고 있는 실정이다. 자기가 하고자 하는 말을 한다거나 자신이 드러내고자 하는 입장을 분명히 표현할 수 있는 권리를 거세당했을 때 모든 자아는 무기력을 경험하게 된다. 그리고 그것이 사회질서유지라는 명분 아래 전통이라는 악습으로 덧칠해지면 반박할 기회조차 잃어버리고 만다.

그렇다면 우리는 우리의 표현상의 자유를 획득하기 위해 어떻게 해야 할까? 사실 이러한 문제는 사회·문화적 특수성을 고려해야 함과 동시에 개개인의 의식이 전부 올바로 깨어 있지 않는 이상 바로잡기가 쉽지 않은 일이다. 다만 사회를 이루는 사람들의 의식구조적인 측면에서, 유교적 전통의 타파와 개별적 권리 신장을 위한 노력을 통해 현실과 권리 사이의 괴리를 축소시킬 수 있다.

이를테면 김 대리는 아침부터 고기가 먹고 싶어 점심시간만 기다렸다. 때마침 중식당을 가자는 부장님 덕분에 김 대리는 '탕수육을 먹겠거니' 하고 속으로 환성을 내질렀다. 그러나 중식당에 도착한 부장은 사원들에게 '법인카드니 먹고 싶은 것을 마음대로 고르라'고 해놓고선 정작 본인은 자장면을 주문한다. 실망한 사원들은 '센스 아닌 센스'를 발휘하여 일사분란하게 '나도 자장면'을 외쳐 메뉴를 통일시킨다. 어제도 자장면을 먹은 김 대리는 먹고 싶던 탕수육을 뒤로한 채 오늘도 자장면을 삼키며 '맛이 좋네요'를 연발한다.

통상적 우스갯소리지만 이 이야기 속엔 중대한 심리적 강제가 담겨 있다. '나는 자장면'을 외친 부장은 자신의 표현의 자유를 누렸지만, 사원들의 선택의 자유는 제한해 버린 꼴이다. 물론 모든 개인의 권리에 차별을 부여하지 않듯 부장 본인의 표현의 자유도 중요하지만, 우선적으로 염두에 두어야 할 것들이 있다. 바로 회사라는 특수한 공동체의 계급체계다. 개개인의 의식구조가 여전히 유교적 틀을 벗어나지 못하는 한국사회에서는 수직적 인간관계가 무엇보다 중요하게 여겨진다. 그래서 소위 자신보다 윗사람이 하는 말에는 '껌뻑 죽는 시늉'이라도 하는 게 관례다. 그렇지 않고선 육체적으로든 정신적으로든 본인에게 사회적 고통이 뒤따르게 된다. 그것이 자의에 의하든 타의에 의하든 혹은 은근슬쩍 눈치를 받는 꼴이 됐든 간에 심리적 부담감을 느끼기에는 충분하다. 그러므로 윗선의 말을 거역하는 일은 꿈꿀 수도 없는 일이며, 일번 타자로 나선 부장의 선택에 다 같이 동의해야 하는 암묵적 분위기를 거역하기란 쉽지 않다. 혹시라도 자장면보다 비싼 다른 메뉴를 시키려들었다간 눈치 없는 사원으로 찍히기 일쑤다. 메뉴 하나 잘못시켰다가 치러야 하는 뒷감당은 탕수육보다 비싸면 비쌌지 덜하진 않을 것이다. 그러므로 누구도 그러한 모험을 감행할 생각은 하지 않는다. 메뉴 통일이 평사원의 센스라는 말로 포장됐지만, 자신이 먹고 싶은 음식을 하나 고르는 데에도 윗사람의 눈치를 살펴야 하는 우리 사회는 여전히 유교사회의 의식구조를 탈피하지 못하고 있다는 방증이다. 부장 본인이 정말 센스를 중시한다면 이왕 사는 김에 자신이 가장 마지막에 메뉴를 고르는 게 더 합당하지 않을까? 자신의 표현의 자유를 지키기 위해 타인의 표현의 자유를 의식적으로나마 침범하는 것은 자유를 잘못 누리고 있는 예다. 처음부터 자장면을 살 생각이었으면서 '아무거나 먹고 싶은 걸 고르라'고 말만 거창하게 한 것이다.

나뿐만 아니라 다른 사람의 표현의 자유도 정말 자유로운 환경에서 발현될 수 있어야 하지 않을까? 한국사회가 아직까지 유교적 전통의 위계를 벗어나지 못하고 있다면, 윗사람은 아랫사람을 존중하고 마찬가지로 아랫사람도 윗사람을 존중하는 가운데 공정한 사회적 자유와 표현의 자유가 누려질 수 있는 사회로 흘러가야만 한다. 평등하기엔 윗사람의 입김이 너무나도 큰 우리 사회에서, 자장면의 중심에서 탕수육을 외치고 싶은 모든 이들의 바람을 전해 본다.

---

1) 신영복, 『감옥으로부터의 사색』, 돌베개, 1998, 297쪽.
2) 노암 촘스키, 『촘스키, 누가 무엇으로 세상을 지배하는가』, 시대의창, 2002, 40~46쪽 참조.

교수와 학생,
현대판 노예제도

　대학생 시절의 나는 늘 남들 앞에서 있어 보이고 싶어 '이 다음에 사회에서 쓰임 받는 사람이 되고 싶다'고 말하고 다녔다. 사회에서 쓰임 받는다는 말이 무슨 의미인지도 제대로 알지 못하면서, 조금이라도 그럴듯해 보이려고 무작정 이러한 말을 하고 다녔던 걸 떠올리면 아직도 양심에 찔리고 얼굴이 화끈거린다. 그도 그럴 것이 '그럴듯함'이라는 가치를 위해 우리는 얼마나 많은 거짓말을 하고 다녔으며, 그러한 거짓말들마저 타인의 언어를 무단으로 도용해 와 자신의 언어인 것 마냥 표절을 일삼았던가.

　우리 사회의 '그럴듯함'은 대부분 권위에서 나오고, 각각의 권위는 전문직으로 대표되는 사람들만이 소유한 듯 비춰지는 게 현실이다. 권위란 남보다 위에 서거나 통솔하여 따르게 하는 데서 발동되는 사회적 원리로,

남한테 두루 끼치는 영향력과는 떼려야 뗄 수 없는 깊은 관계를 지녔다. 이러한 권위가 미화되는 사회일수록 생존경쟁 끝에 버려진 개인에 대한 무시와 멸시는 거세지고, 강자의 권위는 더더욱 그럴듯하게 포장되며, 개인의 오만함까지도 권리의 속성으로 착각되어지기 마련이다. 특히나 진보를 자처하는 대학 내부의 모습은 기성사회와 별 차이가 없다. 아니, 더하면 더했지 덜하진 않는다. 교수와 학생, 학생과 학생 간 인간관계의 서열화 및 갈수록 짙어지는 권위주의적 경향은 우리 사회의 굳은 병폐라 하지 않을 수 없다.

그러한 권위의 참됨과 오만을 어렴풋이 체감할 수 있었던 건, 내가 대학교 3학년이 되던 해부터 약 1년 반이라는 시간동안 어느 교수님 밑에서 일하고부터였다. 교수님이 운영하는 사무실은 독서논술교재를 제작하고 자격증을 발급하는 교육 법인으로, 주 업무의 대부분은 타이핑과 책 발송 업무를 비롯한 잡일이었다. 모든 회사원이 그렇듯 그곳에서 나는 월급쟁이가 되어 기계처럼 일했고 퇴근할 즈음이면 머릿속이 늘 황폐화가 됐다. 그나마 소탈하고 격의 없으신 교수님 밑에서 일할 수 있어 늘 감사하는 마음을 잊지 않았다. 그러나 시간이 흐를수록 교수님은 내게 요구하는 것이 많아졌고, 나를 점차 개인비서처럼 부리기 시작했다. 가끔은 일적인 부분을 넘어서는 무리한 사항들도 있어 곤혹스러웠지만 그때마다 묵묵히 수행해 내기에 여념이 없었다. 나는 교수님의 캐리어를 끌고 다니며 어디든 교수님과 함께 대동했고, 교수님댁 이삿짐을 나르고, 양심의 가책을 느끼며 후배들의 기말고사 시험지와 일반인들의 독서논술 민간자격증 시험지—대개 논술문항—를 대신 채점했다. 또한 무보수로 집에서 일을 해 올 것을 강요당하기도 했다. 그러다 보니 나는 최저임금에도 못 미치는 돈만 주면 무슨 일이든 완수해 내고야 마는 노예로 전락했다는 회의감에 사로잡혔다. 물론 노동력에 대한 보상으로 돈이라는 정당한 대가가 오고 갔지만 내 자존감은 바닥을 쳤다. 몇몇 일은 양심을 버리지 않고선 불가능했기 때문이다. 돈으로 얽히기 시작한 이상 교수님과 나의 관계는 사제지간이 아닌 고용인과 피고용인의 관계가 되어 버렸고, 나는 교수님에게 제자로 생각되기보단 언제든 부려먹을 수 있는 아르바이트생에 지나지 않는다는 사실을 차츰 깨닫게 되었다.

그러다 내가 그 일을 그만두게 된 계기는 4학년이던 어느 한 여름날에 찾아왔다. 교수님이 방학을 맞아 러시아로 캠프를 떠나신 사이 연로하신 교수님의 어머니가 별세하셨다. 교수님은 전화로 내게 회사에 출근하지 말고 장례식장에 가서 일을 좀 도와주라고 말씀하셨다. 물론 조문 가서 일을 도와드리는 건 내게 아무 일도 아니었다. 그러나 어머니가 돌아가셨는데도 지금 당장 한국으로 내려올 생각을 하지 않는 교수님이 당최 이해되지 않았고, 그 많은 교수님의 가족들은 지금 다 일을 하고 있으니 나한테가 보라는 말도 내 상식선에선 차마 끄덕여지질 않았다. '가족들은 일하고 있어서 안 되고 그럼 나는 아무 때고 사용할 수 있다는 말이야?' 가족들도 없는 장례식장에 가서 모두가 초면인 사람들을 맞으며 홀로 일하고 있을 내 모습을 그려 보자니 가슴에서 엄청난 회의감이 소용돌이쳤다. 어머니보다 일이 더 중요한 것인지 아랫사람을 부리는 게 더 편리해서인지는 잘 모르겠지만, 실망감이 앞선 그 일을 계기로 나는 당장 아르바이트를 그만두게 되었다. 그동안은 아무리 일해도 늘 현상유지조차 빠듯했기에 스스로에 대한 속박을 풀기가 어려웠지만, 용기를 내서라도 다른 일을 구하는 수밖에 어쩔 도리가 없었다. 감정적일지언정 양심이 전하는 말에 귀를 기울이자니 도저히 그러지 않을 수가 없었기 때문이다. 이러한 상황일수록 오해가 존재할 수 있고, 당시 교수님에 대하여 어느 정도 죄송스러운 부분이 없는 건 아니지만, 지금 돌이켜보아도 그때의 결단은 참으로 잘했다는 생각이 든다.

물론 학생신분으로 나와 같은 극단적 사례를 겪을 일은 많지 않을 것이다. 그러나 대학 내 교수자 대부분은 학생들에게 복종을 강요하는 경향이 있다는 걸 말하고 싶었다. 참으로 일관성 있는 교수들의 권위적 태도는 4년이라는 나의 대학생활 내내 그러했고, 대학원에서도 마찬가지였다. 강사에서 전임으로 갈수록 복종을 유발하는 태도의 빈도와 강도도 높아지는 듯했다. 교수만 보면 '태어나면서부터 사람을 하대하는 법부터 배웠을까' 하는 의문이 일어날 정도였다. 상대방을 낮게 봄으로 해서 스스로를 높이려는 것인지는 잘 모르겠지만, 그나마 '의식 있다'는 몇몇 교수들도 '권위'에 있어서는 별다를 게 없는 정도였다.

여전히 많은 교수들이 가르침을 받아야 할 학생이 있기에 교수가 존재한다는 사실을 망각하고 있는 것 같다. 세상에 교수만 있고 학생은 없으면 교수자의 쓸모가 무엇인가? 교수가 먼저 있고 학생이 있는 것이 아니라, 학생이 먼저 있고 난 다음에야 교수가 있는 것이다. 배워야 할 대상이 있기 때문에 가르치는 이가 존재한다는 사실을 명확히 인지해야 한다. 즉, 교수는 학생들 덕분에 먹고 산다. 그러니 교수는 '먹고 살게 해 주어서 감사하다'는 마음가짐으로 열과 성의를 다해 학생들을 가르쳐야 한다. 그러한 가운데서 교수자를 향한 학습자의 진정한 존경이 길러지는 것이다. 그러므로 학생과 교수는 수직적 관계를 지양하고, 수평적 관계로 재정립되기 위한 개인과 사회의 수고가 뒷받침되어야 할 것이다. 이는 소탈한 몇몇 교수들이 자신의 권위를 내려놓음으로써 시작될 수 있다. 물론 말처럼 쉽지는 않겠지만 저마다 투박한 의식의 알을 깨고 나와야 한다. 학생과 교수 서로가 동등한 선상 위에서 상호작용하는 가운데 진정한 교육과 상호존중이 이루어지는 것이지, 지금처럼 상명하복의 관계로만 보아선 건전한 교육풍토의 정착은 불가능하다는 사실을 명심해야 한다.

　그렇다면 우리의 강의실 모습은 어떠한가? 교수는 강의실 안에서 자신의 가치관과 배척되는 학생의 의견을 묵살할 수도 있고, 심한 경우에는 인격을 깎아내린다든지 외모를 비하하는 경우도 서슴지 않는다. 여기서 교수의 권위가 절대적인 이유는 제도권 내에서 용인되는 반박불능과 통제권에 있다. 일단 대부분의 교수가 학생들보단 '어른'으로 비춰진다. 나이가 지긋한 만학도가 아닌 이상 학생이 연륜으로나 사회적으로 교수보다 앞서 갈 일은 거의 없다. 그리고 우리는 어렸을 때부터 어른공경이란 말을 귀에 못이 박히도록 듣고 자라지 않았던가. 현재의 20대가 예의 없단 소리를 밥 먹듯이 들어도 의식적으로나마 그러한 가치는 분명히 알고 있다. 다만 '교수'라는 소위 사회적 진출에 성공한 직업군에 해당하는 자들에 대한 의미 없는 굴종이 일상화되어 있는 우리의 현실을 꼬집을 필요는 있다. 일상화된 굴종은 강자의 권위에 힘을 실어주고, 애초에 교수 앞에선 약자로서 대면할 수밖에 없는 학생들의 키는 갈수록 작아질 수밖에 없다.[1]

　더욱이 학생들의 점수를 쥐고 있는 게 바로 교수이다. 무한경쟁 속에 놓여 있는 학생들은 교수의 언어를 거역할 힘이 없다. 타인의 명줄을 쥔 권위는 논리마저 잠식하는 힘이 있기 때문이다. 그래서 부당한 통제에 이의를 제기한다거나 교수 개인의견에 대한 논리적인 반박을 가하는 것은, 교수의 권위를 손상케 하였다는 죄목으로 학생 개인에겐 불이익이

따를 수도 있다. 이미 사회적인 분위기가 그렇게 흘러왔고, 한 개인의 통제적 권위가 암묵적으로 인정되는 사회임을 누구나 알고 있다. 제한된 사고의 틀 안에서 순순히 따를 것을 강요받는 사회는 개인의 창의성을 거부한다. 이러한 사회에서는 '보편화되고 정상적인 윤리규범'만이 우리의 먹을 양식이다.

그렇다면 보편화되고 정상적인 윤리규범이란 무엇인가? 보편과 정상을 규정하는 기준은 또 무엇이고? 또 그것을 받아들이므로 인해 우리는 어떠한 인간으로 자라나는가? 이러한 질문은 사회라는 제한된 영역 안에서 길러진 학생들이 오로지 사회에서 쓰임받기 위해 만들어진 사회적 공산품에 지나지 않는다는 사실을 말해 준다. 역설적이게도 사회는 무궁무진하고도 협소한 두 얼굴을 갖는다. 물론 아직은 시기상조인 부분도 있겠지만 모든 개개인의 의식과 개성이 살아나게 될 때, 사회적 관념의 편협함이나 협소감이 일정부분 해소될 수 있다는 가능성을 열어두고 싶다.

오랜 역사를 거치며 견고하게 세워진 수직적 위계관이 팽배한 사회현실에서 교수님에겐 비굴하게 굽실거려야만 하는 학생은 이미 굴종의 대상이 된지 오래다. 이것이 노예가 아니고 무엇이란 말인가? 이러한 의식구조 속에선 학생과 교수 서로 간 역할을 존중하거나 진정한 존경을 기대할 수 없으며, 평등한 사제관계로 자라나기엔 역부족이다. 개인관념에서부터 서열을 나누고 주종관계를 당연하게 생각하는 사회 안에서 매겨진 상하관계의 틀을 벗어던지기란 쉽지 않겠지만, 최소한 무엇이 문제인지 감지할 수 있는 민감함으로 세상을 바라보아야 한다. 교수가 대학생과 대학원생들의 사활을 손에 쥐고 있는 이상 아랫사람에 대한 복속은 끊이질 않을 것이다.

여기서 다 이야기할 수 없지만 교수와 학생의 관계정립에서 거론된 대학교육의 문제는 상당히 광범위하게 펼쳐져 있다. 전임교수와 강사와의 관계도 면밀히 고찰해 봐야 하며, 규율과 복속에 갇혀 있는 선후배 사이도 그리 아름다운 모습이 아닌 것은 사실이다. 학생의 인권과 대학의 권위가 언제부터 이렇게 바닥을 쳤는가? 사람을 마주하는 개개인의 권위의식이 높아질수록 그 사회 자체를 표상하는 권위는 질적으로 어두운 그림자를 드리울 수밖에 없다.

---

1) 박노자, 『당신들의 대한민국』, 한겨레출판, 2006, 151~154쪽 참조.

침묵의 야비한 속성

'웅변은 은이요 침묵은 금이다'라는 데모스테네스의 격언이 있다. 국내에서는 '웅변은 은이요'가 삭제된 채 널리 통용되고 있으며, 그 말의 속뜻도 말이 많은 것보다는 침묵하고 과묵할 것을 더 가치 있는 것으로 삼는다. 즉, 우리 사회에서 침묵은 곧 신중함으로 읽혀진다. 하루에도 수십 번 일상매체에 오르락내리락하는 연예인이나 정치인들의 언어는 종종 스스로의 파멸을 자초하는 원인이 되기도 하는데, 이는 우리로 하여금 언어적 신중함과 그 가치를 일깨워 주는 역할을 한다.

그렇다면 침묵이 금으로 취급되는 사회에서 굳이 웅변을 삭제한 이유는 무엇일까? 우리는 말을 하지 않고서는 정상적인 삶을 살아갈 수가 없으며, 일상적인 측면에서도 침묵하기보단 말하길 더 즐겨하는 편이다. 그런데도 침묵만이 남게 된 이유는 무엇일까? 그것도 금이라는 귀중한 물질로 비유될 만큼, 우리 사회에서 침묵이 가지는 의미적 속성과 가치에 대해 면밀히 고찰해 볼 필요가 있지 않을까?

현대사회에서 '말이 많다'는 것은 '과식하는 것'과 같은 의미를 지녔다. 사람은 배고픔이 오래도록 지속되면 평소보다 과식을 하게 된다. 굶주림에서 해방되고자 허겁지겁 음식을 흡입하다 보면 본래의 양을 훨씬 뛰어넘어 필요 이상의 음식을 섭취하게 되고, 그러고 나면 우리의 몸은 포만감을 넘어 괴로움을 느낀다. 속이 더부룩하고 트림이 나오고 뱃속의 음식물이 금방이라도 위로 역류할 것만 같아진다. 과식은 우리에게 포만감을 주지만 그와 동시에 괴로움을 안겨준다. 마찬가지로 말이 많다는 것도 대인관계나 사교적인 측면에선 훨씬 유리할 수 있지만, 말수가 적은 사람에 비해 믿음직스럽지 못하다는 단점이 있다. 한 개인이 말이 많은 만큼 행동으로 주워 담아야 할 것들도 많아지기 때문이다. 가령 '지금부터라도 내가 할 수 있는 일들을 차근차근 해 나갈 거야'라고 말하는 발화자에 대해선 아무런 의심 없이 고개를 끄덕일 수 있지만, '앞으로는 하루에 천 원씩 불우이웃돕기도 하고, 봉사활동도 하고, 매일 부모님 안마도 해드리고, 영어공부도 하고, 책도 읽고, 돈도 벌 거야'라고 말하는 것은 더 구체적인 내용을 전달하나 청취자에겐 이러한 의문을 갖게 한다. '과연 지금 한 말을 전부 잘 지켜나갈 수 있을까?' 물론 이보다 더한 계획도 다 실천할 수 있는 사람은 분명 존재할 것이다. 그러나 대부분의 사람들은 막연한 언어전달일수록 허풍에 지나지 않는다는 사실을 이미 알고 있다. 왜냐하면, 우리는 어렸을 때부터 많은 이들의 언어를 귀담아듣고 자라나지만, 뼈가 없고 영혼 없는 말들이 더 많다는 것을 깨닫고 나면 어느새 실망감이 지배적인 관념으로 자리하게 된다. 그러한 경험 안에서 개개인이 느끼는 것들은 서로 비슷해 하나의 층위를 이루게 되는데, 이는 갈수록 얕아져 가는 서로간의 신뢰 속에서 타인의 언어적 진위여부를 가려내는 자신만의 기제를 생성해 내는 것이다. 그래서 행위가 언어를 뒤따라가지 못하는 사람일수록 주변인들로부터 신뢰를 잃어 가기 쉽다. '가루는 칠수록 고와지지만 말은 할수록 거칠어진다'는 속담처럼 국내의 사회적 속성도 말이 많은 것보단 침묵을 미덕으로 삼는 경향이 짙은 이유가 바로 이와 같은 맥락이 아닐까 한다.

그러나 아이러니하게도 '침묵이 우선인 사회'를 이끌고 있는 사람들은 정치인을 비롯한 '말 많은 사람들'이다. 그들은 말이 많지만 현실의 구체적인 사건이나 사안에 대해서는 대체로 침묵하는 편이다. 발언을 한다 해도 그저 그런 당연한 수준에서 그치는 경향이 있다. 즉, 몸을 사리며 포즈만 취해 보는 것이다. 그들이 하나마나한 이야기를 하는 것은 괜히 깊이 들어갔다가 혹시라도 생겨날지 모를 논란을 피하는 방지책이 될 수 있고, 침묵하지 않았다는 핑계를 댈 수 있으며, 신중함이라는 이미지까지 얻어 내는 지능적인 방식에 지나지 않는다. 그렇다면 우리 사회에서 침묵은 단지 내면적 가치에 지나지 않는 속성인 것일까?

현대적 침묵의 속성을 파헤치기 위해선 다시 데모스테네스의 격언으로 돌아올 필요가 있다. 유럽이 전 세계 바다의 패권을 차지하려던 르네상스 시대에도 금은 은보다 더 가치 있었다. 그러나 각국의 무역 화폐로 은이 사용되면서 잠시나마 은의 전성시대가 온 것도 사실이다. 이렇듯 금과 은이 시대적 가치에 따라 엎치락뒤치락하며 전성기를 주고받은 사실은 분명하다. 물론 현재로서는 금이 은보다 우위에 있는 게 분명하지만, 고대 그리스의 기술력으론 금보다 은의 추출과 제련이 더 어려워 은이 금보다 더 귀하기도 했다. 그래서 '웅변은 은이요 침묵은 금이다'라는 말을 한 데모스테네스조차도 은을 우위에 둔 관점으로 이야기하였을 것이라고 추측해 보는 것이다. 즉, 침묵하는 것보다는 말을 하는 것이 더 가치 있다는 소리다. 물론 동의하는 사람도 있고 그리하지 않는 사람도 있을 것이다. 나조차도 동의하기가 쉽지 않았다. 아무리 유능한 사람이라 할지라도 개개인의 말 속에는 허점이 들어차지 않을 수가 없기 때문이다. 그러다 우연한 계기로 미국의 진보사학자 하워드 진의 저서를 읽고는 생각이 완전히 바뀌었다.

부천에서 지역신문사 기자생활을 하던 나는 반년 가까이 하워드 진에 푹 빠져 있었다. 출퇴근 때마다 틈틈이 읽던 책에서 하워드 진은 '달리는 기차 위에 중립은 없다'는 말로 잘못된 현실에서도 많은 사람들이 입을 다물고 있는 행태를 지적했다. 빠른 속도로 어딘가를 향해 달려가는 기차는 이미 특정한 목표를 향해 달려가고 있다. 그 위에서 중립을 말하고 침묵하는 일은 자신도 모르는 사이에 그 기차가 가는 방향에 암묵적으로 동의한다는 것이고, 그것이 어느 한쪽에 힘을 실어주고 있다는 걸 자신은 미처 깨닫지 못할 뿐이다. 즉, 침묵을 용인으로 혼동하기 쉽다는 점이다.[1] 이를테면 국가주도에 의한 철도민영화를 반대하지 않은 시민들은 결과적으로 철도민영화에 찬성표를 던진 것이 된다. 참으로 무서운 이야기가 아닐 수 없었다. 그저 가만히 있었을 뿐인데 나 자신도 모르는 새에 그것을 동의하고 찬성하는 입장에 속하게 된다는 것을 알고 나자, 망치로 머리를 세게 얻어맞은 듯한 느낌이었다.

침묵이 미덕이 되는 사회라고 어느 때고 과묵한 것은 바람직하지 않다.

또 때에 따라 침묵이 미덕이 되는 건 분명하지만 침묵만이 온전한 답이라고 착각되어져선 곤란하다. 과묵할 것을 종용하는 사회는 개인의 발언권을 막으려는 수작에 지나지 않는다. 특히 우리의 생각을 획일화해 지배하다시피 하는 사회제도와 대중매체는 개인의 말할 권리를 의식적으로 제한한다.[2] 때문에 우리의 의식은 태어나는 순간부터 정형화될 수밖에 없고, 사회가 굴러가는 데 걸림돌이 되어서는 안 된다는 모종의 관념이 주어지게 되는 것이다.

우리 사회를 지배하는 주된 관념은 다수의 언어적 속성을 그대로 따르는 데에 있다. 명심해야 할 것은 그것이 모두에게 선하지 않을 수 있음에도 불구하고, 다수의 이름 아래 소수의 선택권이 자연스레 다수에게로 양도된다는 것이다. 앞서 살펴본 바와 같이, 모두가 자장면하고 외칠 때 김대리 혼자서만 탕수육을 시킬 수 없는 것과 같은 이치다. 혼자만 튀면 죄인이 되어 버리는 사회. 그러한 죄의식과 억압적 분위기를 조성하는 사회. 그런 사회 안에선 모두가 침묵하고 가만히 다수를 따르게 되는 것이 어쩌면 당연한 귀결점일지도 모른다.

그럼에도 방관과 중립이 자신도 모르는 사이 어느 한쪽에 힘을 실어주고 있다는 것을 어렴풋이나마 깨닫는다면, 본인의 관점과 호불호를 명확히 표현할 수 있는 깨어 있는 양심이 되어야 할 것이다. 자신이 진정 사랑하는 사람에게 사랑을 전하는 말도 그것이 언어로 전달되었을 때 가치 있는 것이지, 마음에만 담아두고 있는 것은 본인의 상상 안에서만 펼쳐지는 자아도취적 사랑일 뿐이다. 직접 말해야 사랑하는지를 알고 표현해야 사랑하는지를 안다. 사회라는 속성도 별반 다르지 않다. 멀찌감치 떨어져서 현 사회를 바라보고 방관만 하는 것은 철창 안에 갇힌 동물원의 동물들을 바라보다 집으로 돌아가는 것과 다름없는 일이다. 우리는 사회를 관람하는 관람객이 아니지 않은가? 침묵만 해서는 아무 일도 일어나지 않는다. 또 아무것도 변하지 않는다.

1) 하워드 진, 유강은 역, 『달리는 기차 위에 중립은 없다』, 이후, 2002, 41쪽.
2) 하워드 진, 이아정 역, 『오만한 제국』, 당대, 2001, 14~15쪽 참조.

그 나물에 그 밥
: 투표하지 않을 권리

민주국가에서 투표는 국민의 권리이자 의무로써 받아들여진다. 그래서 대한민국 국민이면 당연히 투표를 해야 하고, 투표를 하지 않는 사람은 정치인을 욕하거나 불만을 말할 자격도 없다고 한다. 또 어떤 나라의 국민은 아직까지 투표권이 없어 투표를 하고 싶어도 하지 못한다며, 우리나라 국민에게 주어지는 '1인 1표'의 가치를 다시금 상기시켜주기도 한다. 그도 그럴 것이 한바탕 독재정권을 겪은 국내사회에서 참정권의 가치는 다양한 시의적 함의를 내포하고 있기 때문이다.

참정권의 역사를 살펴보기 위해서는 고대 아테네로 거슬러 올라가야 한다. 고대의 민주정치는 현대의 민주정치와는 완전히 다른 양태를 보이며 상당히 제한적이었다. 고대의 참정권은 오로지 성인남성에게만 해당되는 이야기였으며 여성과 노예, 외국인은 제외대상인 외발수레에 지나지 않았다. 단지 고대의 민주정치가 역사적 귀의의 대상으로 현대에서는 그것을 유의미하게 다룰 뿐이지, 모든 시민들에 대하여 현재와 같은 온전한 참정권이 인정되기까지는 험난한 투쟁의 역사를 밟아 왔음을 잊지 않아야 한다. 특히 우리나라를 비롯한 각 나라 여성들의 참정권 역사를 되돌아보면 그 과정은 결코 순탄치 않았다. 개인을 둘러싼 각종 불평등을 제거하기 위해 얼마나 많은 사람들이 무고한 피를 흘리고 희생했는가를 생각한다면, 투표권의 가치는 민권운동으로 비롯되는 역사적 성취의 산 증거라 할 수 있다.

현대사회로 넘어오면서 참정권의 범위는 두드러질 만큼 확대되었지만, 여기서 정확히 짚고 넘어가야 할 점이 있다. 우리가 정치에 직·간접적으로 참여할 수 있는 기회, 즉 투표할 권리가 주어졌다고는 해도 온전한 자유를 쟁취한 것은 아니라는 사실이다. 참정권보다 중요한 것은 한 개인의 생존과 직결된 문제들이다. 경제적으로 삶이 묶여 있는 사람들은 정치에 관심을 둘 여력이 없다. 오늘 밥을 먹고 잠을 자기 위해 오늘을 온전히 다 바쳐 일해야 한다. 지금 이 순간 내일을 걱정하는 건 사치에 불과하다. 삶이 여유롭고 낙천적이어서 내일을 걱정하지 않는 것이 아니다. 내일은 어차피 내일 다시 일해야만 살 수 있기 때문이다. 쉼 없이 일하지 않으면 하루하루 생활을 이어 나갈 수가 없다. 일반적인 직장인들이 열심히 일하고 차곡차곡 돈을 모으는 것과는 조금 다른 차원의 이야기다. 하루를 사는 것마저 급급한 사람들은 오늘 번 돈이 오늘 다 쓰이는데, 여기서 아프기라도 하면 그 손해는 고스란히 빚이 된다. 그래서 아무리 열심히 일해도 환경이 뒤따라주지 않는 사람은 다른 그 무엇에도 관심을 가질 수 없도록 눈과 귀가 차단된 삶을 살 수밖에 없는 것이다.

그리고 그러한 삶을 이어 나가는 가난한 사람들이 도처에 널려 있다. 물론 중산층 이상의 유산계급인 '그런대로 먹고 살만한 사람들'은 이러한 점을 이해하지 못한다. 그들은 단순히 가난한 사람들이 게을러서 일하지 않는 것이고, 교육이나 정치에 관심조차 없다고 생각하기 일쑤다. 뻗어 나가는 삶 자체가 완전히 다르다는 것을 인지하지 못하고, 모든 것이 자신의 관점을 벗어나지 않는 의식구조에 머물러 있다. 그래서 당장 배가 고픈 사람들에게 투표권의 가치를 아무리 떠들어 봤자 밥을 사먹으라고 돈을 주는 것만 못하다. 그들에겐 추상적 가치보단 실제적 생활이 더 갈급하기 때문이다. 실제로 눈을 크게 뜨고 주위를 둘러보면 빡빡한 일상에 짓눌려 참정권이라는 가치는 거들떠보기도 힘든 상황에 처한 사람들이 생각보다 많다. 지금은 많이 사라져 가는 추세지만 재래시장에만 가도 사람들에게 필요한 것은 물건을 사고파는 일이지, 투표할 권리는 자신들의 생활과는 아무런 관련이 없다. 다만 그들 중 몇몇 사람들이 투표하는 이유는, 재래시장을 살리겠다는 막연한 공약을 들고 나온 이름 모를 후보자에게 힘을 실어주기 위해서일 뿐이다.

그렇지만 우리가 살아가는 현실은 어떠한가? 매번 표심을 자극하는 허황된 공약만 남발하는 게 정치인들의 현주소가 아니던가? 자신이 내세운 공약을 제대로 이행하기는커녕 시민들의 기대를 배반하고도 도리어 큰소리를 내는 정치인들이 더 많지 않은가? 많은 사람들이 일말의 기대를 품고 투표를 거듭하지만 그 안에서 얻는 결론은 또 무엇인가? 정치인들은 그들 자신의 이해관계를 위해서만 움직일 뿐 시민들을 위해 일하진 않는다는 사실을 다시금 확인할 뿐이지 않은가? 실제로 각종 정책을 입안하려는 정치인들은 추종자들이나 정치자금을 대주는 주변인들에게 실질적인 보상책을 제공하는 이해관계 안에서나 움직일 따름이다. 많은 사람들이 그것을 이미 알고 있어 그런지, 선거일은 '쉬는 날'이 되고 '어디 놀러 나가는 날'로 전락하고 마는 것이다. '아무리 투표해도 세상은 변하지 않는다'는 관념이 갈수록 팽배해져 가기 때문이다. 이는 정치적으로 무관심해진 시민 개개인의 의식을 꼬집기에 앞서, 그러한 실망감을 초래하고 기대감을 묵살한 수많은 배반자들에게로 따가운 눈총과 비난의 화살이 가해져야 할 일이다.

사실상 후보자들을 찍어 내는 선거제도라는 것도 다른 시각으로 보면 '형식적 참정권'을 통해 우리의 반발심을 낮추는 하나의 통제체계에 불과하다. 한 나라의 국민들은 모두가 평등하게 투표권을 가질 수 있고, 실제로 투표할 수가 있다. 그러나 우리의 투표권은 정책을 직접적으로 선택하지 못하고 누군가를 선출하는 데서 그치고 만다. 그저 그런 고만고만하고 비슷한 속성의 후보자들 중에서 딱 한 사람을 고르자니 어딘가 밋밋하고 거기서 거기라는 느낌이 더 크다. 전자제품을 사려는데 다 하자인 제품들 가운데 그나마 덜 하자인 제품을 찾아 구매하려는 것과 같은 이치랄까. 그만큼 우리의 정치적 선택의 폭이 제한되어 있다.[1] 우리는 그들에게 단지 '자신들의 말에 속아 자신들을 뽑아주는 사람' 그 이상의 무엇도 아닌 것이다.

게다가 선출된 정치인들은 대부분 정부의 고위층에 종사하는 유산계급인 경우가 허다하다. 그들은 '시민들의 현실적인 삶'을 제대로 살아 보지 못했거나 여전히 잘 모르고 있다. 그래서 출퇴근 시간마다 전쟁을 방불케 하는 '지옥철'의 의미를 피상적으로만 알고, 서민들의 가계 부담을 단순히 통계학적으로만 접할 뿐이다. 그런 이들이 어떻게 시민을 대변하고, 시민의 기대에 부응할 수 있는 정책을 꺼내 놓을 수 있을 것인가? 고통 받는 시민들의 현실적인 삶을 이해하지 않고서 시민들을 대표한다는 건 어불성설이다. 그것도 귀로 듣고 머리로 아는 피상적인 이해가 아닌 경험에 버금가는 직접적인 이해가 필요하다. 즉, 정치인들은 서민들의 실태를 조사하고 어떠한 삶을 사는지를 아는 것이 중요한 게 아니라, 그러한 정책이 왜 필요할까를 고민할 수 있는 여지가 자라나도록 가슴으로 느끼는 것을 우선과제로 삼아야 하는 것이다.

그러나 현재의 정치인들에게 그러한 의식을 기대하긴 역부족인 듯싶다. 그들은 단순히 정치인이 되고 싶은 것이지, 시민들을 대변하기 위해 존재하는 것이 아니라는 사실을 우리는 직시해야 한다. 대부분의 정치인들은 시민들을 위해 일하지 않는다. 그것이 현실이다. 어떤 때의 정치인들은 잠시나마 시민들을 달래주기 위해 그들이 원하는 아주 작은 요구사항을 들어주지만, 그것은 자신의 자리를 지키기 위해 무언가 했다는 것을 슬쩍 보여줄 따름인 것이다. 즉, 그들은 잠시나마 포즈를 취해 보고, 이내 원성이 조금 잦아든다 싶으면 언제 그랬냐는 듯 다시금 자신의 이해관계 속으로 들어가길 반복한다.[2] 왜냐하면 자신들의 이권이 전부인 정치인들에게 힘을 실어 준 우리는 정책의 참여자로서 존재하지 않기 때문이다. 투표만 끝나면 구경꾼에 머물러 있을 뿐인 우리가 어떻게 선거제도에 대한 무한한 긍정을 보낼 수 있을 것인가? 선거해 달라는 정치인들이 정작 선거의 의미를 퇴색시키는 모순의 사회일 뿐이지 않은가? 무조건 덮어놓고 '권리와 의무' 운운하며 선거만 종용하는 현실을 살아가는 우리에겐 반성이라는 쉼표가 필요하다.

선거가 진정으로 민주사회를 살아가는 시민의 자율적 권리를 표상한다면, 그 나물에 그 밥인 정치인들을 보고 조소하며 투표하지 않을 자율적 권리조차 보장되어야 한다. 개인의 양심이 호소하는 대로 본인의 자율적 권리를 행사하는 것은 하등 욕먹을 이유가 없는 일이다. 오히려 무효표가 나오지 않는 사회는 강요와 억압으로 점철된 죽은 사회다. 참정권이 정치적 자유를 표상하는 권리라는 사실을 잊지 말아야 한다. 정치적으로 자유로울 수 있는 권리란 우리에게 투표할 권리가 존재하는 것처럼 투표하지 않을 권리도 사회적으로 존중되어야 마땅하다는 의미다. 참정권에 관한 온전한 이해 없이 개개인에게 무작정 투표할 것을 종용하는 것은 폭력에 지나지 않는다.

물론 선거에 대한 회의적인 입장이 지나치게 크기는 하지만 현재로서는 다른 대안을 내놓기도 쉽지 않은 일이다. 그럼에도 우리 사회에서 민주주의와 국민주권을 이야기할 때 마치 선거가 모든 바람을 이뤄주는 요술램프처럼 과대평가되어 있다는 사실을 똑똑히 인식했으면 한다.

---

1) 하워드 진, 이아정 역, 『오만한 제국』, 당대, 2001, 446쪽 참조.
2) 위의 책, 447~448쪽 참조.

국가와 맞서 싸운 이들

2014년에도 나라 안팎은 소란스럽기 그지없다. 박근혜 정부는 철도와 의료의 민영화, 원전 확대, 초고압 송전탑 공사 등 이명박 정부를 잇는 무분별한 정책 강행에 총력을 기울이고 있다. 이러한 정책들은 철저히 지배계층과 주변부의 이해관계로 얽힌 숙원사업으로 정부는 무작정 밀어 붙이기로 작정을 한 듯하다. 이에 많은 사람들이 들고 일어나지만, 발 빠른 정부는 국민들의 눈과 귀를 차단하기 위해 '종북세력'과 '국가안보' 라는 프레임을 가지고 여론을 조작하고 민주주의의 근간을 뒤흔들고 있다. 현 정권을 현대적 의미의 한국형 매카시즘이라 칭해도 손색이 없지 않을까?

많은 사람들이 국가의 부당함을 피부로 느끼고는 있지만, 그것은 어디까지나 피상적인 차원에서만 이루어질 뿐이다. 또 개개인은 이따금 어떠한 분노를 표출하고 싶지만 지금 내가 무엇에 분노를 느끼는지도 잘 알지 못하고, 맞서야 하지만 무엇에 맞서야 하는지도 제대로 모르고 있는 상태다. 뉴스를 보고 있으면 방금 전까지만 해도 분명히 우리를 화나게 하는 일이 있었는데, 어느새 생각지도 못한 톱스타의 열애기사나 섹스 스캔들에 파묻혀 버리기 일쑤다. 단순히 국가의 하수인들로부터 제공되는 기삿거리와 TV채널에 현혹된 우리는 스스로가 바보상자가 되어 모든 것을 무비판적으로 수용하게 되어 버리는 것이다. 우리에게는 불합리한 것들에 대해 비판할 자유가 있지만, 우리가 무언가를 표출하기도 전에 국가는 자신들에게 불리한 진술거리들을 이미 삭제한지 오래다. 우리는 그들이 보여주는 것만 보고 말해 주는 것만 들으면 그만이다. '그들만의 사회'에 속한 우리는 날이 갈수록 무력감에 휩싸인다. 우리에게 '표현할 권리'가 있어도 '표현할 거리'가 없는 이상, 국가에 복속된 신민의 역할을 뛰어넘기는 힘들 것으로 보인다.

과연 국가는 부당한가? 그렇다고 여겨진다면 국가는 왜 부당하고, 무엇이 우리로 하여금 부당함을 느끼게 하는가를 되묻지 않을 수가 없다. 국가 주도에 의한 여론조작과 언론조작, 그리고 각종 외압과 탄압 등 시민사회에 눈속임을 가하려는 정부의 기만책은 필시 우리를 염두에 두고 벌어지는 일이다. 그들에 의한 정보조작은 모든 시민들을 우민화하는 데 목적이 있고, 획일화된 사고를 조장해 우리로 하여금 비판적 사고를 거세하려는 계획인 것이다. 과거로부터 역사적 아픔을 딛고 교훈을 쟁취한 우리는 이를 독재라 칭한다. 어느 사회든 독재자의 모습을 대개 카리스마적으로 치장하는 경향이 있는데, 자기 하고 싶은 대로 하기 위해 타인을 파멸시키는 강경함과 비열함을 역사의 뒤안길에 숨겨 두어서는 안 된다. 독재자는 눈에 거슬리는 이들, 즉 권력의 정당성을 운운하는 이들에 대해서는 힘으로 억누를 따름이다. 피도 눈물도 없는 이기심의 발로가 영웅적으로 치장되는 사회는 우습지 않은가?

독재에 대한 우리 사회의 넓은 아량은 일종의 실용주의적 사고관의 산물이다. 이제는 모든 역사적 평가가 긍정적인 면과 부정적인 면을 함께 보도록 놓이는데, 독재로 점철된 박정희 정권의 주된 긍정적 평가의 이유는 바로 경제를 살렸다는 것이 골자다. '그는 독재자였지만 그래도 경제발전을 이룩하지 않았느냐' 하는 식의 관점이다. 문제는 독재와 그로 인한 사법살인을 경제발전과 '퉁'을 치자는 식으로 모든 것을 정당화해 버리는 의식구조에 있다. 이러한 실용주의적 관념은 본인의 관점에서 사회적 교환관계가 성립한다고 생각되어지는 모든 것을 의식화해 우열을 가려 버린다. '경제발전'과 '사법살인'처럼 서로 비교하거나 나란히 놓을 수 없는 것들마저도 동격으로 취급해 버린다는 점에서 경악을 금치 못할 일이며, 이는 독재체제에 대한 '과오 덮기'에 지나지 않는 논리상의 오류다.

인간의 생명을 마음대로 앗아 가고 자유롭게 숨 쉴 수 있는 권리를 빼앗아 간 국가권력의 폭력은 어떠한 이유로도 정당화될 수 없다. 그러나 당시 체제에 완전히 편입된 혹은 심취한 기성세대는 보다 젊은 세대를 향해 이렇게 소리친다. '그 시대를 살아 보지도 않은 네가 어떻게 아느냐!' 물론 누구든 역사적 사실에 대해 제대로 알지 못할 수도 있고, 덜 알 수도 있다. 하지만 이것 하나는 분명히 기억해야 한다. 당시 독재정권에 의해 죽어나간 사람이 바로 '당신'이었다면 '그래도 그 시절이 살기 좋았지'라는 소리는 하지 않았을 것이라는 점을 말이다. '숨 쉴 권리가 있던 사람들'은 그 시대의 아픔을 온전히 알지 못한다. 일제시기의 친일파들은 오히려 그 시절을 회고하며 찬양하고 있을 것이 분명하다. 시대를 막론하고 누군가 피눈물을 쏟고 있는 와중에도 '아, 그때가 참 좋았지' 하며 웃고 있을 사람은 분명히 존재한다. 그 시절을 살아 보지 않았어도 우리는 과거의 역사들을 모조리 배우고 있지 않은가? 그러니 '그 시대를 살아 보지도 않은 네가…'와 같은 말을 한다는 것은 우리가 배우는 역사가 허위라고 오도하는 몰상식한 관념의 소산일 뿐이다.

실제로 독재국가일수록 시민들이 받아들이는 정보는 정부에 의해 검열된 제한적 형태를 띠며, 국가의 부당함에 맞서려는 개인에 대해서는 자비 없는 법의 철퇴를 내리친다. 그러면서 시민들로 하여금 국가에 대한 의문을 원천봉쇄하기 위해 개개인의 표현의 자유를 억압하고 깨어 있는 언론들을 탄압하기 일쑤다. 전체로 볼 때 한 개인의 힘은 약소하지만, 그럼에도 엄청난 영향력이 발휘될 수 있는 맹아가 싹을 틔울지도 모를 일이므로 국가로서는 그것이 촉발되는 것을 막아야 한다. 개개인들의 결집을 방지하고 시민 각자의 힘을 축소시켜야만 정권의 집권을 방해받지 않고 오래도록 이어 나갈 수 있기 때문이다.

여기서는 조금 다른 성격의 이야기지만 19세기 후반 프랑스를 뒤흔든 드레퓌스 사건이 하나의 예가 될 수 있다. 1894년 프랑스군 참모본부에 근무하던 포병대위 드레퓌스는 증거도 없이 간첩 누명을 쓰고 종신형을 선고받아 투옥된다. 당시 드레퓌스는 국민들에게서 금세 잊히지만, 이 사건을 윤리적인 측면에서 접근하기로 한 피카르 중령에 의해 다시금 주목을 받는다. 결국 진실을 은폐하려던 수뇌부는 진실을 드러내려는 지식인들의 용기에 의해 허위의 장막이 걷어지게 되고, 무고한 드레퓌스는

12년 만에 누명을 벗을 수 있게 된다. 당시 프랑스군부에 맞서 드레퓌스를 위해 펜을 든 프랑스의 대표적 지식인 에밀 졸라는 거대권력에 맞서는 작가의 사회적 책무가 무엇인지를 몸소 보여주었다. 그가 1898년 1월 13일 〈로로르〉지에 발표한 '나는 고발한다'의 파급효과로 신문은 몇 시간 만에 30만 부나 팔렸다. 이후 수많은 지식인들이 드레퓌스 사건 재심 청원서에 서명했다. 국가의 부당함에 맞서는 한 개인의 영향력이 얼마나 대단한 것인지를 입증하는 사례다.1)

사실 멀리 프랑스까지 갈 필요도 없다. 지나온 국내역사 가운데서도 각종 민권운동과 노동운동을 통해 국가에 맞선 민중들의 모습이 살아 숨 쉬고 있지 않은가? 기득권 세력으로 일컬어지는 지배계층과의 싸움이 얼마나 힘든지를 알면서도 그 안에서 기어코 승리를 거머쥐지 않았던가? 이루 말할 수 없는 가슴 아픈 희생이 뒤따랐지만 굴하지 않고 끝까지 저항하던 민중. 그들은 지금보다 더 나은 사회로 나아가기 위해 "육체적으로는 파멸할지언정 정신적으로는 패배하지 않겠다"2)는 결의를 다져 나갔다.

4·19혁명, 5·18광주민주화운동, 6월 민주항쟁 등 군사독재에 맞선 우리의 역사는 조직화된 민중의 힘이 얼마나 숭고한지를 보여주고 있지 않은가? 국민 개개인의 목소리를 억압하는 부패한 국가는 전복의 대상일 뿐이다. 진정한 민주주의는 자신과 타자의 언어가 모두 평등하게 공존할 수 있는 사회를 의미한다. 추상화된 관념으로만 존재할 수 없는 것이 바로 민주주의다.3)

---

1) 유시민, 『거꾸로 읽는 세계사』, 푸른나무, 2008, 14~34쪽 참조.
2) 어니스트 헤밍웨이, 김욱동 역, 『노인과 바다』, 민음사, 2012, 104쪽.
3) 진중권, 『시칠리아의 암소』, 다우, 2000, 36~37쪽 참조.

사소한 것부터
시작하는
시민불복종

한 개인은 국가에 속하면서 국가와 대립하기도 한다. 국가적 맹종에 길들여진 개인일수록 법률적 위반사항이 개인의 의식보다 더 중요하지만, 국가의 부당함에 이의를 제기하길 두려워하지 않는 개인일수록 사회제도적 차원의 준수사항보단 본인 내면의 소리에 귀를 기울이려는 경향이 크다. 물론 '법이 우선이냐 양심이 우선이냐' 하는 문제는 많은 쟁점사항을 야기하므로 좀 더 면밀한 고찰이 필요할 듯싶으나, 여기서는 후자의 입장에서 개인의 권리에 대해 논의해 보도록 하겠다.

노암 촘스키에 의하면 '국가적 부당함에 맞서는 혹은 질서를 뒤바꾸려는 국민'이 혁명세력으로 발전하지 못하는 이유는 스스로 '값비싼 대가'를 치러야 한다는 사실을 이미 잘 알고 있기 때문이라고 한다. 알다시피 누군가 현 체제를 뒤엎으려거든 이루 말할 수 없는 혹독한 희생을 치러야 한다. 물론 한 개인으로 시작해 사회에 큰 영향력을 끼치는 유명인들에게까지 반체제적 사상이 전파될 수는 있겠지만, 사회적 파급력이 강한 개인일수록 기존 체제를 신봉하는 자들에 의해 고통을 당할 것을 각오해야 한다는 말이다. 또한 그들이 가진 생각이 너무나도 급진적이고 일종의 변혁을 꾀하는 입장일수록 현상유지를 지향하는 수많은 보수 세력에 의해 각종 비난을 살 수 있다. 심한 경우에는 입에 담을 수 없을 정도로 험한 말들이 난무하는 인신공격은 물론 물리적인 고통이 가해질지도 모르는 일이다.[1]

이에 대해 촘스키는 "한 개인이 무언가를 행동하고 싶다면 주변의 소리에 귀를 막아야 한다"고 말한다. 그것만이 자신이 정당하다고 생각하는 것을 자유롭게 행동으로 옮길 수 있는 유일한 방법이라는 것이다. 물론 이러한 방법이 말처럼 쉽지만은 않으며 또한 성공하기도 어렵다. 그러한 일련의 행위 중에는 무례함이 없어야 하며 되도록이면 표현상의 작은 실수조차 범하지 않아야 한다. 자칫하면 대중의 반감을 살 수도 있고 상대방의 공격을 이끌어 내는 수도 있기 때문이다. 그리고 그러한 상황은 본인 스스로를 불리하게 만들고 자신을 파멸에 빠뜨리는 원인이 되기도 하므로 더더욱 주의해야 한다.

또한 촘스키는 사회적 방어기제가 없는 약소한 개인에 대해서는 '조직화'할 것을 권유하고 있다. 혼자서는 감당할 수 없는 차원의 커다란 희생을 모두의 힘으로 수월하게 넘길 수 있다는 것이다. 그렇다고 국가가 가만히 지켜만 보고 있는 것은 아니다. 각종 선전과 공작으로 조직을 깨뜨리려 애쓸 것이다. 실제로 국가안보와 사회기강을 내세운 국가는 이러한 사회적 조직에 대해 엄정한 법망으로 걸러 내 그것을 부서뜨리거나 해산시키기 일쑤다. 단지 어떤 사회적 요구를 위해 목소리를 높였을 뿐인데, '국가 전복의 위험성이 있는 단체'가 되거나 다른 위법적인 사안이 덧씌워져 불법단체로 둔갑하고 만다. 여기서 국민들은 등을 돌리게 되고 그렇게 또 하나의 작은 세력은 국가에 의해 모든 것이 산산이 부서지고 만다. 그럼에도 우리는 새로운 형태의 조직화를 위하여 힘쓴다. 안도했던 국가 는 다시금 촉각을 곤두세운다. 넘어뜨리면 일어나고 또 넘어뜨리면 일어 나는 칠전팔기의 정신. 국가는 바로 이러한 점을 두려워하는 것이다.2)

그렇다면 국가의 부당함에 맞선 우리가 새로이 조직화하기에 앞서 개인 으로서 행할 수 있는 형태의 저항방법은 없는 걸까? 물론 있다. '소극적 저항'으로 알려진 '시민불복종'이 바로 그 답이다. 시민불복종은 자신의 양심에 위배되는 정부의 요구나 명령에 대해 폭력 등을 행하는 적극적인 저항수단을 펼치지 않고, 단지 복종하기를 거부하는 비순응적 태도다.3) 과거 아프리카나 인도의 민족주의 운동, 미국의 흑인 시민권 운동, 세계 곳곳의 노동운동과 반전운동 등에서 행한 전술이념으로, 시민불복종은 법 자체에 대한 거부를 행하기보단 의식화된 개인이 법률을 위반함으로써 일종의 상징적인 메시지를 전달한다. 이러한 시민불복종의 주체는 본인에 대한 처벌을 감수하면서까지 그릇된 길로 걸어가려는 정부에 도덕적 모범 을 제시하고자 노력한다. 물론 위법에 해당하므로 '급진적'이거나 '무정부 주의'를 내세운 다양한 비판론의 표적이 될 수 있다. 그럼에도 대국민적 호소를 통해 궁극적으로 자신이 성취하려는 목적을 위하여 처벌을 감수하 고 저항한다는 점에서 이 또한 정당한 개인의 권리 행사로 보아야 하지 않을까?

키케로, 토마스 아퀴나스, 존 로크, 토머스 제퍼슨, 헨리 데이비드 소로

우, 마하트마 간디, 마틴 루터 킹 등 한 시대를 풍미한 이들 모두가 어떤 초인간적인 도덕률을 통해 시민불복종의 정당성을 입증하고자 노력했다. 시민불복종 운동을 편 아인슈타인이나 독일의 극작가 베르톨트 브레히트도 비협력이라는 방법으로 이와 같은 맥을 잇고 있다.4) 또한 촘스키와 함께 시대의 양심으로 일컬어지는 하워드 진도 "우리가 억압받는 소수에 대하여 전체적으로 횡포를 부리는 다수가 되고 싶지 않다면, 우리와 반대 의견을 지닌 소수자들에게도 그 불평불만을 유감없이 표현해 낼 수 있는 길을 열어주어야 한다"고 전했다.5) 이러한 시민불족종의 정당성은 단순히 시민불복종이라는 운동적 차원에서 얻어지는 것이 아니라, 그것을 행하는 개개인의 양심과 인간으로서 마땅히 고려해야 할 고귀한 가치가 내재해 있기 때문이다.

물론 이를 못마땅하게 생각하는 국가는 한정된 시야로 '개인이 법을 어겼느냐 어기지 않았느냐'에만 초점을 맞추는 것이지, '한 개인이 어떤 목적으로 법을 어겼느냐'는 그다지 중요하지 않다. 국가로서는 인간 개인의 내면적 목소리보단 법률적 위반사항이 한 개인에 대한 처분결정의 기준점이 되기 때문이다. 국가는 결코 '개인이 왜 그랬는가'를 생각하려고 하지 않는다. 그것은 국가의 소관을 한참이나 넘어선 일이라는 생각이 지배적이기 때문이다. 단지 국가는 시민불족종을 행한 개인에 대해 법의 엄중한 잣대로 감옥에 집어넣기만 하면 그만인 셈이다.

그러므로 우리는 어떤 부당함을 목격하고 시민불복종을 행할 때 직접적인 법의 심판을 받거나, 본인을 향해 날아드는 수많은 비난을 감수하고, 여차하면 경제적인 몰락까지도 염두에 두어야 한다. 아무리 세상만사가 자기희생 없이 이룰 수 있는 것은 아무것도 없다지만, 그 대가는 혹독하기

짝이 없다. 그럼에도 많은 양심적 불복종자들은 내면이 권유한 사회적이고 도덕적인 가치를 위해 개인적인 고통을 감수하길 주저하지 않는다. 매체를 통해 전달되는 그들의 선량한 양심은 대부분 왜곡된 형태로 보도되는 경우가 허다하지만, 그럼에도 그들의 진심은 오롯이 와 닿는 편이다.

그렇다고 우리가 전부 뉴스에 나올 만한 시민불복종을 행할 필요는 없다. 눈을 크게 뜨고 의미 있는 것들을 찾다 보면 우리의 일상 안에서는 보다 미시적인 측면에서 '위법하지 않는 시민불복종'도 가능해진다. 꼭 어떤 크고 거대한 행위만이 변화를 만드는 것은 아니다. 작은 행동들이 모여 큰 산을 이룬다. 예컨대 거짓을 종용하는 직장상사나 동료에 대해서는 확실한 거부의사를 표시하는 것이 좋다. 최대한 정중하게 "나는 그것을 하지 않겠습니다. 왜냐하면 그것이 올바르지 않기 때문입니다"라고 말하는 것이다. 이와 같은 행위적 측면에서의 비협력은 비폭력불복종으로 유명한 간디의 사상과 그 맥을 같이한다. 또한 외모라든지 신체적 인신공격을 일삼는 친구의 의견에 동조하지 말아야 할 것이다. 그때에도 이렇게 말해야 한다. '나는 네 의견에 동의하지 않아. 그건 너만의 생각일 뿐이야'라고 말이다. 참으로 교과서적인 이야기 같지만 실상은 그 반대다. 교과서는 철저히 의식적인 개인보단 국가와 사회에 도움이 되는 맹종의 인간을 길러 내도록 집필되어 있다. 그래서 우리는 도덕을 배우면서도 비도덕적인 상황을 맹종하는 개인들과 타협해 스스로의 도덕을 무너뜨리고는, 죄의식을 갖는 것이 도덕적인 삶이라고 착각한다. 죄의식의 속성이 도덕적 색채를 지녔지만 그것만으로는 도덕적이라 할 수 없다. 처음부터 죄의식을 가질만한 행동을 하지 않는 것이 중요하다. 당연시되는 모든 비윤리적 행태와 부당한 속성들을 거부할 줄 아는 것이 바로 도덕이다. 모두가 '예'

라고 할 때 '아니오'라고 할 수 있어야 한다. 일상 안에서 행해지는 이러한 몇몇 의식 있는 행동들이 굳은 병폐 속에 빠진 사회를 건져 내고 세상을 변화시킬 수 있는 유의미한 일로 작용한다.

시민불복종은 유토피아와 같은 이상국을 건설하려는 어떤 대의에서만 행해지는 것이 아니다. 현재를 살아가는 우리가 지금 이 자리에서 받는 부당함에 저항하고, 보다 나은 가치적 차원에서 이루어지는 고귀하고 용기 있는 행위인 것이다. 시민불복종의 진정한 속성은 이유 없는 반항이 아니다. 더 나은 세상을 지향하려는 '이유 있는 저항'이다. 그러므로 모든 개인은 스스로가 깨어 있어야 한다. 그래야만 자신의 권리를 내면에 비추어 더욱 올바르게 사용할 수 있을 것이다.

---

1) 노암 촘스키, 『촘스키, 누가 무엇으로 세상을 지배하는가』, 시대의창, 2002, 169쪽 참조.
2) 위의 책, 171쪽 참조.
3) 하워드 진, 이아정 역, 『오만한 제국』, 당대, 2001, 214~215쪽 참조.
4) 위의 책, 463쪽 참조.
5) 위의 책, 220~221쪽.

쾌락을 좇을 권리

'최대 다수의 최대 행복'은 양적 공리주의로 유명한 벤담의 견해다. 벤담은 선이 곧 쾌락이고 악은 고통이며, 모든 사람은 쾌락을 좇을 권리를 가졌다고 한다. 그러나 그의 주장은 쾌락의 질적 차이를 막론하고, 그저 얼마나 많은 사람들이 더 많은 쾌락을 갖는가에만 초점을 맞추어 존 스튜어트 밀의 질적 공리주의와 비교되기도 한다.[1]

만약 벤담의 입장처럼 쾌락의 양적인 면만을 중시한다면 물질이나 탐욕적인 부분에서 쾌락을 얻지 못하는 개개인에 대해서는 간과하는 입장을 취하는 수밖에 없다. 즉, 모든 사람이 최대 크기의 쾌락만을 좇지는 않는다는 걸 생각 않고, 그보다 덜한 크기의 쾌락을 좇는 사람들을 무시해 버리는 것이다. 벤담처럼 양적인 입장만을 취했다가는 그 가운데 누군가는 불행해질 수밖에 없을 것이며, 그것이 양적 공리주의의 뚜렷한 한계다. 그래서 밀은 이를 보완하고자 '배부른 돼지보다 불만족스러운 소크라테스가 낫다'며 쾌락의 질적인 측면을 중시했다.[2] 개개인의 쾌락요소는 전부 제각각이며, 그들의 행복도 저마다 질적인 차이가 있다는 입장이다. 여기서 중요한 것은 '최대 다수의 최대 행복'이라는 행복의 양적인 측면과 질적 만족의 구축이 함께 이루어질 때 우리 공동체의 온전한 쾌락이 가능해진다는 사실이다.

그런데 많은 사람들이 '쾌락'하면 어떤 방탕하고 무절제한 관념으로 생각하는 경향이 있다. 공리주의자인 밀조차도 정신적인 쾌락이 감각적인 쾌락보다 상위에 있다고 주장했는데, 사실 정신과 감각을 아우르는 쾌락의 사전적 정의는 비교적 간단하다. '유쾌하고 즐거움'이다. 우리는 우리의 삶이 어떠한 방식으로든 유쾌하고 즐거울 때 그것을 행복하다고 생각한다. 그러한 행복은 정신과 육체를 넘나드는 어떤 쾌락에서 비롯되고, 쾌락은 끊임없이 추구하고자 하는 대상이 된다. 그러면서도 쾌락은 온전한 행복과는 상반된 것처럼 여겨지고, 마치 우리가 절제해야 할 덕목처럼 생각되는 역설적인 사회구조에 속해 있다. 술과 마약, 성적 쾌락 등 인간사회의 말초적인 부분들과 결부되어 현대적인 의미로 새롭게 발아한 질 낮은 의미의 쾌락. 이제는 욕망의 충족이라는 다른 이름으로 마치 우리가 지양해야 할 것처럼 유의미를 잃어 가고 있는 비극의 언어. 그럼에도 개개인의 삶과는 떼려야 뗄 수 없는 쾌락을 우리는 어떻게 보아야 하는가?

내가 어떤 쾌락을 좇는다고 할 때, 단지 쾌락을 좇는다는 이유만으로 사람들이 나를 돌로 칠 수 있을까? 만약 내게 돌을 던지는 사람들이 있다면, 그들은 사는 동안에 단 한 번도 쾌락을 좇지 않았을까? 아마 그렇지는 않을 것이다. 누구든 정상적인 삶을 영위하기 위해선 그 자신의 쾌락을 좇아야 한다. 그 누구도 타인이 쾌락을 좇는다고 돌로 칠 수 없으며, 마찬가지로 그 누구든 돌을 맞을 이유가 없다. 다만 자신이 추구하는 어떤 쾌락이 타인에게 영향을 끼친다든지 일종의 가해와 폭력을 주는 일이 없다는 전제하에서 말이다. 여기서 이성관 투철한 도덕적 근본주의자들은 쾌락마저도 경건할 것을 주장하고 매사에 금욕적 잣대를 들이밀어 우리를 피곤케 한다. 성경을 '즐겁게 읽는 것'마저도 그들의 윤리적인 망 안에서 걸러지면 '경건하게 읽어라' 하고 지적당할 게 뻔하다. 그들은 자신들이 생각하는 '인간적인 삶'을 위해 많은 사람들에게 이성적이길 종용하며 에피쿠로스적 쾌락주의를 단호히 거부한다.

그러나 인간적인 삶의 기준은 무엇인가? 단순히 쾌락에서 '감정'을 배제한 이성적 삶만이 짐승의 길을 거부한 인간적인 삶이라고 말할 수 있을 것인가? 애초에 즐거움을 배제한 쾌락이란 쾌락이라 할 수도 없는 것이 아닌가? 우리 사회가 쾌락의 의미를 오도하고, 쾌락 자체에 함몰하는 것을 의식적으로 거부하고 있지는 않은가? 그러나 실상은 어떠한가? 많은 사람들이 '쾌락'이란 언어에 대해서는 이상하리만치 맹목적인 거부반응을 보이지만, 실제로 개개인은 전부 자신만의 쾌락을 추구하지 않는가? 또 자신의 쾌락은 숭고하고 유의미한 것인 반면 타인의 쾌락에 대해선 엄중한 가치평가가 이어지지 않는가 말이다.

쾌락은 온전히 추구해야 할 대상이다. 그것을 인정하고 나면 모든 쾌락에 대해 한 발짝 물러서 관조할 수 있고, 대상마다 쾌락의 분명한 목적과 그것을 추구하는 이유가 있다는 걸 받아들일 수 있다. 다만 쾌락을 대하는 모든 사람들이 이기심의 눈꺼풀을 벗겨내지 않는 한 개개인이 쾌락을 좇는 일에 대한 부정적인 인식은 변하지 않을 것이다.

　우리의 욕망은 정신적 결핍에서 나온다. 욕망은 생리적 욕구인 식욕, 수면욕, 성욕 등과는 다르다. 욕망은 개개인의 정신에 기인하므로 맹목적일 경우 자기파괴를 가져오지만, 적당한 범위 안에서라면 오히려 정신건강에 도움이 된다. 가령 개인의 금전적 증식은 안정감과 자신감을 심어주지만, 이러한 쾌락은 심화될수록 끝이 없어 만족할 줄 모르게 되는 속성이 있다. 그래서 부의 증대에 의한 쾌락은 일시적이며, 한도 끝도 없는 물질적 추구는 욕망의 쳇바퀴를 도는 것과 다름없는 일이다. 반면 스트레스를 날려 버리기 위해 운동을 하는 일은 수치적으로 무한히 불어날 수 있는 욕망과는 다른 의미를 지녔다. 개인은 운동을 몇 시간이고 계속할 수 있을 것 같지만 어느새 신체적 한계에 도달한다. 더 하고 싶어도 할 수 없도록 몸이 SOS를 외친다. 강제적인 제어지만 행복의 성취라는 관점에서 보자면 차라리 이편이 낫다. 만약 끝도 없이 운동을 했다가는 신체적 한계를 견뎌내지 못하고 에너지를 다 쏟아 버려 생명에 위협을 받을 수도 있기 때문이다. 운동을 많이 하고 싶은 거라면 시간을 정해 두고 매일 규칙적으로 하면 된다. 다만 운동이라는 욕망은 자신의 체력을 소진한다는 점에서 무리하는 경우 꾸준하기란 쉽지 않다. 이는 금전적 욕망과는 전혀 다른 과정과 결말이 그려지게 되지만, 한 가지 공통점이 있다면 만족을 넘어선 맹목적인 쾌락추구는 곧 그것의 소멸을 가져다준다는 것이다. 즉, 쾌락의 맹목적 추종은 파멸이다.3) 어떠한 쾌락이든 본인에게 행복을 가져다주는 적정선을 넘어섰다가는 그 행복마저 사라지고 만다. 그러한 쾌락에선 행복을 찾을 수도 없고, 도가 지나치다며 타인으로부터 핀잔을 들을 수도 있다.

그렇다면 우리는 어떤 쾌락을 얼마만큼 좋아야 하는가? 우리에게 가장 중요한 것은 무엇인가? 앞서 이야기한 바와 같이 감정을 배제한 쾌락은 개개인의 삶 전체를 부정하는 것과 같다. 다양한 갈래로 뻗어 나간 현대인의 삶에 무소유격 철학적 관점을 모두에게 똑같이 대입할 순 없는 노릇이다. 쾌락의 추구를 절제하는 것, 즉 육신의 욕망에서 정신을 자유롭게 하려는 것은 현실적인 해답이 될 수 없다. 왜 쾌락은 없애고 끊어야만 하는가? 정신적으로 자유롭다고 모두가 성자가 될 수는 없지 않은가? 또 모두가 성자가 되고 싶은 것은 아니지 않은가?

우리의 삶은 유한하지만 그 가운데서 끝없이 욕망을 추구한다는 점을 애써 부정할 필요가 없다. 우리는 본질적으로 욕망을 욕망하는 존재다. 그러므로 본인 스스로의 삶의 가치를 인식하는 것이 우선 과제다. 내가 무엇을 필요로 하고, 그것을 추구함으로 인해 지나친 점은 없는지 다시금 돌아보아야 하는 것이다. 우리의 삶이 보다 다채롭고 만족스러우려면 쾌락은 필수적이라는 사실을 염두에 두어야 한다. 자유로운 개인은 타인에게 피해를 주지 않고, 자신을 파멸시키지 않는 범위 내에서 누구나 자신이 하고 싶은 것을 위해 사력을 다할 수 있다. 공부를 하고, 게임을 하고, 친구들과 술을 마시고, 남몰래 자위행위를 하고, 밥을 세 공기씩이나 먹어도 좋다. 쾌락을 추구하는 것은 개인의 권리다. 이것마저 안 하고 살면 우리의 삶은 너무나도 우울하지 않겠는가? 괜히 남들 따라서 애써 생각도 안한 금욕을 행할 필요가 없는 것이다.

---

1) 안광복, 『처음 읽는 서양철학사』, 웅진지식하우스, 2007, 279~280쪽 참조.
2) 위의 책, 290~291쪽 참조.
3) 김용규, 『영화관 옆 철학카페』, 이론과실천사, 2002, 118쪽 참조.

페이스북, 트위터, 미투데이 등 많은 사람들의 손과 발이 되어 일상을 전해 주고 다양한 사회구성원들과의 소통을 가능케 하는 소셜 네트워크 서비스(SNS). 자신의 언어를 일기 속에 꼭꼭 감추어두는 것이 아닌 모두에게 전달하는 방식으로, 이제는 시공간을 넘어선 어디서나 일상을 공유하는 것이 통용되는 세상이 되었다.

편리함과 소통의 두 측면에서 사이버공간의 중심축이 된 소셜 네트워크. 그런데 이 소셜 네트워크는 개근상을 주는 것도 아닌데, 하루에도 수차례 일상인들을 매일 같이 출석하게 만드는 마약과 같은 중독성을 지녔다. 실제로도 많은 사람들이 순간의 무료함을 달래려 소셜 네트워크에 접속했다하기보단 습관적으로 몸이 기억해 어느새 접속해 있는 경우가 허다하다. 그러한 무의식의 기제를 펼치게 하는 것은 바로 소통이 부족한 일상인들의 내면적 공복감, 즉 소셜 네트워크는 타인과의 소통을 지향하는 현대인들의 척박한 심신을 반영한다.

필자 또한 사용빈도가 높은 페이스북을 들락거리며 타인의 언어를 막연히 기다리기 일쑤였던 것 같다. 생각해 보면 소셜 네트워크 서비스의 주된 목적은 소통이지만, 경험에 비추어 보건대 실제적으로 이루어지는 소통의 모습은 생각보다 미미하기 그지없다. 온라인상의 모든 개인은 타인과의 온전한 소통을 하고 있는 것처럼 보이지만, 실제로는 소외감을 느끼는 사람들이 더욱 많아져 간다고 할 수 있다. 때문에 눈으로만 관람하는 나 같은 눈팅족들이 점점 늘고 있으며, 게시물을 업로드하거나 댓글을 다는 경우에도 민감한 눈으로 반응을 살피기 일쑤다. 물론 그 와중에 몇몇 개인은 소셜 네트워크 서비스로 활용도 높은 소통을 보여주기도 하지만, 단지 개인의 인지도나 게시물의 호응이 높을 뿐 각 개인으로서는 피상적 차원 그 이상의 소통으로 들어가긴 어렵다는 사실이다.

소셜 네트워크 서비스의 본질은 소통이다. 그런데 그 안에서조차 소통의 결핍이 일어나는 이유는 무엇인가? 꼭 사이버공간이라고 해서 일상적 안부나 겉도는 이야기, 표면화된 언어만을 나열할 필요는 없지 않은가? 왜 많은 사람들이 일상의 교환과 소통을 위해 소셜 네트워크를 이용하면서도, 존재론적인 측면에서 타자의 반응을 살피는 주변인으로만 머물러 있는가? 이유는 간단하다. 모두가 튀고 싶고 자신의 사생활을 부각시키고 싶어 하지만, 실상 모든 개개인은 타인의 삶에 그다지 관심을 갖지 않기 때문이다.

소외와 고독은 오롯이 본인의 정서에서 비롯된다. 이는 대부분의 사람들이 느끼는 아주 일상적인 감정이지만, 어느 누구도 그러한 정서를 대신해 줄 수 없다. 그래서 누구든지 자신과 친분이 있는 사람들을 만나 소통하길 원한다. 그렇지 않고선 외로워 견딜 수 없기 때문이다. 사람에게 있어 쓸쓸함은 의식적으로 거부해야 할 대상이다. 그래서 바쁜 일상 속에 있는 모든 개인은 SNS라는 범지역적 네트워크를 통해서나마 얕지만 광범위한 자신의 인간관계를 두루 챙기고자 단편적인 소통을 지향하게 된다. 그러나 이 소통은 문제가 있다. 우리가 소통이라고 믿고 행하는 것들은 모두 허공을 떠다니는 의미 없는 발화가 대부분이기 때문이다. 더욱이 사람들은 생각보다 타인에게 무관심하다. 그래서 화면에 발설된 언어가 타인의 이목을 끌 정도로 어떤 특별함을 내포하지 않는 한 소멸되고 잊히는 것은 시간문제다.

예컨대 진수는 오늘 고급 일식집에 가서 저녁식사로 맛있는 회덮밥을 먹었다. 그리고 그것을 페이스북에 게시했다. '맛있겠다'는 친구들의 반응을 기대하며 일종의 부러움을 사고 싶었기 때문이다. 진수는 회덮밥을 누구와 먹었는지, 어떠한 맛이었는지 등을 감각적으로 풀어내며 내심 흡족해 했다. 그러나 돌아오는 것은 기대이하의 척박한 반응뿐이었다. 하루가 지나도 본인이 게재한 게시물에 댓글이 하나도 안 달렸기 때문이다. 시간이 갈수록 진수는 초조해져 갔다. 이미 자신의 페이스북을 10번도 더 들어가 확인해 보았으나 달랑 댓글 하나 달려 있을 뿐이었다. "맛있겠다." 진수는 먹이에 달려드는 하이에나마냥 폭풍처럼 댓글을 달았다. "응, 정말 맛있었어. 다음에 같이 먹으러 가자." 반응에 대한 피드백이 여기서 끝이 나자 진수의 소외감은 더욱 깊어져만 갔다. "내 인간관계가 겨우 이 정도였나" 하는 회의감에 사로잡히기도 하며 의기소침해진 진수는 다음에 글을 게재할 엄두조차 나질 않는다.

　진수와 같은 사례는 어느 특수한 현상이기보단 이미 보편화된 경우에 해당한다. 가상의 세계에서 결핍된 소외감을 채우려는 수많은 현대인들의 모습은 이미 사회구조가 모든 사람들을 불행에 빠뜨렸다는 증거다. 우리는 문명의 이기를 마음대로 이용하지만, 그것은 단순히 '도구를 사용한다'의 차원에 그치지 않고 욕망을 환원하고 갈구하고자 하는 대상이 된지 오래다. 키보드와 마우스를 가지고서라도 쓸쓸함을 벗어나고자 하는 개인은 항상 타자를 지향하는 실존적 부름과의 투쟁을 겪는다. 사회적 방치 속에서 인간이 인간으로서 살아간다는 것 자체가 무수한 외로움과 싸워 이겨내야 하는 처량한 삶이 되어 버린 것이다.

　『사랑의 기술』로 유명한 에리히 프롬에 의하면, 인간은 소외상태에서 오는 고독감과 분리감에서 벗어나고 싶어 한다. 그것은 개체의 합일로써 달성될 수 있다. 물론 이는 사랑이라는 측면을 염두에 둔 인간소외의 탈피를 말한다.[1] 여기서 사랑을 중심에 둔 프롬과는 조금 다른 차원에서 모든 인간실존의 소외를 극복할 수 있는 방법은 바로 타자와 관계를 맺고 소통하는 일이다. 어떤 목적에 의한 관계의 형성이 아닌, 관계를 지향하고자 하는 인간의 내면적 속성을 따라 맺는 관계의 형성이다. 사회적 본성을 거스를 수 없는 인간은 본질적으로 관계를 지향한다. 그러므로 개인이 고독을 느낄 때 그것을 몰아낼 수 있는 가장 적절한 방법은 바로 타인과의 언어적 교감과 인간성의 결합을 위해 애쓰는 일이다.

　그렇다면 우리는 왜 타자와 관계를 맺고 소통을 하지 않고선 못 배기는 것인가? 무엇이 우리로 하여금 외로움을 가져다주는가? 이러한 물음에 대한 답변은 이루 말할 수 없을 정도로 다양한 반응을 유도하지만, 정작 우리 자신의 외로움은 무엇으로부터 촉발되는지 알 수 없는 경우가 허다하다.

그러나 자세히 살펴보면 스스로가 갖는 모든 외로움은 '내가 하고 싶은 말을 제대로 할 수 없을 때' 나타나는 욕구 불만적 성향이 크다. 사람은 누구나 자신의 말을 하고 싶어 한다. 내 생활, 내 성향, 내 가치관, 내 이성관, 내 무용담할 것 없이 타인에게 자신을 알리거나 부각시킬 수 있는 모든 것을 언어로 전달하려는 경향이 있다.

그렇다면 사람은 왜 타인에게 말하고 싶어 견딜 수 없는 것일까? 대부분의 사람들이 가만히 듣는 것보다 말하는 것을 더 탐닉하는 이유는 생각보다 간단하다. 자신의 논리적·이성적 언어와 감정의 진실성 등을 상대방에게 피력하고 싶기 때문이다. 사람들 저마다의 무의식에는 '자신의 언어가 타인의 사고방식에 어떤 영향을 미칠 것'이라는 환상을 품고 있기 마련이다. 이는 서로가 발화자와 청취자의 역할을 공고히 하고자 하는 심리적 기반에 연유한다. 하지만 실제 모든 개인의 대화 속에서 발화자나 청취자의 역할을 고정화시킬 순 없다. 개인과 개인 간에 이루어지는 대화는 서로의 자극과 반응에 의해 주고받는 상호교환성을 기반으로 하여, 각자가 발화자가 되기도 하고 청취자가 되기도 하는 동시성을 지녔기 때문이다.[2]

그러므로 소통은 어디까지나 주고받는다는 관점으로 보아야 하지, '말한다' 혹은 '듣는다'의 입장으로만 받아들여선 안 된다. 인간으로서는 어쩌면 당연한 일이지만 모든 소셜 네트워크 서비스를 이용하는 개인은 각자가 '말한다'는 입장에만 함몰되어 자신의 언어에 대한 타인의 반응만을 기대할 뿐이다. 그래서 본인 스스로가 타인의 언어에 먼저 반응할 생각은 하지 않는다. 여기서 소통은 깨지게 된다. 모든 사람이 말하기만 좋아해 아무것도 들을 생각을 하지 않기 때문이다. 역으로 생각할 필요가 있는 것이 타인의 언어적 자극에 대한 나의 반응이 먼저 이루어지면 그 타인 또한 나의 자극에 반응한다는 것이다. 그래야 온전한 소통으로의 길이 확립된다.

같은 맥락으로 법정 스님은 이러한 이야기를 했다. "좋은 친구를 만나려면 먼저 나 자신이 좋은 친구감이 되어야 한다. 왜냐하면 친구란 내 부름에 대한 응답이기 때문이다."[3] 즉, 내 부름에 대한 응답으로 오는 것이 바로 친구라는 말이다. 좋은 친구를 만나려면 나 자신이 먼저 준비되어 좋은 친구감이 되어야 하는 것처럼, 내가 먼저 친구를 찾고 능동적일 때 상호 간 눈을 뜨고 소통할 수 있음을 시사하는 말이 아닌가 한다.

그럼 대체 왜 내가 먼저 타인에게 말을 걸어야 하는가? 인간은 자기 자신만 아는 존재이기 때문이다. 자존심이 강한 사람들로서는 부당한 처사라 생각될 수도 있겠지만, 내가 타인에게 시야를 뻗쳐 관심을 갖는 순간, 타자에게 나는 '관심을 가져 주는 대상'으로 인식된다. 소통의 부재는 능동적으로 타인에게 손을 뻗칠 때에야 극복되어질 수 있는 간단한 원리를 품고 있다. 다만 모든 개인의 반응은 제각각이라 모든 관계를 이처럼 쉽게 재단할 순 없다. 저마다의 관계적 속성에 따라 단편적인 반응을 끝으로 소멸되는 경우가 허다하지만, 그 또한 관계를 갈망하는 모든 개인이 감수해야 할 부분인 것이다.

일상을 영위하는 모든 현대인은 외롭다. 그러므로 우리는 우리가 본질적으로 외로운 존재라는 걸 인정하고 받아들여야만 한다. 그런 뒤에야 모든 타자와의 소통을 지향하는 의미 없는 언어들조차도 안쓰럽게 바라보고 유의미하게 들춰보고자 노력할 수 있는 것이다. '우리는 어차피 다

외롭다'는 것을 아는 이상, 서로 보듬고 안아주는 게 벽을 등지고 서 있는 것보다 더 낫지 않을까?

관계는 본질적으로 역설을 품고 있다. '나의 소외'는 '타인에 대한 나의 관심으로부터 해소될 수 있다'는 이러한 소통으로의 가능성을 열어두자는 측면에서 이야기를 마치고 싶다.

1) 에리히 프롬, 황문수 역, 『사랑의 기술』, 문예출판사, 2006, 38쪽 참조.
2) 최전승·최재희·윤평현·배주채(공저), 『국어학의 이해』, 태학사, 2008, 22쪽 참조.
3) 법정, 류시화 엮음, 『살아 있는 것은 다 행복하라』, 조화로운삶, 2006, 59쪽.

당신을 패배시키는 사회

부당한 사회에 던져진
인간

'작업 도중 잡담이나 콧노래를 삼가며 휴식 시 사무실 의자 및 소파 등에 앉아 쉬지 않도록 한다.'

'작업시간 중 교내에서 외부인사와 면담을 일절 삼가도록 한다.'[1]

2014년 1월 8일자 CBS노컷뉴스가 단독 보도한 모대학교 환경미화원의 용역계약서 내용의 일부다. 위와 같은 독소조항은 계약서상 명시된 대표적인 인권침해 요소로, 청소노동자들은 의자에 앉지도 못하고 말할 수도 없는 처지에 놓여 왔다는 것을 말해 준다. 그들은 허리 하나 제대로 펴기 힘든 휴게실에서 쉬어도 쉬는 것이 아니었다. 겨울에는 뼛속까지 냉기가 스며들고, 여름엔 습기가 흥건해 곰팡이 냄새로 머리가 아픈 지경이 된다. 이러한 악조건 속에서 근무해 온 노동자들은 불합리한 근로조건 개선을 이유로 파업에 임하고 있다. 인간으로서 인간답게 대우해 달라는 기본적 권리가 쟁취해야 할 대상이 되어 버렸으니, 참으로 아이러니한 일이 아닐 수 없다.

어느 누구든 열악한 근로환경이나 부당한 대우를 받으며 일하는 것을 병적이리만치 기피하면서도 타인에 대한 처우가 어떻든 나와는 상관없는 일로 여기는 경향이 있다. 그래서 아무리 시간이 지나도 개선요구나 파업과 같은 카드를 꺼내 놓지 않는 이상, 노동환경이 자생적으로 개선될 기미는 보이지 않는다. 사람들은 변화라는 항목에 그다지 익숙하지 않기 때문이다. 모든 것을 그대로 두고 적응하려는 속성이 '인내'라는 덕목으로 환원되는 사회 안에서 무언가를 확 변화시키려거든 엄청난 육체적·정신적 희생을 감수해야만 한다. 정작 본인의 근로조건이 조금만 취약해져도 민감한 반응을 보이며 퇴사를 밥 먹듯 하는 많은 사람들이 '저 일은 나와는 상관없는 일'로 여기는 이상한 신념을 갖고 있기 때문이다.

모두가 자신이 하고 싶은 일을 할 수 있다면 얼마나 좋을 것인가. 나는 초등학교 땐 막연히 과학자가 되고 싶었고, 커 가면서는 국어선생님, 소설가, 종합예술인, 청소년상담사, 인권운동가 등 진로를 수차례 바꾸어 나갔다. 물론 그 어느 것 하나 제대로 이루어 내진 못했지만 나이가 들수록 깨닫는 건, 모든 사람이 자기가 하고 싶은 일을 했다가는 세상이 제대로 돌아가지 않을 거라는 사실이다. 대개 3D업종으로 여기고 많은 사람들이 일반적으로 기피하고 쉬쉬하는 일을 처음부터 하고 싶은 사람이 어디 있을까. 그저 경제적 여건으로 대표되는 삶의 필요조건을 채워 나가기 위해 저마다의 선택적 혹은 강제적 노동을 부여받게 될 따름인 것이다.

나는 추운 날에도 어김없이 폐지를 줍는 어르신들을 보고 사람의 형상을 한 예수라는 생각을 했고, 지하철역 화장실 청소를 하는 아주머니를 보고는 돌아가신 어머니를 떠올리며 세상 모든 어머니는 정말 위대하다 생각했다. 하루하루를 치열하게 살아가는 그들의 모습에 자연히 고개를 숙이게 되는 건, 인간으로선 지극히 당연한 일이 아닐까. 그러나 그들의 숭고한 일이 그들이 정말 하고 싶어서 하는 게 아니라, 먹고 살기 위한 목적으로 어쩔 수 없이 하는 것이라면 더더욱 고개를 숙일 수밖에 없다는 생각이 든다. 생활이 걸린 노동은 성자라도 정신적인 고통을 수반함은 물론 매일이 전쟁이고 싸움일 수밖에 없다. 이 노동의 하루를 1분, 1초마다 잘게 자른다면 매순간이 상당히 치열하지 않을까.

신경숙의 『외딴방』을 보면 1970년대 경제개발과정에서 급속도로 진행된 가난과, 그로 인한 노동자들의 정신적 고통이 나타난다. 소설은 도시화와 산업화의 물결이 인간에게 있어 가장 소중한 것을 어떻게 빼앗아 가는지를 잘 보여 주고 있다. 생활이 걸린 노동은 언제나 피로와 짜증을 수반하며 선택의 여지가 없이 반복되는 기계적 삶을 종용한다. 이 안에서 몇몇 인간적 권리는 종종 간과되기 일쑤다. 문제는 1970년대뿐만 아니라 21세기인 현재에도 컴퓨터로 대표되는 일부 환경적인 변화를 제외하고는, 예나 지금이나 노동의 의식적 측면은 변화가 전무하다는 사실이다.

지난 세기 우리나라는 오직 경제성장을 위해 쉴 새 없이 달려오기만 했다. '노력하면 모두가 경제적으로 윤택해질 수 있다'는 이윤 동기는 우리의 삶을 한껏 왜곡시켜 왔고, '더 잘살 수 있다'는 집단최면은 보다 빠르고 바쁜 생활만을 가져 왔을 뿐이다. 그렇다면 우리의 삶은 전보다 더 나아졌는가? 가난한 사람들은 여전히 가난하고, 치열한 사회구조 안에서 바삐 움직이며 아무리 열심히 일해도 그들의 삶은 피폐하기 이를 데 없다. 이윤의 집중이 자본가에게로 쏠린 현재의 시장조건 안에서는 모든 노동자가 자신의 몸을 팔아 생계를 유지해야만 하기 때문이다. 물론 노동의 종류를 선택할 여지는 거의 없다. 사람으로서 가장 기본적인 생활을 영위하기 위해 노동자는 노동을 팔 뿐이다.

점점 불어나는 자본의 지배 아래 노동은 보다 철저히 분업화되고 체계적으로 조직화되어 간다. 그러는 와중에 노동자는 사회를 지탱하는 일개 부속품 그 이상의 의미를 지니지 않게 된다.[2] 또 이윤추구가 우선인 대기업의 힘이 커질수록, 하청업체들은 눈치를 보다 울며 겨자 먹기로 자신들의 실권을 대기업에 넘겨주게 된다. 시간이 갈수록 자본가들의 영역은 확대돼가고 반면 노동자들의 힘은 축소돼 간다. 그 안에서 자동기계가 되어 버린 노동자들의 개성은 완전한 소멸을 맞는다. 그럼으로써 기업을 위한 일원화된 하나의 운명공동체가 만들어지는 것이다. 이것은 비극일까 희극일까. 조금만 생각해 보면 이러한 사회가 얼마나 커다란 비극인지 알 수 있을 것이다.

비극적인 사회구조 안에서 일개 소모품이 되어 살아가는 것도 서러운데 우리의 삶은 갈수록 허위의 의식으로부터 헤어나지 못하고 있다. 우리 사회에서 가난은 곧 게으르고 무능력함을 의미한다.[3] 그러나 실제 가난한 사람이 전부 게으르고 무능력한 것은 아니다. 오히려 그들은 나태함과는 거리가 먼 성실한 사람들이다. 다만 그들의 노동이 제값을 받지 못하고 있을 뿐이다. 같은 노동을 해도 시급이 5천 원인 사람과 5만 원인 사람의 삶의 격차는 갈수록 커질 수밖에 없다. 아무리 노력을 해도 메울 수 없는 삶의 거리란 언제나 존재해 왔고, 지난 역사는 그것을 증명해 왔다. 불행한 것은 날 때부터 빈곤한 사람은 가난을 탈출하기가 거의 불가능하다는 사실이다. 이러한 사회적 불평등을 완화시키기 위해 교육이 존재한다지만, 그것은 어디까지나 정상적으로 남들만큼 교육받을 수 있는 이들에 한한 이야기인 것이다. 알다시피 경제적 여건과 교육은 긴밀한 관계에 속해 있다. 사교육을 받는 이들이 돈이 없어 그것을 받지 못하는 이들보다 더 나은 환경에 속하는 것은 사실이고, 참고서를 10권이나 살 수 있는 학생이 1권밖에 살 수 없는 학생보다 교육적으로 더 유리한 것도 사실이다.

그러나 사회는 그러한 현실을 바로 보지 못하고 '사교육도 받지 않고 EBS문제집 한 권만 반복적으로 학습한 명문대생'에 초점을 맞추어 가난해도 열심히만 하면 '누구나 할 수 있다'는 인식을 심어주려 노력한다. 그리고 그리하지 못한 개인에게는 '노력하지 않았다'며 패배감을 심어주고, 열등감과 더불어 사회적 박탈감을 유발한다. 그것이 개개인에게 채찍질을 가하는 사회의 역할이고, 우리의 뇌리 속에 깊이 뿌리박힌 어리석은 관념이다. 개인의 노력만으론 이미 극복할 수 없는 사회구조인데도, 모든 것을 개인적인 무능으로 치부하는 사회의식을 뿌리째 뽑아내기란 쉽지 않은 일이다.4) 그럼에도 우리는 명심해야 한다. 인간은 사회적 부속물이 아니라 사회를 이끌어 가는 주인이라는 것을 말이다.

지금도 한정된 재화와 부의 편중 속에서 서민가계부담은 늘어나고 노동자들의 소외현상은 극심해지고 있다. 불투명한 미래와 최저임금의 늪을 벗어나지 못하는 수많은 노동자들과, 처우개선을 요구하면 배가 부르다며 써먹을 노동자는 얼마든지 많다는 사회. 기득권의 논리가 주류를 이루며 본인이 속한 공동체의 이윤을 극대화하기 위해 이성을 잃고 만 사회. 정직한 방법으로는 출세할 수 없다고 가르치는 부당한 사회. 모든 것이 노력하지 않은 개인의 탓이고, 힘없는 서민의 탓이다. 이것이 사회가 가진 부당한 속성이자 세상을 대하는 논리다.

---

1) 「중앙대 청소하려면 '앉지마 말하지마'」, <노컷뉴스>, 2014.1.8 06:00. http://www.nocutnews.co.kr/news/1163381 (2014.4.26).

2) 에리히 프롬, 황문수 역, 『사랑의 기술』, 문예출판사, 2006, 119쪽.

3) 프레시안 특별취재팀, 『한국의 워킹푸어』, 책보세, 2010, 18쪽.

4) 김어준, 『닥치고 정치』, 푸른숲, 2011, 37쪽 참조.

우리 사회의 내면을 적나라하게 파헤친 위대한 문학작품하면 가장 먼저 떠오르는 것은 아마 조세희의 연작소설 『난장이가 쏘아올린 작은 공』이 아닐까. 그 안에 수록된 「난장이가 쏘아올린 작은 공」은 강제철거를 당한 난쟁이 가족과 공장노동자가 된 자식들의 이야기를 통해 1970년대 한국 사회의 어두운 이면을 꼬집고 있다.

서울특별시 낙원구 행복동에 사는 난쟁이 가족에게 어느 날 철거 계고장이 날아온다. 그들에게는 아파트 입주권이 주어지지만, 정작 그들은 하루 벌어 하루를 사는 도시빈민인지라 아파트에 입주할 돈이 없어 그것을 헐값에 팔고 떠나는 수밖에 없다. 그 과정에서 자식들은 공장노동자가 되고, 궁지에 몰린 난쟁이 아버지는 자신이 일하는 벽돌공장 굴뚝에서 자살을 하게 된다.

비록 소설이지만 내가 살던 집이 한순간에 허물어지고 고층아파트들이 들어선다면 어떤 심정일까 도무지 감이 잡히질 않는다. 도시화로 인해 벼랑으로 몰린 난쟁이 가족. 그리고 하루아침에 길거리에 나앉게 된 그들을 대하는 사회의 태도는 지극히 강압적이다. 가장인 난쟁이가 자살에 내몰리게 된 이유도 단순히 개인적인 측면에서 보기보다는, 근본적인 관점에서 사회구조 전반의 문제와 관련이 있는 것으로 보는 것이 옳은 일인 듯싶다.

사회 내에 뿌리내린 빈부격차와 노동문제 등 상당히 복합적인 양상을 띠는 사회적 모순은 대개 자본주의적 강자와 약자의 대립구조 안에서 벌어지는 현상이다. 이 소설이 수십 년이 지나도 꾸준히 읽히는 이유가 바로 여기에 있다. 시대가 아무리 발전해도 가진 자와 못 가진 자의 대립과, 그들의 정신사적 궤적은 거의 동일한 형태로 흘러가기 때문이다. 즉, 시간이 아무리 흘러도 가난한 집안의 사람들은 가난한 형태의 삶을 벗어나지 못한다. 예나 지금이나 도시빈민의 하루는 별반 차이가 없다. 오늘도 어렵고 내일도 어려운 것은 마찬가지이기 때문이다. 오히려 날이 갈수록 경제적 고통은 극심해지고 이에 따라 자유를 잃어 가는 삶은 더욱 고달파지기만 한다. 이러한 일상화된 경제적 피로감이 바로 그들의 하루를 점유하고 있는 셈이다.

1970년대 도시빈민의 자녀들은 가난을 탈출하기 위해서라기보단 지금이 순간 밥을 먹고 살기 위해 노동자가 되어야만 했다. 양극화가 한창이던 당시에는 과거 친일행위를 통한 부의 축적이나 부동산투기로 막대한 돈을 벌어들이지 않은 이상, 그런대로 살만한 중산층과 가난한 사람들이 저마다의 정직한 방법으로 삶을 일구어 나갔다. 여기서 상류층에 대비되는 가장 허약한 사람들, 즉 난쟁이들은 아무리 열심히 일해도 난쟁이의 삶을 벗어날 수가 없었다. 그래서 난쟁이의 자녀는 난쟁이고 또 그 난쟁이의 자녀도 난쟁이일 뿐이다.

그렇다면 지금은 어떠한가? 허리띠를 졸라매고 열심히 노동에 임한 사람들은 과거보다 살만해졌는가? 또 자신이 하고 싶어서 하는 노동을 하며 더욱 즐겁게 임하고 있는가? 아마 그때나 지금이나 별반 다르지는 않을 것이다. 여전히 먹고 살기 위해 일을 하고, 많은 사람들이 일하는 동안 어떤 행복감을 갖고 임하는 경우는 그리 많지 않기 때문이다. 과거 마르크스가 생각하는 노동이 어떤 행위와 결과물을 통해 끊임없이 스스로를 실현해 가는 과정이라면, 현대적 노동은 단순히 '먹고 살기 위한 것' 그 이상의 의미를 가지지 않는다는 점을 분명히 알 수 있다. 우리가 사는 세상은 먹고 살기조차 급급한 현실이기 때문이다.[1] '하는 수 없이 일하는 사람들'은 오로지 먹고 살기 위해 일을 하며 제자리에 머물러 있곤 하지만, 날 때부터 마이너스인 사람들은 불어난 이자로 빚이 더욱 축적되고 가난을 벗어날 수 없는 고통스런 삶에 매몰돼 있다.

그렇다면 우리는 지금 이 시점에서 새로운 질문을 던져 보아야 할 것이다. '우리는 왜 열심히 일해도 가난할까?' 우리가 아무리 모순된 사회를 살아간다지만, 이러한 물음에 대한 명쾌한 답안을 내놓기가 쉽지만은 않다. 기성사회는 이미 수많은 사람들이 노동으로 일생을 보내야만 하는 견고한 사회구조를 만들어 갔지만, 문제는 개인의 노동만으로는 빈곤을 잠재울 수 없는 사회현실에 있다. 우리가 평생을 일해도 저임금과 가난에 허덕여야 한다면, 지금 우리가 하는 노동에 대해 어떤 크나큰 회의감에 사로잡혀야 하는 게 맞지 않을까?

어느 한 개인이 아무리 열심히 일해도 자신의 상황이 나아지지 않는다면 그것은 개인에게 문제가 있는 것인가, 아니면 사회에 있는 것인가? 그리고 그러한 개인이 하는 노동이 과연 스스로가 정말 하고 싶어서 하는 자유로운 선택에 의한 것인가, 아니면 살기 위해 어쩔 수 없이 하는 것인가? 사실상 극빈층에 해당하는 노동자들의 삶에는 아무런 선택지가 없다는 것이 분명하지 않은가? 또 강요된 선택의 이면에는 사회적 방관과 태만이 자리하고 있음을 명확히 볼 수 있지 않은가?

여기서 제고해야 할 점은 자본주의를 미화하는 우리 사회가 힘을 실어 주는 자본가들에 비해, 노동자들에 대한 사회안전망은 턱없이 부족하다는 사실이다.[2] 노동자들의 권리를 보장해 주는 법이 있다지만 현실적으로는 간과하는 부분이 더 많다. 야근을 당연시 여겨 추가근무를 해도 추가수당을 주지 않는 대부분의 중소기업들과, 최저임금조차 지키지 않는 편의점, 그리고 청소년들의 수당이라면 어떻게든 줄여 보려는 비양심적 사업주들의 비윤리적 행태는 줄어들 기미를 보이지 않는다. 강자들에게 유리한 사회제도와 솜방망이에 불과한 처벌은 우리 사회의 약자들을 더욱 초라하게 만들고 있다. 사정이 급박한 경제적 약자일수록 '사장님' 앞에선 작아질 수밖에 없는 현실임은 누구나 알고 있지 않은가?

지금 우리 사회는 아무리 열심히 일을 해도 가난에서 벗어나지 못하는 계층인 '워킹푸어'가 나날이 증가하고 있다고 한다. 이들은 월급이 나오는 번듯한 일자리가 있지만, 사실은 고용도 불안하고 저축도 할 수 없어 언제든 극빈층으로 추락할 위험이 있는 불행한 사람들이다. 그들 중에는 우리의 부모님도 있다. 나의 아버지는 하루에 4시간도 채 못자며 얼마나 열심히 일하셨던가. 또 어머니는 평생 가사노동을 하시다 음식물쓰레기를 버리고 집으로 돌아오는 길에 심장마비로 돌아가시지 않았는가 말이다. 그런 당신들을 위하여 세상은 단 한 번이라도 위로의 말을 건넨 적이 있던가. 돌아보면 씁쓸하기 그지없다.

가난한 사람들이 부자가 되지 못한 이유는 결코 열심히 일하지 않아서가 아니다. 사회가 가난한 사람이 부자가 되는 것을 허락하지 않기 때문이다. 사회는 그저 개인의 궁핍을 의지의 차원으로 환원해 '더 열심히 일할 것'을 촉구할 뿐이다. 그런데 우리가 언제 열심히 일하지 않은 적이 있던가. 개인이 열심히 일해도 가난을 벗어나지 못하게 만드는 사회는 그다지 바람직하지 않은 사회다. 그러므로 이제는 우리에게 무언가를 요구하고 탓하는 사회에 대해 목청을 돋우어야 한다. 변해야 할 것은 우리가 아닌 사회라고 말이다.

---

1) 이유선, 『사회 철학』, 민음인, 2009, 87쪽.
2) 안수찬·전종휘·임인택·임지선(공저), 『4천원인생』, 한겨레출판, 2010, 83쪽.

더불어 삶과
더 불어나는 삶

　방금 새겨놓은 발자국이 금방이라도 덮일 만큼 함박눈이 펑펑 내리는 날이었다. 이럴 줄 알고 외출 전부터 미리 옷을 겹겹이 껴입었지만 휘날리는 눈발은 금세 외투 속으로 파고들고 만다. 눈의 젖은 기운이 피부에 닿을 때마다 옷을 더 여미곤 했지만, 지하철역까지 걸어가는 10분 남짓한 시간에 이미 나는 '박대기 기자'가 되어 버렸다. 보통 이런 날에는 추위에 벌벌 떨며 걷다 보면 마음은 먼저 실내로 가 있고, 몸은 움츠린 상태라 발아래 하얀 세상 말고는 눈에 뵈는 것이 없는 경우가 보통이다. 그런데 영하의 날씨에도 하얗게 눈이 덮인 박스를 탈탈 털고, 그것을 리어카에 담아 제 갈 길을 가는 허리 굽은 노인이 내 옆을 스쳐 지나간다. 봄에나 입을 법한 얇은 외투를 걸치고 리어카를 끄는 노인의 뒷모습. 그 순간

나는 아차 싶었다. 그동안은 내가 추운 것을 생각하느라 남도 추울 거라는 생각을 하지 못했기 때문이다.

과거에 비해 보일러의 보급률은 현저히 높아졌지만, 아직도 많은 노인들이 난방이 제대로 이루어지지 않는 쪽방에서 한겨울을 보내고 있다. 몇몇 전철역에만 가도 찬 바닥에 박스를 깔고 누워있는 노숙자들의 모습을 볼 수 있는 것이 바로 우리 사회의 현실이다. 이는 사회 도처에 여전히 집이 없을 정도로 가난한 사람들이 존재한다는 것을 의미한다. 단지 우리의 눈이 남루하게 생각되어지는 그들을 바라보려 하지 않기 때문에 그들의 존재여부가 피부에 잘 와 닿지 않을 뿐이다.

우리는 얼마나 주는 것에 인색한 삶을 살아가고 있는가. 타인을 보는 것마저 일종의 희생이라 인식하는 많은 사람들은 단지 자신의 내면에만 귀를 기울이고 있을 따름이다. 그래서 타인에게 초점을 맞추는 일조차 내가 가진 무언가가 줄어들 것이라는 희생적 차원을 벗어나지 않는다. 이러한 인식은 겨울처럼 쌀쌀맞기 그지없다.

알다시피 겨울의 표면적 속성은 추위다. 그러나 겨울의 내면에는 '추우니까 따뜻하게 지내라'는 메시지가 숨어 있다. 물론 개인적인 의미를 부여한 것이지만, 모든 보편화된 의미의 뿌리는 개인으로부터 시작하지 않는가. 그것도 '나 혼자만 추우니까 따뜻하게 지내라'가 아닌 '모두가 추우니까 따뜻하게 지내라'는 속뜻을 담고 싶다. 그렇다면 우리 모두가 추운 겨울을 따뜻하게 보낼 수 있는 방안은 없는 것일까?

도대체 왜 그래야 할까 묻는 이들이 많겠지만, 간단히 예를 들면 쉽게 설명될 수 있다. 개당 천 원인 빵을 사먹으려는 열 명의 친구들이 있다. 그들이 십시일반으로 모은 돈 오천 원으로 빵 다섯 개를 사면 두 명당

빵 한 개씩을 나눠먹을 수 있게 된다. 그런데 그 친구들 중 가장 힘이 센 아이가 혼자서 사천 원어치의 빵을 먹으려고 하면 남은 아홉 명의 친구들은 천 원을 가지고 빵 하나를 아홉 등분해야 한다. 여기서 가장 괜찮은 방법은 힘이 센 아이가 마음을 고쳐먹고 빵 다섯 개를 다 같이 나누어 먹는 것이다. 그것이 공생할 수 있는 가장 좋은 방법이기 때문이다.

더하기만 할 줄 알면 누구나 생각할 수 있는 아주 간단한 원리이지만, 어느 한 사람이 독식하겠다고 마음먹는 순간 공동체에는 일종의 균열이 생기고 만다. 독식은 주로 일정한 사회 안에서 막강한 사람의 기호와 힘의 논리에 의해 발생하며, 그러한 발상의 기저에는 개인의 이기심이 짙게 깔려 있다. 이기심이 발동하는 원리 또한 간단하다. 내 삶에선 내가 가장 중요하므로 나는 언제나 타인의 삶보다 우선한다. 그래서 나는 항상 남보다 돈이 많아야 하고, 공부도 잘해야 하고, 싸움도 잘해야 한다. 타인이야 2등을 하든 3등을 하든 아무 상관없지만 무슨 일이 있어도 나는 언제나 1등을 해야 하는 존재다. 그것이 바로 우리의 인간적 속성이고, '1등을 하고 싶은 모든 존재'가 공동체를 이루어 살고 있는 것이 바로 우리 사회라고 할 수 있다.

그러니 사회가 어떻게 돌아가겠는가? 모두가 최고가 되고 싶어 안달이 났으니 얼마나 복잡하고 혼탁한 사회인지는 불 보듯 뻔한 일이 아닌가 이 말이다. 이미 사회의 의식구조가 극심한 개인화로 인해 공생이 불가능한 방향으로 흘러가고 있고, 그러한 사회일수록 더더욱 자기 발밖에 쳐다보지 못하는 사람들이 늘어나는 악순환이 이어질 것은 분명하다.[1]

불가피한 이유로 꿈을 접고 공장에서 일해야 했던 내 친한 친구는 순전히 가난해서 대학에 진학하지 못했고, 지금도 여전히 하루하루를 금전적인 고통 가운데 살아가고 있다. 그렇지만 만인에 비추어 볼 때, 이러한 사실이 어떤 특수한 경우에 속하진 않는다. 수많은 개개인이 금전적인 이유로 고통을 받지만, 세상엔 그런 이들이 너무나도 많기 때문에 그것이 별로 시답지 않은 일처럼 여겨지고 수치화되며 단순화되기 일쑤다. 그래서 대통령과 관료들의 자기안위나 나라의 경제지수에는 통탄을 금할 길이 없지만, 이미 추상어가 되어 버린 '서민경제'라는 말을 듣는 대다수의 서민들은 아무런 감흥이 없다. 그리하여 우리는 일상적이며 만성적인 타인의 고통에 대해 별로 대수롭지 않게 여기는 경우가 다분하다. 반면 자신이 받는 고통에 대해서는 생채기 같은 상처에도 피바다 같은 울음을 운다. 모두가 항상 비슷한 고통을 받고 있으면서도 반응은 제각각이니, 참으로 아이러니한 일이 아닐 수 없다.

이와 더불어 심혈관 질환으로 16년간 투병하던 어머니는 내가 스물네 살이 되던 해에 심장마비로 돌아가셨고, 그 후 일 년도 채 되지 않아 친형이 교통사고로 전신마비 판정을 받았다. 나는 내 스스로가 성경에 나오는 욥처럼 느껴졌고, 지상에서 가장 불행한 사람이라 생각됐다. 내가 아는 한 주변엔 나만큼 불우한 사람은 없었기 때문이다. 그러다가 반평생을 아프기만 한 어머니를 생각하면서 '어머니는 얼마나 고통스러우셨을까, 어쩌면 내 상황은 조금 나은 편에 속할 수도 있겠다'고 자위했을 때, 타인의 더 큰 불행을 보고 스스로의 불행에 일시적인 위안이나 삼는 나를 보며 상당한 괴로움을 느꼈다. 그것은 내게 자괴감을 가져다주는 이기적인 생각이었으며, 훗날 그것을 깨닫고는 커다란 충격을 받았다. 그만큼 나는 나 자신밖에 모르는 사람이었으며 터무니없는 것들에만 죄의식을 갖는, 사회 속에 용해 불가능한 인간형이라고만 여겨졌다.

그래서 과거로 달려갈 수만 있다면 내게 돌을 맞은 사람들을 전부 힘껏 안아주고 싶다. 지나간 날들을 헤아리자니 이미 회복될 수 없을 정도로 완전히 잊히고 지나간 사람들도 있을 것이고, 몸은 홀가분할지언정 머릿속으론 끝끝내 놓아주지 못하는 경우도 있다. 많은 시간이 흐른 것 같은데도 변한 건 딱 하나, 바로 세상을 바라보는 내 눈이다. 지금 내 눈은 나로부터 얼마나 벗어나 있고 또 멀찍이 떨어진 타인을 향하고 있는가. "남이 꽃 피우게 하라"는 무위당 장일순 선생의 말처럼 타인을 섬기기 위해 내가 먼저 손을 내민다면, 그것은 스스로 행하는 '더불어 삶'의 시작점이 되지 않을까 한다.[2]

세상에 단 한 사람도 불행한 사람이 없어야 하는 게 아닌가. 내 삶, 내 권리도 중요하지만 나만 더 불어나는 삶이 아닌, 우리 모두가 함께 더불어 삶이 가장 중요하다고 생각한다. 추운 겨울에도 모두가 따뜻하게 지낼 수 있도록 타인에게 관심을 갖고 남을 도울 권리. 그것만큼 선한 인간의 권리는 보지 못했다.

---

1) 장일순, 『나락 한알 속의 우주』, 녹색평론사, 2009, 127쪽 참조.
2) 위의 책, 129쪽.

폭력을 미화하는 집단, 찬양하는 개인

　대학교 2학년이 될 무렵 학과위원회에 소속된 나는 '학회장'이라는 이유로 매일 같이 선배들로부터 단체기합을 받아야 했다. 그러나 애석하게도 말도 안 되는 부당함을 견디지 못하는 나로서는, 단체기합을 받아야 할 이유를 찾지 못했고, 그것을 거부해야만 했다. 물론 첫 3일 정도는 뭣도 모르고 열심히 기합을 받았다. 정규수업을 다 마치고 오후 5시 30분까지 학교관계자들의 눈을 피할 수 있는 '은밀한 장소'에 모인 각 학과별 학회장들은, 저녁 9시가 될 때까지 '그들만의 구호'를 외치며 수시로 엎드려뻗쳐는 물론 어깨동무를 한 상태로 앉았다 일어서기를 반복해야 했다. '학교 전통'이라는 이름 아래 한 학기 내내 진행된다는 단체기합을 도저히 받아들일 수 없던 나는 당장 대학 내 총장에게 보낼 탄원서를 작성했고,

기합을 거부하는 대가로 학회장직을 내려놓아야 했다. 그러다 무작정 제출하려던 탄원서도 막판에 여러 교수님들께 누가 될 것을 염려해 제출하지 않았다. 탄원서도 말이 탄원서지, '나 기합받기 싫어요' 정도에 그친 허술하고 감정적인 언어를 나열한 글은 남한테 보이기조차 부끄러운 지경이었다. 술 먹고 격양돼 SNS에 올린 장문의 푸념이랄까. 물론 나중에는 기합을 받으며 학회장을 할 사람이 없어 다시 복직되기는 했지만, 3일간 내게 가해지던 폭력을 암묵적으로 동의하고 끝내 좌절했던 그날의 그 감정들은 오롯이 남아 있다.

갑자기 이러한 기억이 떠오른 건, 부천에서 기자생활을 하던 당시 파시즘에 관한 자료를 찾기 위해 인터넷 서핑을 하다 우연히 2013년 8월 19일자 한국일보를 읽고 나서부터였다. '우리 안의 군대문화'를 꼬집는 사회비판기사는 내게는 생소하기만 했던 '파시즘'이라는 언어의 윤곽을 또렷하게 잡아주는 계기가 되어 주었다. 기사의 내용은 간단했다. 부산의 한 대학교 체육학과에서 선배들이 신입생들의 군기를 잡는다며 가혹행위를 해, 한 학생이 자퇴까지 하게 된 경위를 밝히고 있었다. 자퇴를 하게 된 학생은 얼차려 도중 실신하며 바닥에 얼굴을 부딪쳤고 앞니 2개가 부러졌다. 경찰은 후배에게 가혹행위를 한 선배 18명을 불구속 입건했고, 학교 측은 총장 명의의 사과문을 발표하며 교내의 폐단인 선후배 사이의 얼차려 문화를 없애겠다고 다짐하는 것으로 사건은 일단락되다시피 했다. 그러나 사건이 보도된 후에도 체력단련을 가장한 얼차려가 여전히 남아있었고, 선배에 대한 예의라는 명목 아래 인사나 행사 참여에 대한 무조건적인 강요가 있었다는 것이다. 이에 대한 선배들의 입장은 체력단련과 선후배간 예의를 일종의 '학과 전통'이라 소개하고, 조교조차도 '체육학과

특성상 결속력을 높이기 위한 체력단련'이라는 설명을 덧붙였다.[1] 그러나 정작 후배들이 느끼는 것은 '전통을 가장한 폭력에 지나지 않는다'는 사실이 이 사건의 주안점이다.

이 기사에서 문제제기를 할 수 있는 것은 바로 '체육학과의 특성상 운동 시간에 결속력을 높이기 위해 체력단련이 이루어져야 한다'는 시대착오적 발상과 더불어, '학과 전통'이라는 이름 아래 대물림되는 악습이 마치 '전체의 규율'을 위해 꼭 지켜져야만 하는 것으로 세뇌된다는 사실이다. 만약 체력단련을 받으면서도 아무런 이의를 제기하지 않는 후배들은, 훗날 자신들을 괴롭힌 선배들과 똑같은 혹은 그 이상의 모습으로 변모되기 마련이다. 그들 개개인은 가혹행위를 수용한 감각의 논리로 학과 전통에 대한 일종의 신성성을 부여해 나가기 때문이다. 그래서 선배가 된 그들 아래로 새로운 후배들이 들어오면 자신들이 받은 만큼 돌려주어야 한다는 생각이 앞서 똑같은 짓을 저지르게 되는 악순환이 이어진다. 이때 개개인의 윤리 의식은 이미 사라진지 오래라 '무엇이 잘못됐는지'를 알지 못한 채, 악습이란 바통을 이어받을 뿐이다. 이처럼 기합이나 구타가 대물림되는 것을 '한국의 문화적 특성'이라고 오도하는 경우가 있는데, 이는 옳지 못한 처사다. 폭력이 문화라면 모든 역사 가운데 행해진 폭력이 전부 정당화될 수 있는 소지를 가져다준다. 폭력을 문화라 치장하는 것은 단지 본인의 피폐한 심성과 가학성을 변호하는 것 말고는 아무런 도움도 되지 못하는 비윤리적 행태일 뿐이다.

한국인은 꼭 매를 맞고 자신에게 물리적인 고통이 가해져야만 말을 잘 듣는가? 개개인의 인성을 고려하지 않는 행동주의적 관점은 인간 존재의 의미를 전적으로 부정하는 거나 마찬가지다. 폭력을 미화한다고 해서 그것의 성질까지 아름답게 변하지는 않는다. 폭력은 단지 폭력일 뿐이다. 그러므로 억누르는 자의 강압에 의문을 갖지 않는 한, 억눌린 개개인은 자신들에게 가해지는 폭력에 스스로가 동조하고 있는 셈이다. 가만히 있는다고 해서 내게 가해지는 폭력이 저절로 사라지진 않는다. '폭력을 미화하는 집단'에 대해 그것을 찬양하지 않기 위해서는 전적으로 '거부의 의사'를 표시해야 한다. 그리고 적극적으로 주변에 도움을 요청해야 한다.

위와 같은 맥락으로 영화 〈박하사탕〉을 살펴보면 가학성의 본질을 보다 쉽게 받아들일 수 있다. 달려오는 열차 앞에서 "나 다시 돌아갈래!"라고 소리치며 몸을 던진 김영호(설경구 분)가 생의 종지부를 찍는 것으로 시작하는 영화는 계속해서 그의 과거 속으로 흘러간다. 김영호는 군복무중 어린 여학생을 사살하기도 하고, 몇 년 후 형사로 변해 피의자를 고문하기도 하는 등 사회적 환경에 길들여져 자신도 모르는 새에 폭력성을 키워 나가게 된다. 특이한 점은 이 영화가 영호에게 자라난 가학적 성향의 근원을 보여주려는 듯 끊임없이 과거로 돌아가 가장 순수했던 지점에 이르는 것까지 보여주지만, 결국 순수했던 시절의 자신으로 돌아갈 수 없음을 깨달은 영호는 기차 앞에서 파국을 맞는다.[2]

행동주의적 관점에서 영호의 가학성을 들여다보면 조건형성에 의한 폭력적 성향이 점차 강화되는 모습이 관찰되고, 영호는 가혹한 사회적 환경에 의해 폭력적으로 길러질 수밖에 없던 불행한 개체인 것으로 나타난다. 즉, 사회적 조건이 인간을 형성한다는 행동주의적 관점에서는 공격성 또한 사회로부터 길러지는 인간적 속성에 불과하다.[3] 반면 가혹한 현실은 인간을 무력하게 만들고 양심이나 죄책감마저도 무뎌지게 만든다. 남은 것은 내재된 폭력성뿐인 그는 언제든지 무덤덤하게 폭력을 행사할 수 있는 존재가 된다. 이러한 관점에서 영호는 사회로부터 학대당한 피해자이자 동시에 가해자가 될 수 있는 양면적 존재다.[4]

만약 김영호가 실제인물이고 우리가 그의 과거를 알지 못한다면 그의 죽음은 우리에게 아무런 영향력도 발휘하지 못하게 된다. 그저 '폭력적으로 변모된 한 인간이 죽었다'고 인식될 뿐이지, '사실 그가 과거에는 순수했지'라고 인식되진 않는다는 말이다. 즉, 사회적 조건에 의해 가학성을 기른 개인은 내재된 폭력을 타인에게 휘두르느냐 아니면 그것을 집어삼켜 뱃속에서 소화시켜 버리느냐에 따라 '어떤 인간'인지가 사회적으로 결정된다. 주변에 폭력의 씨앗을 뿌려둔 김영호는 아무것도 반성하지 않고 후회하며 죽음을 택했다. 개인으로서는 그것이 어떤 회개의 완성이자, 순수에로의 회귀를 향한 커다란 열망으로 볼 수도 있을 것이다. 그러나 그것은 지극히 개인적인 희망사항일 따름이다. 폭력적인 개인을 정당화하는 것은 가학적 성향에 물든 자기 자신뿐이다. 타인에 대한 폭력은 결코 사회적으로 용인되어선 안 된다.

여전히 비윤리적 폭력이 정당화되는 사회구조 안에서 개개인의 의식변화를 촉구해야 하는 시점이 아닌가 한다. 내 자녀의 몸에 피멍이 들면 물불을 가리지 않고 팔을 걷어붙이는 게 바로 우리나라 부모들이 아니던가. 폭력에 침묵하는 것은 그것을 수락한다는 무언의 동의나 마찬가지다.

---

1) [우리 안의 군대문화] <7> 언론보도 그 후, <한국일보>, 2013.8.19 21:40:04. http://news.hankooki.com/lpage/society/201308/h2013081921400421950.html (2014.4.26) 참조.
2) 김용규, 『영화관 옆 철학카페』, 이론과실천사, 2002, 156쪽 참조.
3) 위의 책, 160쪽 참조.
4) 위의 책, 165쪽 참조.

공부를 내려놓은
아이들

　수많은 학생들이 학업에 몰두할 시간을 쪼개가며 아르바이트에 매진하고 있다. 경제적 궁핍을 겪는 많은 청소년들이 일을 하여 생계를 유지하고 있으며, 과잉학력의 시대를 살아가는 대학생들은 천정부지로 치솟은 등록금이라는 괴물과 싸우고 있다. 가정형편상 경제적 지원이 어려운 대부분의 학생들이 이러한 전철을 밟고 있지만, 현재로선 그들을 구제할 방안은 전무하다시피하다. 더욱이 그러한 상황에 직면한 개개인의 심정을 헤아려줄 길은 없다. 공부에만 전념해도 모자란 시기에 일을 하며 느껴야 하는 각종 비애와 괴로움은 학생이란 신분으로 감당하기엔 더욱 버겁기만 할 것이다.

　인기리에 종영된 드라마 〈학교2013〉을 보면 사사건건 문제를 만드는

'오정호'라는 고등학생이 나온다. 교내에서 문제아로 정평이 나있는 오정호는 어느 날 학교를 그만두겠다며 결석을 하게 된다. 담임은 오정호의 집을 찾아가 학교에 나오지 않는 이유를 물으니, 오정호는 "돈 벌어야 돼요"라고 짤막하게 대답한다. TV에서 많이 본 여느 문제아의 가정환경처럼 대수롭지 않게 여겨지는 상황이지만, 여기서는 간과하면 안 되는 개인의 환경적 측면이 고스란히 녹아 있다. 오정호의 집안에는 어머니가 안 계시고, 알코올중독자인 아버지는 아들인 정호를 항상 폭행한다. 정호도 그러한 상황에 길들여져 있어 '몇 대만 맞아주면 끝날 것'이라는 생각이 지배적이다. 그러면서도 정호는 아버지와 함께 살며, 아버지가 다치고 난 이후부터는 자신이 직접 돈을 벌어야겠다는 생각을 하게 된다. 적어도 한 달에 100만 원은 필요한 가정이기에 고등학생인 정호마저 생활전선으로 뛰어들 수밖에 없는 상황인 것이다.

설정적인 측면이 강한 드라마지만 실제로 이러한 가정이 얼마나 많은지 사람들은 알지 못한다. 특히 이러한 계층에 대한 교육이나 복지가 얼마나 미비한지를 체감하지 못하는 경우가 다반사다. 완전히 부자도 아니고 완전히 기초생활수급자도 아닌 어설프게 존재하는 중간적 취약계층은 제대로 된 교육복지나 혜택을 누리지 못하고 있다. '강제적으로 중산층이 되어버리는 어설픈 계층'은 경제적 자립도는 있지만, 부채가 수입을 넘어서는 경우가 태반이라 사실상 빈곤층에 가깝다.

그러나 중산층이 점점 소멸되어 가는 우리 사회에서 그러한 사실은 완전히 외면당하고 있다. 부채가 어찌됐든 명목상의 수입이 존재하기 때문이다. 보고 싶은 것만 보는 우리 사회의 취약점이 여실히 드러나는 부분이다. 이러한 문제에 대한 진지한 고민이나 성찰 없이 제대로 된 복지정책이

나올 리 없다. 중간 계층과 하층부를 함께 공략할 보다 근본적인 해결방안, 즉 쥐구멍을 찾아 막을 생각은 하지 않고 눈앞에 보이는 쥐만 잡으면 다 처리된 줄 아는 겉핥기식 보수를 지양해야 한다.

국내의 복지정책이 이러한데 학교라고 별반 다르지 않다. 학교가 관심 있는 것은 아이들 개개인의 삶이 아니라 학업성취에 국한돼 있을 뿐이다. 그래서 지금 당장 공부할 여건이 되지 않아 아르바이트를 하는 아이들에게 공부만 하라고 한다.[1] 학교가 뜬구름 잡는 소리만 하니 이러한 문제에 대한 근본적인 해결점을 찾을 수가 없는 것이다. 지금도 여전히 경제적 사유로 인한 학업중단이 청소년들과 대학생들 사이에서 빈번히 나타나고 있으며, 부모의 경제력을 기대할 수 없는 어린 학생들에게는 아무리 열심히 일을 해도 빈곤의 늪에서 벗어날 수 없는 쳇바퀴 같은 악순환이 이어질 따름이다.

사회 내 불공정한 출발점과 경제적 차이를 메울 수 있는 방안으로 제시되는 것이 바로 교육이지만, 사실상 평등을 가장한 교육조차도 개인의 경제적 능력에 따라 그 모습을 달리한다. 그렇기 때문에 저소득 가정의 학생일수록 학업보단 금전적인 부분에 좌우될 수밖에 없으며, 경우에 따라서는 본인의 꿈을 펼쳐 보일 수조차 없는 빈곤한 상황에 직면하기도 한다. 물론 사회는 이러한 사정을 알면서도 모든 것을 환경이 아닌 '개인의 의지적 차원'으로 책임을 돌리고 '더욱 학업에 열중하라'는 딴소리만 하는 실정이다.

글을 쓰고 있는 필자조차도 집에서 차비나 식비, 휴대폰요금 등 금전적인 지원을 받을 형편이 되지 못해 고등학교 3학년 때부터 대학교를 졸업하고, 대학원을 다니기까지 일과 학업을 꾸준히 병행해 왔다. 휴대폰 가게,

편의점, PC방, 오락실, 노래방, 공장, 막노동, 호프집 서빙, 학원선생, 가정교사, 사무보조, 신문사 기자 등 10여 가지 이상의 아르바이트를 해왔으며, 시험기간에도 일을 끝마친 고단함으로 하품을 해 가며 머릿속에 들어오지도 않는 텍스트들을 읽어 내려갔다. 20대 내내 그러한 생활을 하며 든 생각이 바로 나 같은 처지에 놓이거나 그보다도 못한 학생들을 안아주고 용기를 주고 싶다는 것이었다. 본인의 관심이 어디를 향하고 있는지, 그리고 그러한 관심이 목표로 세워질 수 있을 만큼 확신을 가질 수 있는 대상인지, 모든 것이 알 수 없고 불확실한 것들로 가득한 학생들에게 완전한 길을 제시해 줄 순 없어도 어깨를 다독여주며 학업에 열중할 수 있도록 해야 하지 않겠는가. 여전히 수많은 학생들이 경제적인 어려움에 부딪혀 일에 허덕이느라 제 기량을 펼치지 못하고 있으니 너무나도 안타깝고 안쓰러운 현실이다.

더욱이 빈곤으로 인한 무력감이 얼마나 클 것인지는 본인 스스로가 겪어 보지 않고서는 제대로 이해하기 어렵다. 학생들의 아르바이트는 일종의 선택사항이나 사회경험의 차원에서 이루어지는 것이 아니다. 먹고 살기 위한 강제적 경험에서 비롯될 뿐이다.[2] 그 안에서 허용되는 무시와 멸시의 시선들은 모두 의연히 넘겨야 하고, 마치 표준임금처럼 정형화된 최저임금—혹은 그에 못 미치는 돈—을 받으며 일을 하는 학생들은 그저 자리가 아쉬워 울며 겨자 먹기로 참아낼 따름이다. 또 내일 사용할 차비와 식비를 남겨두기 위해 오늘을 참아 내야 하고, 끊임없이 계산하고 아껴야만 남들만큼 정상적인 삶을 영위할 수 있다. 이것이 오늘날의 학생들이 살아나가는 방식이다.

자라나는 새싹들의 꿈을 키워 주고 힘을 실어주기 위해 '비전특강'만 열심히 해서 무엇을 할 것인가? 꿈을 갖는 것이 사치인 아이들은 학업에 눈을 돌릴 틈도 없이 일을 해야만 살아나갈 수 있다. 그들이 학업에 열중할 수 있는 권리를 되찾기 위해서는 보다 근본적인 차원에서의 적극적인 지원정책과 각종 교육복지정책이 쏟아져야 한다. 그러나 정부는 이들을 구제하려는 노력을 적극적으로 기울이지 않고 있으며, 각종 실태조사와 정책연구에만 매진하고 있다. 이런 식의 형식적인 노력만으론 아무것도 변하지 않고 학생들의 삶의 질도 나아지지 않는다. 구차하게 제 밥그릇이나 챙기는 형식적 법안이 아닌, 모든 아이들이 평등하게 숨 쉴 수 있도록 관심을 갖고 숨통을 열어주려는 노력이 필요하다.

우리는 지금도 여전히 수많은 아이들에 대한 노동착취를 지속하고 있다는 사실을 알아야 한다. 그러한 죄의식을 갖고 살아야만 하는 것이다. 문제를 아는 것만으론 아무것도 해결할 수 없다는 점까지도. 지상의 모든 아이들이 돈벌이에 허덕이지 않고 공부할 수 있을 때까지 우리는 이 현실에 발길질을 가해야 하지 않을까.

---

1) 프레시안 특별취재팀, 『한국의 워킹푸어』, 책보세, 2010, 182~183쪽.
2) 위의 책, 208쪽.

공교육의 영혼사냥

우리나라 공교육은 대학입시에 치중돼 있다. 고교시절만이 아닌 중학생, 초등학생만 돼도 부모의 각본에 따라 더 좋고 더 나은 학교에 진학하고자 애를 쓰게 된다. 그래서 많은 학생들이 본격적으로 사회에 진출하기도 전에 경쟁원리에 의한 피폐함을 의무적으로 맛보고 대학에 진학한다. 그러나 상당수의 학생들이 막상 대학에 진학하고 나면 자신이 무얼 위해 공부하는지 알지 못하는 경우가 허다하다.

대학생이 된 개개인은 단지 대학을 강요하는 사회적 풍토를 따랐을 뿐이다. 그러한 학생들은 남들이 다 토익을 공부하기 때문에 토익공부를 하고, 자격증을 따야 한다고 해서 몇 가지 자격증공부를 병행한다. 그러나 이러한 것들을 활용할 어떤 목적을 갖고 공부를 하는 것은 아니다. 그저 남들이 다 하니까, 나만 안 하면 뒤처지는 것 같아서 분위기를 맞추어갈 뿐이다. 이처럼 대학 진학에서부터 대학에 진학하고 난 이후까지도 사회적 경향을 따라 움직이는 학생들은 갈수록 주체성이 약화될 수밖에 없지 않을까?

이러한 맹목성을 부추기는 우리 사회는 갈수록 서열화 되어 가는 대학 문화와 과잉학력 문제에 근원을 두고 있다. 생존경쟁을 벌여 우월한 개체는 살아남고 열등한 개체는 자연도태되는 적자생존의 원리를 그대로 교육 환경에 적용시킨 나머지 학생들은 동기를 가질 새도 없이 경쟁부터하게 된다. 이러한 풍토에 대해 이어령 선생은 "가장 친한 친구에게도 자기 노트를 빌려주지 않아야 사회에서 성공한다고 여기는 교육 풍토는 문제가 있다"고 지적한다.1) 단지 더 나은 학벌을 갖기 위해 혹은 특정 학교를 원하는 부모들의 바람을 채워 주기 위해 학생들 스스로가 입시경쟁의 희생양이 되고 있는 것이다. 이와 같이 학생들이 동기를 갖는 것을 허락하지 않는 공교육의 문제는 더 이상 두고 볼 수만은 없는 일이다.

물론 우리 사회에서 대학은 학생들에게 많은 배경지식과 기술적인 부분을 습득하도록 도와준다. 각종 자치활동을 비롯해 학생들 개개인이 사회에 온전히 녹아들 수 있도록 교류의 장이 되어 주기도 한다. 그러나 대학은 사회적으로 바른 인격을 함양하기 위한 학문 연마의 장이지, 단순히 성공이나 취업을 위해 존재하는 교육기관은 아니다. 문제는 대다수의 학생들이 어렸을 때부터 동기 없는 공부만 해 와 대학에 진학을 해도 취업을 위한 맹목적인 학점 따기에 여념이 없고, 몇 년의 시간을 바짝 긴장만 한 채 졸업을 하게 될 뿐이다. 물론 그 사이에는 자격증 취득이나 토익과 같은 사적인 노력들도 분명 존재한다. 하지만 그 노력들에 대한 목적이 불분명하다. 그들의 노력은 단순히 취업을 위해 기계적으로 행하는 일 그 이상의 활동이 아닌 것이다. 이러한 관점에서 학생들에게 대학은 '취직'을 위해 잠시나마 쉬어 가는 일종의 통과의례에 불과한 게 아닌가 생각될 정도다.

공부라는 게 참으로 개인적인 영역에서 이루어지는 행위에 불과한 것처럼 보이지만, 그 파급력은 상당히 크고 광범위하다. 공부의 결과는 오롯이 자신의 성적으로 나타나지만, 남과의 경쟁을 통해 우열이 가려지고, 그것을 통해 자신의 위치를 자리매김하기 때문이다. 물론 경쟁 그 자체가 나쁜 거라고 말할 순 없다. 그러나 경쟁의 이면에는 나 자신이 누군가를 밟고 그 위에 군림하거나, 처절하게 짓밟혀 바닥을 기어 다니는 치욕을 맛보아야 한다는 승자독식사회의 오만함이 내포되어 있다. 즉, 승자에게는 승리의 월계관이 주어지지만, 패자에게는 '승자에 의해 당연히 잡아먹혀야 할 존재'로 인식되게 만드는 패배감을 가져다준다. 우리 사회의 경쟁이 나쁜 이유가 바로 여기에 있는 것이다.

처절한 경쟁만을 일삼고 '동기를 품을 시간'조차 주지 않는 사회에서 학생들은 끊임없이 동기 없는 공부만을 붙잡고 있다. 그래서 그들은 자신이 무엇을 하는지도 모르는 채 밤늦도록 졸음을 쫓으려 커피중독자가 되고, 단순 암기만 하는 기계가 되어 살아갈 뿐이다. 물론 경쟁을 통한 교육적 효과나 경쟁력의 측면에서 고무할 만한 성과가 있는 것은 분명하지만, 이 경쟁이라는 것이 꼭 모두에게 이로운 것이 아님에도 불구하고 모두에게 일방적으로 가해진다는 점에서 문제가 있는 것이다.

이러한 입시 지옥의 일차적 원인은 대학을 강요하는 사회에 근원을 둔다. 일류대는 아니더라도 일단은 사회가 무조건 대학을 외치다 보니 더욱

많은 대학들이 우후죽순처럼 생겨나고, 학생들은 '일단은 진학하자'는 마음을 갖게 된다. 여기에 사회적인 성공이 좋은 대학에 있다는 인식을 심어주어 모든 개인으로부터 생존경쟁은 응당 당연하다는 듯 동의를 구해 낸다. 경쟁의 와중에는 학생들 개개인의 삶과 인생관, 특기, 적성 등은 전혀 고려되지 않는다. 단순히 성적에 따라 학생들이 분류되고 그에 걸맞은 대학에 차례대로 집어넣어질 뿐이다. 마치 돼지고기의 품질에 따라 등급을 나누는 짓을, 학생들에게 그대로 행하고 있다고 보아도 무방하지 않을까?

물론 성취라는 것도 개인적인 차원에서 이루어지는 것이므로 무작정 일반화할 순 없지만, 좋은 동기엔 항상 좋은 과정이 있음을 명심해야 한다. 본인이 의학을 공부하려는 것이 아픈 사람들을 건강하게 해 주고 싶은 단순한 이유일지언정, 이러한 동기가 있기 때문에 사회를 한결 따뜻하게 만들어 줄 수 있다는 사실을 말이다.

이미 우리 사회는 한 차원 더 민감해졌고, 서로를 공격적으로 매도하는 분위기 가운데 온전한 협동정신은 사라진 지 오래다. 그러므로 입시위주의 사회에서 언제나 우열을 가리다 버릇한 학생들이 숨 쉴 수 있는 틈을 열어주어야 한다. 경쟁과 억압 속에서 지내온 날들을 다시 되돌릴 순 없지만, 집단규범의 원초적 성향이 비경쟁적으로 돌아서야 할 필요는 있다고 본다. 참다운 교육이란 피교육자의 일방적인 암기와 습득이 아닌, 인격 상호 간 자유로운 소통과 교류에 의해 이루어지는 것이 아닐까?[2] 지금 우리교육에 필요한 것은 학습을 위한 학습이 아닌, 자주도 높은 지적 동기가 우선이다.

물론 사회구조 자체가 확 뒤바뀌지 않는 이상, 이러한 경쟁구도를 종식시키기란 거의 불가능에 가깝다. 성실과 근면이 우리 사회의 미덕으로 치장되는 만큼 남을 짓밟고 그 위에 서는 것조차 경쟁이 빚어낸 아름다움으로 포장되고 있기 때문이다.3) 이미 경쟁은 우리 사회를 지탱하는 기본 체제가 되었으며, 우리가 일상적으로 경험하는 평범한 현상에 불과하다. 그래서 더 무섭고 불행하다. 과연 우리는 비뚤어진 교육열 속에서 인간에 대한 사육을 계속해서 정당화할 것인지에 대하여 진지하게 성찰해 봐야 할 것이다.

---

1) 이어령·이재철(공저), 『지성과 영성의 만남』, 홍성사, 2012, 67쪽.
2) 김종철, 『간디의 물레』, 녹색평론사, 2010, 279쪽 참조.
3) 권혁범, 『갈치조림정치학』, 생각의나무, 2008, 90쪽 참조.

양극화의 오늘

　서로 다른 계층이나 집단이 정반대의 양상을 보이며 점점 멀어지는 것
을 양극화라고 한다. 그 중에서도 '경제적 양극화'는 자본주의사회의 핵심
적인 문제를 내포하고 있으며, '사회적 양극화'와는 서로 긴밀한 관계에
놓여 있다. 일반적으로 부유한 사람들은 가난한 사람들에 비해 교육적인
기회의 폭이 넓어 고수입 전문 직종을 가질 가능성이 높지만, 그렇지 못한
사람들의 경우 줄어든 교육적 기회에 비례하여 직업적 선택의 폭이 좁아
지기 마련이다. 이러한 경제적 차이로 인해 노동과 소득의 불평등이 더욱
심화되고, 다시금 개개인의 부와 궁핍이 대물림되어 사회갈등을 유발하는
사회적 양극화를 초래하게 되는 것이다.

　부의 편중이 발생하는 원인은 다양한데, 먼저 개인의 능력차로 인해 발생하는 경우가 있고, 상속이나 대물림처럼 부가 세습되는 경우, 그리고 사회적인 기회의 차이로 발생하는 경우 등이 있다. 부의 편중이 심한 나라로는 중국과 브라질을 예로 들 수 있는데, 이 두 국가의 1인당 국민소득은 거의 빈민국 수준에 가깝지만 사회적 상류층에 속하는 몇몇 사람들은 세계에서 몇 손가락 안에 드는 부자들이다. 마찬가지로 소득격차가 큰 우리나라에서도 양극화 현상이 심화되고 있지만, 실태를 파악하거나 해결책을 찾는 데에 그다지 관심을 가지지는 않는 것 같다. 부의 편중이 오랜 기간 동안 서서히 고착되다시피 하였으니 이러한 경제적 격차를 지극히 당연한 것으로 여기게 된 것이 그 이유가 아닐까?

물론 세계경제의 판도에 따라 어떠한 사회든 양극화는 존재하기 마련인데다, 자본주의체제에 속한 우리나라로서는 양극화 현상이 불가피하다고 할 수 있다. 이러한 사회에서는 능력 있는 사람이 임금을 많이 받고 지식이나 정보, 권력의 획득이 더 용이해진다. 그리고 이는 곧 개인의 재산형성 과정과 직결된다. 양극화가 완전히 해소되려면 개인의 자유로운 경제활동이 제한되어야 하는데, 현재의 경제구조 하에서는 불가능한 일이다. 그나마 지나간 역사에서 양극화를 해소할 수 있는 체제로는 사회주의 국가가 있지만, 평등이라는 국가 목표를 내세워 부의 편차를 줄이려 노력할수록 양극화는 더욱 심화될 뿐이었다. 왜냐하면 지구상에서 완벽한 사회주의 국가가 존재한 적은 단 한 번도 없었기 때문이다.

그렇다면 현재와 같은 양극화는 결코 해결될 수 없는 문제인 것인가? 우리 사회를 지탱하는 자본주의체제는 본질적으로 부의 불균등을 촉진하고 심화시킨다.[1) 따라서 자본주의체제를 온전히 이해한 사람이라면 당연히 양극화의 해결에 대해서도 회의적인 입장일 수밖에 없다. 그럼에도 현 체제가 절대적이거나 영원불멸하지 않을 것을 받아들인다면 새로운 차원의 해결책을 강구해야만 할 것이다.

현재 가장 고질적인 문제는 우리가 양극화를 눈앞에 놓고 '패배'부터 외친다는 사실이다. 독재나 부당한 정치권력과 같은 불의에 당당히 맞서 싸우던 사람들이 '자본주의체제하에선 양극화의 해소가 불가능하다'며 백기부터 드는 것이다. 우리는 사회적인 위기상황에 직면할 때마다 톱니바퀴가 제대로 맞물린 것처럼 많은 사람들이 힘을 모아 상승효과를 창출하는 편이었지만, 이상하게도 경제적인 측면에서는 일련의 시도조차 하지 않고 전문가들의 비관적 전망에 현혹돼 쉽사리 꼬리를 내려 버린다. 사회적 대상과 경제적 대상에 대한 서로 다른 인식이 상이한 양상을 내보이는 것이다.

인식은 곧 개별화된 하나의 분별이고, 저마다의 인식의 차이가 곧 수많은 결과를 가져온다. 가령 창조론과 진화론 간 논쟁을 단박에 종식시킬 수 없을까 고민하며 생각해 낸 것이 바로 '인식의 차이'를 파고드는 것이다. 창조론을 믿는 사람들은 어떤 지적인 절대자에 의해 이 세상이 설계되고 만물이 생성되어졌다는 것을 인식하여 받아들인 것이고, 진화론을 믿는 사람들은 모든 생물이 생존경쟁을 벌여 우월한 개체들만이 살아남아 환경에 적응한 끝에 현재까지 오게 된 것이라고 인식하여 그것을 믿을 뿐이다. 그러므로 각자가 다르게 인식하는 것을 맞다, 틀리다 우기거나 서로 논쟁할 수 없는 사안임을 정직하게 인정해야 한다. 요즘 한창 인기 있는 아이돌 EXO를 보는 관점도 어르신들한테는 '춤 잘 추는 친구들'이고, 그들의 어머니가 볼 때는 '자랑스러운 아들', 또 팬들이 볼 때는 '사랑하는 오빠들'이 되는 것이다. 이러한 인식의 차이는 양극화를 바라보는 관점에서도 받아들여져야 할 부분이다.

자본주의에 완전히 도취된 이들은 양극화를 벗어나는 게 불가능하다 인식하고, 사회경제적 평등을 말하는 이들은 그것을 어떻게 타개할까 궁리하는 데 초점을 맞춘다. 부익부 빈익빈. 부자는 더 부자가 되고 가난한 사람은 더 가난해진다는 점에서 양극화의 문제가 대두되지만, 사실상 가난한 사람은 오늘도 내일도 변함없이 가난하다는 데에 초점을 맞추어야 문제의 실상을 바라볼 수 있다. 개인이 정당히 일을 해서 돈을 벌어들이는 데에 차별을 두지 않는 것이 바로 자본주의의 속성이므로 사회주의적 사고만으로 그것을 강요할 순 없다. 단지 양극화의 문제를 온전히 직시하였다면, 그것에 대해 끊임없이 회의하고 부의 편차를 줄여 나가고자 궁리하는 것이 현대인이 가져야 할 선한 속성이 아닐까 생각해 보는 것이다.

현재로서는 양극화를 완전히 해결할 방안은 없지만, 그것을 조금이라도 줄여 나가기 위해서는 부의 재분배 과정이 꼭 필요하다고 본다. 모든 사람들이 최소한의 인간다운 삶을 추구할 권리를 찾을 수 있도록 기회의 평등과 더불어 결과의 평등을 보장시켜주기 위해서다. 그러기 위해선 누진세 같은 세금제도를 통해 부의 사회 환원을 촉진하고, 가난한 사람들에 대한 실질적인 복지정책이 제대로 시행되어져야 한다. 물론 현재 우리나라 3대 사회보장제도인 의료보험, 연금보험, 고용보험 등 서민생활의 안정을 꾀하기 위한 보험제도들이 있지만, 이마저도 서민들에겐 '사회보장적' 역할을 돈독히 수행해 내지 못하고 있는 실정이다.[2]

한편, 국가가 서민들에게 의료혜택이나 생활보조금, 무료급식 등의 혜택을 주거나, 기업에 의한 사회 환원 및 장학금 혜택을 주는 것은 가난한 사람들이 빈곤을 벗어날 수 있도록 행해지는 사회적 배려의 차원에서 이해되어야 하지, 단순히 역차별적 발상이라 생각하는 것은 곤란하다.

더욱이 나라에서는 사회보장제도의 활성화는 물론 실질적인 일자리를 창출하기 위해 노력해야 한다. 그래야만 정해진 일터조차 없는 빈민들에게 소득이 발생할 기회를 주게 되는 것이고, 이로써 생계를 유지할 수 있도록 돕기 때문이다. 그러므로 국가는 명목상 실업자들의 구제가 아닌, 장차 큰 계획을 세워 장기적으로 꾸려나갈 제도적 장치를 만들어 나가야 한다.

아울러 기부문화가 발달하지 않은 국내사회에서는 양극화 문제를 해결하기 위한 좀 더 근본적인 차원에서의 접근이 필요하다. 소수의 사람들이 많은 돈을 사회에 환원하는 것보다는, 많은 사람들이 조금씩 내어놓는 것이 더 큰 의미가 있다. 자신보다 어려운 사람들을 위해 우리가 할 수 있는 일은 바로 사회적 약자들에 대해 관심을 갖기 시작하는 것이다. 국가는 물론이거니와 가진 자와 못 가진 자가 합심해야 오늘날의 양극화를 줄여 나갈 수 있는 토대가 세워질 수 있다.

---

1) 홍성인·김구호·조영기(공저), 『생활과 경제』, 명경사, 2009, 109쪽.
2) 위의 책, 109~110쪽 참조.

수치로만 말하는 사회

GDP(Gross Domestic Product, 국내총생산)와 GNP(Gross National Product, 국민총생산). 어디서 많이 본 듯도 한 용어인데, 직접 설명하자니 뭐라고 해야 할지 몰라 진땀만 뺀 경험이 있지는 않은가? 국가의 경제규모를 보여주는 GDP는 일정 기간 동안 국내에서 발생한 재화, 용역, 상품, 서비스를 모두 포함한 총액을 말하고, GNP는 한 국가의 국민들이 생산한 것들의 총합을 말한다. 과거 우리나라의 경제성장 지표는 GNP라는 개념을 중심으로 설명됐지만, 세계화의 가속으로 국가 간 노동과 자본의 이동이 크게 늘면서 1995년부터는 GDP라는 개념을 사용하고 있다.[1]

보통 세계 각국 국민들의 소득수준을 비교할 때는 주로 '1인당 GDP'를 사용하는데, 이는 한 나라의 GDP를 인구수로 나눈 값이다. 이 1인당

GDP를 통해 각국의 소득수준을 알고 서로 비교해 볼 수 있지만, GDP와 GNP로 대표되는 수치적 환산과 개개인이 체감하는 소득의 정도가 꼭 정비례하지만은 않다. 나라에서 생산한 총량을 국민의 수대로 나눈다 해도, 그 나라의 개개인이 전부 다 똑같은 생산량을 갖진 않기 때문이다.

예를 들어 가장 잘 사는 나라로 알려진 미국의 경제규모를 축소화시켜, 2014년 GDP가 60만원이고 국민은 A, B, C 단 세 명밖에 없다고 하자. 60만원을 3으로 나누면 미국의 1인당 GDP는 20만원이 된다. 이러한 수치를 통해 우리는 '나라가 잘 살면 국민들도 잘 산다'고 생각하기 쉽겠지만 그렇다고 꼭 모두가 잘사는 것은 아니다. 상류층인 A의 연평균소득은 40만원이고, 중산층인 B는 17만원, 빈곤층인 C는 3만원이다. 부유한 A는 1인당 GDP를 훌쩍 넘어서는 수치를 보이지만, B와 C는 그에 못 미치는 생활을 하고 있다.

위 예시가 시사하는 바는 이렇다. GDP라는 수치화된 옷을 입어 어마어마한 규모를 자랑하는 경제구조의 실상이, 사실은 부의 분배가 제대로 이루어지지 않는 나라의 한 단면을 보여줄 뿐인 것이다. 물론 1인당 GDP의 세계 상위권 국가들은 복지의 발달과 부의 분배가 공정하게 이루어지는 경우도 많아 지표로써 완전히 못 믿을만한 것은 아니다. 금융 산업이 발달하고 관광수입이 높은 룩셈부르크나, 석유의 땅인 카타르, 복지정책이 제대로 설립된 노르웨이 등 2012년 기준 1인당 GDP로 각각 1, 2, 3위를 차지하고 있는 나라들이 바로 그 예다. 같은 해 우리나라의 GDP는 2012년 IMF기준으로 세계 15위인 1조 1635억 달러다. 1인당을 기준으로 하면 23,679달러로 세계 34위다. 내부적으로 큰 문제를 안고 있지만 그래도 초강대국에 속하는 미국의 1인당 GDP가 12위에 머물러 있다는

걸 보면, 우리나라의 경제지수는 결코 낮은 수치가 아니다.2)

그러나 이러한 통계수치와는 다르게 한 나라에서 실제로 건강하게 잘 살고 있는 국민은 극소수에 불과하다. 전문직을 비롯해 일부 분야에 종사하는 몇몇 계층만이 많은 돈을 벌어들이며 부유하게 살아가고 있기 때문이다.3) 마찬가지로 우리나라에서는 편법이나 불법적인 방식으로 재산을 증식하지 않는 이상, 실제적인 대다수의 국민들이 소유한 부의 크기는 얼마 되지 않는다.

그런데도 우리 사회는 국민 개개인이 소유한 물질적 가치보다는, 경제성장이나 규모를 측량하기 바쁘고 그것을 내세우는 데 길들여져 있다. 때문에 OECD 통계에 목을 매고, 세계 경제지표의 상대적 우위만이 우리의 일용할 양식인 것처럼 여겨진다. 마치 열병에라도 걸린 듯 '경제, 경제' 하며 이룩해 온 사회는 피상적으로나마 선진국의 면모를 닮아 가고 있지만, 정작 그러한 형태의 경제규모를 만들기 위해 쉴 새 없이 페달을 밟아 온 건 국민들이라는 사실을 인지하지 못하는 것 같다.

여기서 중요한 것은 경제수치가 오른다고 해서 모든 국민이 잘 살게 되는 것은 아니라는 사실이다. 중소기업 사원이나 공장노동자들의 업무량 과다는 곧 야근으로 이어지고, 이는 통계상으론 적정한 현대인들의 노동시간이 알게 모르게 증대하고 있음을 의미한다. 그렇다고 업무에 임하는 근로자들이 야근수당이나 추가수당을 따로 챙겨 받는 경우는 상당히 드물다. 정해진 급여에 변동사항이 생기는 경우는 '깎일 때' 말고는 거의 없는 실정이기 때문이다. 더욱이 물가는 매년 상승하지만, 월급쟁이들의 임금도 같이 오르는 것은 아니다. 그리하여 개개인이 체감하는 경제력의 범위는 갈수록 낮아질 수밖에 없는 현실인 것이다.

현재 국내사회는 경제성장을 어느 정도 이룬 상황에서도 경제지표로써 'OECD 1위'에 목을 매지만, 정작 얻은 건 OECD 국가 자살률 1위라는 부끄러운 타이틀이다. 양극화의 심화로 탄탄한 중산층이 소멸되고, 빈민층이 늘어나게 되면서 빚어진 통계적 비극이라 볼 수 있지 않을까?

부자는 더욱 부자가 되고, 가난한 사람은 더욱 가난해지는 사회구조 안에서 한 개인의 부채가 수입을 넘어서는 일은 결코 특별한 일이 아닌 세상이 되었다. 갈수록 개개인의 경제적 사정은 팍팍해지는데, 국가는 풍족하지는 않더라도 경제적으로 괄목할 만한 성장을 이루었다고 치장하기 바쁘다. 사회나 언론은 언제나 수치화된 세상을 그려내고, 우리에게 통계자료만 보여주고는 '우리가 잘살고 있다'고 우민화하기 일쑤다. 경제지표가 불건전한 이유가 바로 여기에 있다. 개개인이 소유한 부의 크기를 간과하고 무작정 뭉뚱그려 표현한다는 점이다. 그래서 잘사는 나라의 국민들은 모두가 잘사는 것처럼 인식되고, 모든 국민소득이 사회로부터 공정하게 분배되어지는 것처럼 생각되기 일쑤다. 통계자료만 접한 우리는 그저 잘사는 나라에도 빈민이 존재한다는 것을 망각하고 있을 따름이다.

물론 수치라는 것은 세상에 꼭 필요한 것이다. 하지만 그것이 필요 이상의 역할을 하고 있다는 것 또한 사실이다. 극단적 일반화, 과소측정과 과다측정의 문제, 그리고 실업률을 낮추기 위해 행해지는 실업자의 취업자 둔갑 등의 각종 부작용들은 마치 우리사회에서 온전한 진실인 것 마냥 행해져 왔다.

그러므로 우리는 이러한 현실에 대해 언성을 높여야 한다. 수치로만 말하려는 사회에 대해, 혹은 경제성장에 매몰된 일상적 개개인이 투명인간처럼 취급되는 세상에 대해, 평범하게 살아가는 개개인의 행복지수를 높여줄 생각을 하라고 말이다. 지금 우리에게 필요한 것은 나라의 경제지수가 아니라 나날이 증가했으면 하는 개개인의 행복지수다.

1) [타임머신] 경제성장지표 'GNP→GDP' 바뀐 이유, <이투데이>, 2011.8.19 10:40. http://www.etoday.co.kr/news/section/newsview.php?TM=news&SM=0299&idxno=471034 (2014.4.27) 참조.
2) 「1인당 GDP 4만달러, 고용률부터 높여야」, <노컷뉴스>, 2014.1.19 13:01. http://www.nocutnews.co.kr/news/1169806 (2014.4.27) 참조.
3) 노암 촘스키, 『촘스키, 누가 무엇으로 세상을 지배하는가』, 시대의창, 2002, 136쪽 참조.

**국가가 말하는
평등의 허상**

2014년 1월 6일자 세계일보의 한 기사에선 소득격차의 심화로 국민 10명 중 4명은 '우리사회에 부자는 극소수이고 가난한 사람은 많다'고 인식한다는 조사결과가 나타났다.[1] 이 설문은 우리사회에 만연한 소득격차의 심각성과 빈곤의 원인에 대한 국민의식을 분석하여 현실적인 답안을 도출하고자 한 듯싶다.

그러나 실태가 어떻든 우리나라가 경제적 호황기를 누릴 때에도 서민들의 삶은 항시 어려웠다. 그래서 나라 안팎이 어떻든 가난한 서민들은 노략질에 가까운 정부고위관료들의 '희망찬 내일'이란 슬로건을 믿지 않게 되었고, 아무리 열심히 일해도 현재의 상황을 벗어나기 힘들다는 것을 이미 체감한 지 오래다.

특히 과거부터 존재해 온 '경제를 살리자'는 구호는 이제 선동의 효과를 잃고 말았다. 제아무리 정부가 일자리 창출에 열을 올려도 비경제활동인구는 언제나 존재해 왔고, 비정규직을 확대해 '실업자의 수'만 줄이는 정책은 궁여지책에서 나온 일시적인 방편에 지나지 않는다는 사실을 국민 모두가 알고 있기 때문이다.

게다가 부유층과 서민층의 역할이 뚜렷이 나뉜 현대사회에서는 어떠한 정책이든 상대적으로 힘이 센 상류층 쪽으로 기울기 마련이고, 대다수의 전문직을 꿰차고 있는 그들이 국가를 이끌고 있기 때문에 갈수록 서민층과는 괴리된 정책들만 쏟아져 내리는 불평등한 삶의 굴레로 치닫고 있다.

서로 다른 이해관계로 매듭지어진 사회현실에서 정부가 해야 하는 일은 점점 이질화되어 가는 각 계층 간 불협화음이 사라지도록 갈등을 조정하는 일이 아닐까? 그러나 어찌된 일인지 정부는 서민들의 말에 귀를 기울이는 척하면서도, 결국엔 '그들만의 법안과 정책'을 실현하려 함을 부인할 수가 없는 것 같다.

아무렴 지금 우리사회는 현실과 동떨어진 것도 모자라 예산만 잡아먹는 정책들이 즐비하고, 법 제정과 집행의 비실효성은 물론, 갈수록 불평등만 심화되고 있지 않은가? 국회에서 법을 제정하는 이들은 왜 '자신들이 성범죄와 같은 범법을 저지를까봐 형량을 낮게 책정하는 것'이라고 떳떳이 말하지 못하는가? 또 판사의 직관으로 이루어지는 판결은 왜 종종 공의를 벗어나 모든 판결에 대한 불신과 사법적 불평등기류를 조장하는가? 그것도 대개 정부 관료나 의원, 재벌총수들에게만 유독 솜방망이 처분에 불과해, 그들이 처벌을 받는지 휴가를 떠나는지 구분하기조차 힘든 경우가 많지 않은가?

이처럼 대한민국이 이야기하는 평등의 실상을 이해하기 위해서는 강자에 의해 억압당해 온 약자의 모습을 살펴보는 것이 먼저다. 반체제 작가로 찍혀 1945년부터 약 8년간 강제수용소에서 노동을 한 알렉산드로 솔제니친은 자전적 소설 『이반 데니소비치, 수용소의 하루』를 통해 소련 정치권력의 허상을 낱낱이 폭로했다. 소설의 주인공인 이반 데니소비치 슈호프는 "배가 따뜻한 놈들이 한데서 떠는 사람의 심정을 무슨 수로 이해하겠는가?" 하며 가혹한 상황에 처한 한 개인의 심정을 여실히 드러냈다.[2] 혹한이 온몸을 움츠리게 하는 수용소 안의 현실은 수인들을 실험용 쥐와 다름없는 생활을 하도록 만들고, 권력은 그들에게 벌을 주기 위해 가두고 부린다. 한 인간의 자유를 놓고 가두는 자와 갇힌 자가 공존하는 세상. 그러나 확실히 짚고 넘어가야 할 것은 강제노동수용소라는 특수한 환경 안에서만 그러한 관계가 성립되는 것은 아니라는 사실이다.

인간은 본래 자유로워야 하는 것이 아닌가? 누구는 자유롭고 또 누구는 자유롭지 못한 현실은 곧 개인의 평등의 문제와도 직결된다. 더욱이 이러한 문제는 강제수용소가 존재하지 않는 국내사회에서도 얼마든지 다루어질 수 있다는 점에서 상당히 유의미하다. 이미 우리 사회 곳곳에는 가두는 자와 갇힌 자의 관계가 완전히 양분된 상태로 존재하고 있다. 물론 독재로 점철된 지난 역사 속에선 인간을 구금하고 신체의 자유를 억누르는 형태의 억압도 존재했지만, 요즘은 조금 다른 차원에서 이루어지고 있을 뿐이다. 가까운 예로 국가의 언론장악이나 표현의 자유 침범, 혹은 계층 간 불평등하게 적용되는 법적 부조리 등을 꼽을 수 있다.

우리사회는 특정 개인이나 집단 간 이해관계에 놓여 있을 때면 암묵적으로 힘의 논리에 의해 좌우되지만, 여기서 국가라는 절대선의 언론장악은 우리에게 큰 화두를 던져 주는 역할을 한다. 가령 언론은 고위층에 대한 성 접대 동영상과 같은 권력형 비리사건에 대해 대서특필을 하지만 파급되는 효과는 생각보다 미미하다. 잠시나마 뜨거웠던 여론이 며칠만 지나면 모두의 기억 속에서 금세 잊히어 감쪽같이 사라져 버리기 때문이다. 대체 왜 그럴까? 다른 이슈들을 집어삼키며 대중의 이목을 끄는 사건이, 고위층 관료만 얽히면 우리의 기억과 뉴스목록에서 금세 증발되어 버리는 이유는 무엇일까?

기정사실이 되어 버렸지만 우리사회에서 '권력형 인간'이 얽힌 인터넷상의 기사는 쥐도 새도 모르게 내려지거나 삭제되기 일쑤다. 이미 몇몇 신문은 일부 권력층이나 재벌세력에 의해 사유화되어 공정성을 잃어버린 지 오래이며, 표현의 자유나 언론의 자유조차 자본이 있어야만 진정 자유로울 수 있는 것이 국내사회의 현실인 것이다. 여기에 권력에 달라붙어 여론몰이를 하는 사람들이나, 자본에 휘둘리는 알바들은 어떻게든 부당한 세력에 힘을 실어주고자 한다. 그들이 지원사격에 나서면 권력형 인간은 어느새 면죄부를 받게 된다. 대체 이러한 상황에서 우리는 국가로부터 어떠한 평등을 기대할 수 있다는 말인가?

여전히 우리는 권리와 기회의 평등을 앗아 가려는 세력과 부단히 싸워 지켜 내고 있지 않은가? 우리가 생각하는 평등이 국가가 주입하고 가르치려는 평등과는 조금 다른 성격일 수 있다는 것을 새로이 직시해야 한다. 권력의 영속성을 위해 우리 모두의 이해관계를 일치시키려는 것은 위로부터 가해지는 개개인에 대한 존엄성 말살을 의미할 뿐이다. 또한 거기에 동의하고 지지하는 것은 우리 자신의 몸뚱이를 고위직에 몸담고 있는 이들에게 번제로 바치는 것과 다름없는 일임을 알아야 한다. 개개인의 평등

은 국가가 말하는 평등과는 조금 다른 형태로 이루어져야 하는 것이 옳은

일이다. 그것이 우리사회의 건강한 평등이다.

1) 「국민 41% "부자는 극소수 가난한 사람 많아"」, <세계일보>, 2014.1.6 20:21:51. http://www.segye.com/content/html/2014/01/06/20140106005048.html?OutUrl=naver (2014.4.27).
2) 알렉산드로 솔제니친, 이영의 역, 『이반 데니소비치, 수용소의 하루』, 민음사, 2000, 31쪽.

국익이냐 생명이냐, 그것이 문제로다

1960~70년대 군사독재정권 시절에는 오로지 '성장'만이 모든 것을 해결해 준다는 믿음이 팽배해 공정한 분배가 이루어지지 않았다. 이후에는 형평이 중시되었지만, 이마저도 맹목성을 띠어 경제개발이나 국가경쟁력 측면이 간과되기 일쑤였다. 이상하게도 우리나라는 경제적인 관점을 내세울 때마다 어느 한 가지 기준에만 목을 매다 보니 양극화의 심화와 국부유출, 실업증대 등 다양한 문제에 직면하고는 했다.[1]

국가의 경제력은 곧 국력을 의미한다. 군사독재정권은 자신들의 야망을 내세워 국가에 몸을 바쳐 국익을 높이는 것이 국민들에게도 이익이 될 것이라 간주했다. 그러자 완전한 목표인 국익을 창출하기 위해 수많은 사람들이 애국자가 되어 몸을 바쳤고, 이는 사회적으로 숭고한 일로 치장되기 바빴다. 보통 사람들의 선과 국가의 선이 꼭 같을 수만은 없는 데도, 독재정권은 자신들이 내세운 이익을 통해 사람들을 결집시키려는 경향이 다분했다. 그들은 모든 국민들이 말 잘 듣는 강아지처럼 맹목적인 추종자가 되길 바랐으며, 필요에 따라 법의 올가미를 씌워 언제든 희생시킬 수 있었다. 실제로 그 와중에 많은 사람들이 독재에 대항하다 알게 모르게 희생되었으며 여전히 정신적·신체적 후유증을 앓고 있는 데 반해, 어떤 사람들은 아직까지 독재자를 찬양하며 그 시절을 그리워하기도 한다.

그러나 '박정희'라는 우상화된 인물이 경제발전을 이룩해 낸 것으로 생각하는 기성세대가 간과하는 것이 있다. 한 나라 안에서 이루어지는 모든 성장은 국가의 지도자로부터 이루어지는 것이 아닌, 국민의 땀에서 비롯된다는 사실이다. 본인 스스로가 국민이라는 사실을 인지하지 못한 채, 그저 한 인물이 이루어 낸 성취인 것 마냥 그를 신격화하기 바쁜 것은 참으로 이상한 일이 아닐 수 없다. 거기에 젊은 세대가 가하는 비판의식을 묵살하며, 맹목적으로 위대한 지도자 세우기에만 여념이 없는 비상식성에 몸서리가 쳐질 정도다.

1970년대 당시에는 우리나라보다 못사는 제3세계 국가들조차 전부 경제성장을 이룩하는 시기였고, 세계의 흐름에 따라 우리나라는 박정희가 아닌 다른 그 누가 대통령이 됐어도 경제성장의 대열에서 상승할 수밖에 없는 구조였다. 그럼에도 한 인물의 신격화를 통해 국민 모두가 '으쌰으쌰' 하는 우리나라의 일반적 정서를 쉽사리 벗어던지기가 쉽지 않다. 단지 한 나라의 대통령이 되었다는 이유만으로 독재자를 충무공이나 세종대왕 같은 국내 위인들의 선상에 은근슬쩍 끼워 넣어 바라보려는 것은 무슨 심보일까.

보통 이런 독재자라 하더라도 후대의 평가는 긍정적인 측면과 부정적인 측면이 함께 다루어지기 마련이다. 문제는 독재자가 행한 독재와 사법살인을 경제발전으로 정당화하려는 의식구조가 우리 사회 곳곳에 만연하다는 점이다. 타인의 생명을 벌레보다 못한 취급을 하고 인명을 살상해도, 나라를 선진화시키고 GDP만 끌어올리면 살인이 정당화되는가. 본인의 생명이 아닌 타인의 생명이 꺼져 버린 거니까 그렇게 간단히 이야기할 수 있는 것이다. 어디 그들에게 "경제를 발전시켜 줄 테니 그 안에서 발생한 너의 희생은 좀 눈감아주라"고 하면 죽어 줄 사람 하나도 없다. "독재는 어쩔 수 없지만 그래도 이만큼 발전했으니까"라고 말하는 사람은 단지 자신이 살아 있으므로 위안을 삼는 이기적인 존재일 뿐이다.

또한 이러한 의식구조가 여전히 잔류하는 이유는 기성세대의 생명윤리가 절대적으로 부족하다는 점을 시사한다. 현대사회에서 생명윤리는 안락사, 장기이식, 낙태, 복제생명체 등의 키워드와 연관성이 크지만, 과학적 용어가 되기 이전에 모든 사회에 대한 경종을 울리기 위해서도 꼭 필요한 언어임을 부인할 수가 없다.

전시상황이나 독재정권하에서 어떠한 목적을 달성하기 위해 수단과 방법을 가리지 않고 자행되는 자유의 억압과 잔인성은 인간생명경시의 끝을 보여준다. 이러한 사회는 인간의 생명을 마치 일회용품으로 취급한다. 생명은 소모적이며 제한적이기 때문에 누구든 한 번 죽으면 다시는 살아 돌아올 수 없고, 그렇기 때문에 더욱 소중하다. 생명윤리가 필요한 이유가 바로 여기에 있다. 전쟁이나 독재살인이 무엇으로도 정당화될 수 없는 이유는 자신이 살아남기 위해 혹은 자신이 더 잘 살기 위해 남의 생명을 앗아 간다는 점에서 부조리한 일이다.

이러한 관점에서 국익과 개개인의 생명은 결코 대등한 위치에 놓일 수 없다. 물론 현실적으로는 정권과 국익을 위해 인간성 말살이 스스럼없이 자행되고 있지만, 이는 우리사회가 여전히 잘못된 방향으로 흘러가고 있음을 방증할 따름이다. 여전히 1970년대 당시의 경제개발 이데올로기가 우리사회에 압도적으로 뿌리내려져 있으며, 이러한 독재정권의 공로가 인권탄압을 부추기고 있다. 경제성장을 찬양하는 분위기에 말려든 사람들은 자신의 '도덕적 소신'이 일종의 부차적인 선택지로 전락하고, 야만적 폭정에 대한 맹목적 광신을 낳는다. 그러나 어떠한 결과를 가져오든 간에 폭력과 잔인성을 수반한 대의는 정의로울 수 없으며 무엇으로도 정당화될 수 없다.

과연 우리가 진정으로 바라는 것은 무엇이고, 우리사회가 간과하는 삶의 가치는 무엇인가? 국인인가 생명인가? 관념적으론 생명을 택해도 현실적인 측면에선 항상 국익이 우선에 있지 않은가? 이렇게 놓고 보면 인간존재의 의미를 단순히 미네랄이나 캐는 SCV 정도로 생각하는 것이 바로 우리사회의 근본태도라고 할 수 있지 않을까?

이러한 사회의 근본문제는 자본의 증대를 우선으로 삼아 인간소외를 부추기므로, 인간은 사회 내 주변인이자 부차적인 존재일 수밖에 없다. 그러므로 기성사회를 수수방관하는 것은 별로 바람직하지 않은 일이다. 우리는 여전히 불확실한 세상을 살아가지만, 조금이라도 더 뚜렷한 행동을 하기 위해 노력해야 하는 것이다. 그렇다고 용기 있는 행동 뒤에 있을 희생이 미덕이 되는 사회가 되어서는 곤란하다. 경제발전이나 현대화가 모든 부당함과 희생을 합리화하는 절대선이 되어선 안 되는 것처럼 말이다.[2] 선한 동기와 폭력은 결코 양립할 수 없다.

1) 홍성인·김구호·조영기(공저), 『생활과 경제』, 명경사, 2009, 125~126쪽 참조.
2) 박노자, 『당신들의 대한민국』, 한겨레출판, 2006, 38쪽 참조.

당연시되는 사회의 야만적 속성

2006년 SBS에서 방영하던 추억의 예능프로그램 'X맨'은 큰 인기를 끌며 시청자들의 웃음꽃을 활짝 피게 했다. X맨이 대중들의 인기를 사는 데 일등공신 역할을 한 게임이 있는데, 현재는 기라성 같은 수많은 스타들을 배출시킨 '당연하지'는 유행을 넘어 지금까지도 회자될 정도로 그 파급력이 대단했다. 이 게임은 두 사람이 마주보고 서로가 말로 공격을 주고받으며 '당연하지'라고 방어하는 간단한 규칙만 따르면 된다. 가령 A가 B에게 "너 어제도 여자한테 차였지?"라고 물으면 B는 그 물음이 허풍이든 거짓이든 간에 해명을 하지 않고 "당연하지"라고 대답한다. 그리고 B가 연이어 A에게 묻는다. "너 야광 팬티 입었지?" 만약 A가 B의 물음에 대답하지 못하거나 크게 웃음을 터뜨리는 등 녹다운 상태가 되면 패배하게 된다. 이러한 우스꽝스러운 모습에 시청자들은 웃음을 터뜨리게 되지만, 사실 우리가 아무렇지 않게 사용하는 '당연하지'라는 말은 크나큰 사회적 야만성을 내포하고 있다.

국내사회에서 당연하다는 말은 순종이나 타협, 적응 등의 차원에서 일상적으로 받아들여진다. 어렸을 때부터 어른들 말씀에 순종하는 것을 미덕으로 알고 자라난 사람들이 대다수인 우리나라에서는 현실에 가하는 저항을 일종의 이상적 징후로 바라보려는 경향이 있다.[1] 이러한 사회에서는 대부분의 사람들이 조금 더 보편적인 것, 일반적인 행위, 일상적인 생활을 추구하고자 하기 때문에 그들만의 문화적 질서가 있기 마련이다. 흐트러짐 없는 이러한 질서는 눈에 보이지는 않지만 수많은 사람들의 관념을 지배하고 있으며, 모두가 비슷한 맥락 안에서 소통될 수 있는 언어를 공유하고 행위마저 일치시키고자 노력한다.

그래서 우리가 일상적으로 행하는 자유로운 행위가 사실은 기성질서, 즉 사회적 틀을 벗어나지 않고 그것을 벗어나는 순간 의식적으로 '자제해야 한다'는 생각이 들도록 만든다. 우리의 의식구조가 '그럴듯하고 당연한 것'이 아니면 스스로 제한하여 선택적 자유를 폐기시켜 버리는 것이다. 이는 사회가 이미 한 개인의 온전한 자유로운 선택을 견제하고, 개개인이 지닌 개별적 의식을 거세시켜놓았음을 의미한다. '사회가 필요로 하는 인간'으로 자라나기 위하여 우리는 혼자서만 튀지 않으며, 공동체의 물을 흐리지 않는 인간상을 이상적이라 여기며 자라왔기 때문이다.[2]

그렇다면 국가, 사회, 학교, 가족, 친구, 단체 등 각종 공동체 안에서 당연하다고 받아들여지는 것들을 거부하는 개인은 어떤 취급을 당하는가? 우리사회에서 집단적 가치를 따르지 않는 개인은 외톨이가 되어 멸시를 당하지 않는가? 과거 억압받고 착취당하는 노동자들의 인권을 찾기 위해 일어나 호소하던 전태일은 선배 재단사들로부터 어떠한 말을 들었는가? '바보'라는 말을 듣지 않았던가?3) 불만스런 현실에 맞서 발버둥치는 사람일수록 비정상적으로 취급되는 사회. 더욱이 집단적일수록 한 개인을 매도하기 위한 도덕적 불감증은 한 차원 더 강렬해지지 않는가? 그러한 개인이 현실에 패배하고 나면 어떻게 해야 하는가? 어쩔 수 없이 백기를 들고 지극히 '당연한 사회'로 새로이 편입해야 살아남을 수 있지 않는가? "사실 나도 그렇게 생각했어"라고 말을 바꾼 뒤에는 어떻게 해야 하는가? 그 자신이 다른 이단아를 쪼아야 하지 않는가 이 말이다.

모두가 같은 길을 걷는 것을 거부하고 자신만의 가시밭길을 걷는 사람은 완전히 바보 취급되는 사회에서 한 개인이 할 수 있는 일은 그리 많지 않다. 그저 묵묵히 자신의 길을 걷는 것밖에는 할 일이 없는 것이다. 그리하는 과정 안에는 자신을 향한 멸시의 눈초리가 끊이질 않겠지만, 사회 내에선 그조차도 당연하게 받아들여지는 일이니 어쩔 수가 없다. 스스럼없이 가해지던 모든 폭력 앞에 항시 의문을 갖지 않던 우리는 여전히 순종만을 미덕으로 삼고 있기 때문이다.

문제는 당연한 것들이 '왜 당연한지'에 대해 생각해 보지 않는 우리사회의 어리석은 속성에 있다. 연고가 없는 사람들의 헌신과 희생을 고귀하다 찬양하고 미화하면서도, 그것을 당연한 것처럼 여기는 사회를 과연 건강한 사회라고 말할 수 있는가? 그러한 헌신과 희생이 왜 이루어졌고, 그것이 빚어낸 타인의 고통과 아픔을 이해하려 드는 것이 정상적인 현대인의 역할이 아니던가? 그것이 우리사회에서는 왜 꼭 당연하게 받아들여져야 하는지를 물어야 하는 것이다.

'순교자'가 미화되는 세상은 더 많은 순교자들의 양산을 부추기는 폭력적인 사회일 뿐이다. 그러므로 우리 안에 당연시되는 모든 사회적 속성에 대해 의문을 가져야만 한다. 무조건적인 원만함을 강요하는 것들에 대해 '예'라고 말하기 전에 '왜'라고 묻는 것이 필요한 때다. 과연 나의 행위가 정의로운가? 혹은 공정한가? 또는 양심이 용인하는가? '사회적 원만함을 위해 눈 딱 감고 당연하게 받아들이라'는 말을 마음속으로 받아들이는 순간, 스스로의 자유로운 날갯짓을 꺾어 버릴 뿐 다른 의미를 가질 수 없다. 물론 개인적으로는 고난의 길을 걸어가야 하겠지만, 조금만 낯설게 보면 온전한 사회에서 이루어지는 '당연하다'는 말은 모든 개인을 죽이는 언어일 뿐이다.

---

1) 조영래, 『전태일 평전』, 전태일재단, 2009, 154쪽 참조.
2) 위의 책, 155쪽 참조.
3) 위의 책, 156쪽 참조.

울 시간조차 없는 20대

긴 공장의 밤

시린 어깨 위로

피로가 한파처럼 몰려온다

드르륵 득득

미싱을 타고, 꿈결 같은 미싱을 타고

두 알의 타이밍으로 철야를 버티는

시다의 언 손으로

장밋빛 꿈을 잘라

이룰 수 없는 헛된 꿈을 싹뚝 잘라

피 흐르는 가죽본을 미싱대에 올린다

끝도 없이 올린다[1)]

(…후략…)

이 시는 1983년에 발표된 「시다의 꿈」으로, 노동시·참여시로 유명한 시인 박노해를 수면 위로 올려놓은 작품이다. 미싱사들의 손과 발이 되어 함께 장단을 맞추어야 하는 재봉틀. 자그마한 실수에도 손가락을 바늘에 찔리기도 하고, 옷이며 눈썹에 달라붙은 실밥들은 떼어 내고 떼어 내도 달라붙으니 초연히 작업할 도리밖에 없다. 수천 벌의 옷가지가 산더미처럼 쌓여 있을 때면 피로가 한파처럼 몰려와도 철야작업에 임해야 했던 젊은 공장노동자들의 애환. 그것을 생생하게 그려낸 시인의 안목이 정말 따뜻하게 느껴진다.

한때 우리나라 의류산업의 한 축을 담당하기도 했던 봉제공장은 노동자들의 고단한 숨결이 가늘게 뽑아져 나오는 공간이다. 그곳에는 거북이 목을 하고 피를 토하며 일을 해도 현실의 간극만은 수선할 수 없던 노동자들의 아픔이 곳곳에 실밥처럼 달라붙어 있는 것만 같다. 타인이 입을 옷 한 벌을 뚝딱 멋지게 만들어 내도 정작 자신이 입을 옷 한 벌은 굳게 체념해야 했던 노동자들의 슬픈 현실이 그려지기에 더욱 가슴이 먹먹해지는 것이 아닐는지. 이 시는 당시의 그 모습을 그대로 보여줄 따름이다.

요즘은 이러한 풍경이 진귀할 만큼 아주 생소한 수식이 되어 버렸지만, 현실에 꿈이 저당 잡힌 20대의 삶은 1980년대의 청년공장노동자들의 삶과 별반 다르지 않다. 책 한 권, 옷 한 벌을 사도 가격표를 먼저 살펴봐야 하고, 음식점에 가도 차림표에 눈이 먼저 간다. 마음속으로는 상대적으로 값이 저렴한 것을 찾고 있지만, 겉으로는 아무렇지 않은 체하며 낮은 가격을 선택하는 것이 가난한 20대들의 일상적 생활양식이 되어 버렸다.

사실은 선택의 여지조차 없는 수많은 20대 청년들이 다들 재량껏 열심히 살아가지만, 안타까운 것은 우리사회구조 자체가 청년들이 잠시나마 정체되거나 방황하는 것을 용납하지 않고 열심히 살아갈 수밖에 없게끔 되어져 있다는 것이다. 그들도 때로는 쉬고 싶고 어딘가로 훌쩍 떠나고 싶다. 하지만 당장 하던 일을 내려놓을 수는 없게끔 되어 있다. 그것이 학업이든 직장이든 다른 무엇이든 간에 말이다.

사회 내 모든 것이 돈으로 귀결되는 현시점에서 청년들은 비경제활동인구가 되는 것을 극히 두려워한다. 먹고 사는 문제에서부터, 돈이 없으면 전반적으로 억눌려 살 수밖에 없는 사회풍토, 정체되어 있는 자신의 삶에 대한 회의감과 불안감, 더욱이 자신을 멸시하는 듯한 다른 사람들의 시선과 수군거림까지. 수많은 청년들이 가난을 두려워하고 몸을 혹사시켜가면서까지 열심히 일하며 살아갈 수밖에 없는 것은 바로 이 때문이다.

그러한 현실을 외면하기 위해서일까. 우리가 일상적으로 접하는 드라마의 단골 모델인 신데렐라 인물형의 한결같은 성공과정과, 주인공을 돕는 백만장자 인물형, 그리고 그들의 비현실적 재력과시 등 대중매체의 자본주의적 속성은 일반대중들로 하여금 현실과 환상 사이의 괴리를 심어주는 것뿐만 아니라, 현실인식에 관한 비상식성을 부추기는 역할을 한다. 꿈을 향해 달려가는 주인공의 일중독, 타산적 태도, 아름답게 그려지는 경쟁의식 등이 한껏 고취된 화면 밖의 눈동자들로 하여금 드라마를 현실 속으로 대입하도록 만든다. 문제는 차가운 자본주의적 가치들이 미덕이 되는 사회로 발전하게 되면서 경제적 약자는 체념, 패배감, 좌절 등으로 이어지는 병든 사회적 속성을 그대로 받아들이게 되는 부작용을 안게 된다.[2] 즉,

눈은 높아졌는데 현실의 처절함은 더욱 두드러져 보이게 되는 것이다. 극단적인 이야기지만 이러한 현실감은 '집에 돈이 없고 차가 없는 20대들' 에게서 가장 두드러지게 나타난다고 할 수 있다.

왜 이제 막 사회초년생이 된 20대가 자가용이 없으면 거들떠보지도 않는 세상이 되어 버린 것인가? 이는 물질에 찌든 사회가 그만큼 병들고 상식과는 먼 방향으로 흘러가고 있음을 의미한다. 그렇다면 어떤 사회가 병든 사회인가? 먹고 사는 것을 걱정하는 빠듯한 젊은이들조차 과시하지 않고서는 움츠러든 채로 살아갈 수밖에 없는 사회적 경향이 마치 상식인 것처럼 받아들여지는 사회가 바로 병든 사회가 아닐까? 비상식적인 관념 이나 행태가 점점 보편화되어 가고, 지극히 당연한 것으로 여겨지는 사회. 그러한 가치가 우선시되는 세상, 즉 비상식이 상식으로 둔갑하는 세상만 큼 무서운 것도 없을 것이다.

가난한 사람, 실패한 사람은 영원히 열등한 존재로 비춰지는 사회가 과연 상식적인 사회인가? 우리는 과연 어떠한 사회에 살고 있는가를 한번 쯤 돌아봐야 한다. 어두운 현실에서 탈피하기 위해 혹은 더 나은 현실로 나아가기 위해 열심히 살아가는 청년들은 주저앉아 울 시간조차 줄여가며 자신들의 생활에 매진하고 있다. 외로움을 짊어진 채 묵묵히 걸어 나가는 모든 20대들의 모습에서 '그럼에도 열심히 살아갈 것'이라는 무언의 외침 이 들리는 것은 어째서일까.

청년들의 행복할 권리를 위하여 우리사회가 보태야 할 것은 그들에 대 한 진심어린 연민이 아닐까? 입시경쟁에서 벗어난 지 얼마나 됐다고 또 이렇게 굴리는 것인지. 누구든 평생을 경쟁해야만 살아남을 수 있는 것인 지. 이러한 사회가 정말 개개인이 살기 좋고 적합한 사회인지. 우리나라보다 못사는 나라를 예로 들어가며 개개인의 불평을 덮으려는 사회가 진정 바람직한 사회인지. 지금 이 순간을 끊임없이 묻고 따져보는 것이 20대를 살아가는 혹은 바라보는 모든 이들의 역할이 아닌가 싶다.

1) 박노해, 『노동의 새벽』, 느린걸음, 2004, 69쪽.
2) 박노자, 『하얀 가면의 제국』, 한겨레신문사, 2003, 65쪽 참조.

03 문화로 이해하는 인권

쏟으면 그만인
대중매체의 언어

　국내 언론에 의해 가장 큰 피해를 입은 사람들을 꼽자면 이경영, 주병진, 김기수, 권영찬 등 성범죄와 연루된 연예인들이 아닐까 싶다. 그들은 법정 싸움 끝에 무죄판결을 받기까지 성폭행이나 강제추행 같은 자극적인 제목의 기사들과, 네티즌들의 쉴 새 없는 비난으로 무차별적인 공격을 받았다. 이와 같은 자극적인 내용을 다룬 사건의 기폭제가 되어 준 것은 바로 언론으로, 대중을 너무나도 의식한 나머지 공정성을 잃고 펜을 휘둘러 빚어낸 결과다. 언론은 그들을 마치 유죄가 확정된 피고들처럼 다루었고, 그것은 활활 타오르는 비난여론에 기름을 들이부은 격이었다. 훗날 그들은 무죄 판정을 받았지만, 한 번 여론의 뭇매를 맞고 난 터라 다시는 논란 이전의 모습으로 돌아갈 수 없었다. 이미 수많은 사람들의 인식 속엔 그들에 대한

선입견이 생겨 버렸기 때문이다.1)

각종 매체가 보여준 그들은 완전한 죄인의 모습이었다. 그도 그럴 것이 대중을 겨냥한 매체는 자극성을 한껏 높여 사회 전체 분위기를 주도하다시피하기 때문이다. 그리하여 인터넷 기사를 훑어보거나 일상적으로 TV를 시청하는 국민들은 결코 그들이 무죄일거라 생각할 수 없게 된다. 모두가 잠정적으로 타인의 죄를 확정하고 비난을 퍼붓다 보면, 자연스레 그 비난을 따라 더 많은 비난이 들러붙게 된다. 그리고 나면 이미 여론 자체가 피고들을 고려하지 않고, 그들을 완전한 유죄의 모습으로 만들어 버린다. 설령 나중에 무죄판결을 받더라도 그들에 대한 대중들의 미심쩍은 기분은 떨쳐버릴 수가 없다. 이는 대중매체의 파급력이 진실을 완전히 압도하면서 생겨나버린 마녀사냥의 결과인 셈이다.2)

그렇다면 이미 엉망진창이 되고 훼손된 개개인의 명예는 어떻게 되는 것인가? 미약한 개인이라는 이유만으로 유무죄와는 관계없이 여론의 뭇매를 참고 견뎌내야만 하는 것인가? 또한 승소 후에도 겪을 그들의 경제적·정신적 스트레스에 대한 보상은 누가 책임져 주는 것인가? 완전히 실추된 이미지를 복구하기는커녕 이미 대중들의 머릿속엔 오롯이 범죄의 꼬리표가 따라다녀 논란 이전의 그들의 모습과는 다르게 보이지 않는가? 이와 비슷한 맥락에서 독일 소설가 하인리히 뵐은 『카타리나 블룸의 잃어버린 명예』를 통해 보이지 않는 폭력을 행사하는 언론의 실상에 대해 이야기하고 있다. 카타리나 블룸이라는 젊은 이혼녀의 개인적인 명예가 언론에 의해 훼손되고 그 결과로 한 기자를 살해하게 되었다는 이야기인데, 소설은 개인을 겨냥한 언론의 폭력이 살인이라는 또 다른 폭력을 낳는다는 악순환을 보여주고 있다. 즉, 하인리히 뵐은 카타리나 블룸을 통해 '폭력

이 어떻게 발생하고 또 어떠한 결과를 가져오는가'를 소설을 통해 이야기하고 있는 것이다.3)

언론으로 표상되는 대중매체의 실상이 전적으로 폭력적이라고 할 수 있는 것은 아니지만, 텔레비전이 '바보상자'라는 말처럼 종종 여과되지 않은 정보를 전달한다는 점에서 폭력을 불러올 수 있다는 가능성을 시사하는 것이다. 그러므로 우리는 이러한 사건을 전달하는 매체의 비여과성에 항상 대응할 수 있어야 하는데, 그리하기 위해선 무죄추정의 원칙을 꼭 기억해둘 필요가 있다. 이 원칙을 이해하기 위해 헌법 제27조 4항을 보자. "형사피고인은 유죄의 판결이 확정될 때까지는 무죄로 추정된다." 이 무죄추정의 원칙에 의하면 어떤 사람이 구속되었어도 유죄판결이 완전히 날 때까지는 범죄자가 아니라는 말이다. 즉, 피고가 기소가 되어도 그는 당장 범죄자 취급을 받을 이유가 없다는 것을 의미한다.

그러나 대중들의 주목을 받는 연예인 관련 사건인 만큼 우리의 의식 속에서는 이미 구설수에 오른 이들을 유죄로 단정 짓는 경향이 있다. 그래서 무죄를 받고 안 받고는 부차적인 문제로 전락해 버리는 것이다. 설령 무죄를 받았다고 해도 그에 대한 유죄의식은 쉽사리 걷어지지 않는다. 오해라는 관념이 참으로 무서운 이유가 바로 여기에 있다. 한 현상에 대한 정황과 이해관계를 확실히 알기 이전에 자신의 잣대를 먼저 들이대는 것은, 행여나 그게 호기심일지언정 타인에게는 심리적인 살인을 가하는 무기가 될 수도 있다. 그러므로 대중매체가 쏟는 언어 그 자체를 맹신하거나, 눈앞에 보이는 것만이 세상의 전부라 생각해선 안 된다. 오해란 사람들 서로가 진실을 바라보려하지 않는 마음에서 발생하는 것이기 때문이다. '빙산의 일각'이란 말이 있는 것처럼 눈에 보이지 않는 세계엔 믿지 못할 더욱 수많은 진실들이 허공에서 헤엄을 치고 있다는 사실을 항상 염두에 두어야 한다.

마찬가지로 TV에 나타나는 수많은 연예인들이나 영향력 있는 정치인들이 가끔 실언을 하여 여론의 뭇매를 맞는 것도 이와 같은 맥락에서 이해할 수 있어야 한다. 터무니없는 소리가 아닌 이상 그들이 과거에 했던 말을 번복한다거나 개인적인 신념이 변화한다고 해서 그것이 꼭 욕을 먹을 일은 아니라는 사실이다. 이유는 간단하다. 시간의 흐름은 개인의 환경과 감정, 생각, 가치관 이 모두를 변화시켜간다. 더욱이 인간은 이루 말할 수 없을 만큼 복합적인 존재이고, 개인이 감각하는 어떤 작용에 의해서든 계기는 제각각 다르더라도 항상 변화의 가능성을 내포하고 있다. 간단히 예를 들면, 내가 어릴 적에는 바나나를 좋아했는데 지금은 딸기를 더 좋아한다고 해서 다른 사람들로부터 '넌 바나나를 좋아해놓고 이제 와서 왜 딸기를 좋아하냐'고 욕먹을 이유가 없는 것이다. 지금은 딸기가 더 좋을 수도 있다. 그렇기 때문에 이전처럼 다시 바나나를 좋아하라고 강요하는 것도 너무 억지스러운 일이다. 다만 혼동하지 말아야 할 것은 개인의 줏대 없는 언사나 거짓말을 '온전한 변화'라 오도하는 어리석음이다.

대중매체는 우리의 언어를 오롯이 대변하지 않으며, 의도치 않더라도 우리의 생각과는 정반대로 흘러가도록 만드는 수가 있다. 대중에 반감을 사지 않을 어떤 자연스러운 현상을 추구한다거나 인과를 따지지 않기 때문에 더더욱 우리의 손길이 미치는 영역이 협소할 수밖에 없는 것이다. 즉, 대중매체의 언어는 단순히 쏟아놓을 뿐 아무런 책임을 지지 않는다는 의미다. 그러므로 개개인으로서는 언행에 대한 막중한 책임의식이 필요하겠지만, 그에 앞서 무방비 상태인 타인에 대한 근거 없는 뭇매는 그를 파멸로 이끌 수 있으므로 보다 성숙된 국민의식이 더욱 요구되는 시점이 아닌가 한다. 어떤 의도든 언어폭력은 한 개인을 철저히 파괴한다는 점을 다시금 강조하고 싶다.

1) 김두식, 『헌법의 풍경』, 교양인, 2004, 242쪽 참조.
2) 문재인, 『문재인의 운명』, 가교출판, 2011, 275쪽 참조.
3) 하인리히 뵐, 김연수 역, 『카타리나 블룸의 잃어버린 명예』, 2008, 161~162쪽 참조.

강간범과 꽃뱀의
합의서약

　유명연예인 차승원의 아들 차노아 군이 성폭행 혐의로 피소를 당해 많은
사람들의 관심을 집중시킨 사건이 있었다. 프로게이머로 데뷔한 이력이
있는 차노아 군이 당시 미성년자인 여자친구 A양을 오피스텔에 감금하고
성폭행을 했다는 혐의로 고소를 당한 일이다. 이 사건의 여파로 인터넷
뉴스에는 각양각색의 댓글이 달렸다. 주로 '아버지 차승원 얼굴에 먹칠을
했다'는 식의 반응이 가장 눈에 띄었다. 그러다 얼마 후 차노아 군과 A양이
서로 많은 이야기를 나누면서 오해를 풀자 원만한 합의를 이루었고, 검찰도
혐의를 입증할 만한 증거가 없어 무혐의 처분을 내렸다는 기사가 올라왔다.
둘 사이에는 어떠한 금전적인 합의도 없었다하며, 이로써 고소인인 A양이
고소를 취하함으로써 사건은 일단락되는 듯했다.[1] 그러자 근거 없는 비난을

일삼던 몇몇 네티즌들의 반응은 단번에 돌변했다. '역시 돈이면 다 되는구나', '여자가 얼마나 받았을까'라는 식의 추측성 댓글이 난무하다시피 했다. 이는 네티즌 각자가 '무혐의'라는 말에 자의적으로 '보이지 않는 합의'라는 말을 끼워 넣은 결과가 아닌가 싶다. 자신이 보고 싶은 것만 보고 믿고 싶은 것만 믿기 위해 자의적인 언어를 집어넣는 대담함과 더불어 각종 오독이 눈에 띄자, 고통 받고 있을 당사자들의 심경은 어떨지 짐작도 가지 않았다.

물론 어떠한 사건이든 수상하고 찝찝한 점이 수두룩해 의심의 눈초리를 완전히 거두기란 어렵다. 더욱이 이 사건이 더욱 심각하게 느껴지는 이유는 우선 피해자가 미성년자라는 점이고, 사건의 가해자로는 유명인의 아들이 연루되었다는 점이다. 온전한 진실을 원하는 사람들에게는 당연히 언론이 이야기하는 진실만이 완전무결한 진실이라 생각되진 않을 것이다. 설령 아무 흠이 없는 진실조차도 다시금 살펴보게 되는 우리의 진실에 관한 확인사살에는 두 얼굴의 속성이 숨어 있다. '타진요 사건'처럼 진실을 보여줘도 끊임없이 음모론을 제기하여 일종의 마녀사냥으로 변질될 수 있는 부작용을 내포함과 동시에 역사 속에 묻힌 수많은 진실을 들추어내는 데 큰 공헌을 해 온 것 또한 사실이다.

다만 이처럼 영향력 있는 개인이나 유명연예인과 관련한 사건의 경우, 가해자와 피해자 간 합의가 이루어지면 피해자는 하루아침에 꽃뱀이 되어 버리는 세상임을 직시해야 한다. 이는 아무런 논리적인 근거 없이도 한 개인을 꽃뱀으로 몰아가고 싶을 만큼 우리의 사유구조가 획일화된 의견만을 좇고 있음을 방증하는 것이 아닐까? 또한 자신은 무고한데도 강간범이라는 이미지가 씌워져 버리는 세상은 한 개인에게 평생 지워지지 않는 속박의 틀을 덧씌우는 셈이다. 이러한 획일성은 우리의 사유 안에서 일종의 '그럴듯함'을 가지고 이미 정해진 답을 머릿속에서 꺼내 발설할 뿐, 그 이상의 의미를 갖지 않는다. 물론 이러한 사유구조를 생산해 낸 기제는 언제나 대중매체라는 사실을 기억해야 한다. 그것을 비판적으로 바라보는 법을 잊어버린 우리는 단지 사회적인 분위기에 놀아나고 있을 따름이다.

2013년 5월에는 여대생을 성폭행한 혐의로 구속영장까지 신청됐던 30대 회사원의 이야기가 기사화되었는데, 이 회사원도 가까스로 누명을 벗은 사실이 뒤늦게 알려졌다. 피해자를 자청한 여대생에 의하면 '30대 회사원이 술에 취한 자신을 강제로 데려와 성폭행했다'고 진술했지만, 실제로는 나이트클럽에서 만나 숙박업소에 들어간 뒤 몰래 지갑을 훔쳐 절도혐의로 체포되었다는 이야기다. 경찰의 추궁 끝에 이 사건은 꽃뱀 여성의 자작극임이 밝혀졌다. 꽃뱀을 자처한 여대생은 절도죄와 무고죄 혐의로 불구속 입건됐고, 남성은 사흘 만에 누명을 벗을 수 있었다.[2]

물론 하루가 멀다고 성폭행과 같은 사건들이 언론을 통해 수면 위로 올라오는 데다, 이러한 성적유린은 그 피해자를 파멸로 이끌고 평생 동안 고통을 안겨준다는 점에서 수많은 사람들의 공분을 사는 사회적 문제다. 개인적인 문제가 공론의 장으로 전환되는 것은 '정'이라는 우리나라 특유의 국민성에 연유하는 것이 아닐까. 그렇기 때문에 '법의 엄중함'은 가해자에게는 큰 벌을 주고, 피해자를 전적으로 감싸고 도와주는 것이 맞는 일이다. 그런데도 우리사회는 가해자보다 더 중요한 피해자를 홀대한다. "네가 야한 옷을 입고 다니는 게 1차적 원인이 아니냐" 하는 이런 말도 안 되는 소리를 하기 때문에 피해자의 분통이 터질 수밖에 없는 것이다.

성범죄의 피해자가 대부분 여성이라 이러한 이분법적인 논법을 사용하였지만, 남성이든 여성이든 죄의 성격이나 형벌을 논할 때는 그 차이를 두어선 안 된다는 말을 하고 싶다. 즉, 성범죄 피해를 당한 사람만큼이나 무고죄도 한 개인의 사회적 명예와 직결되는 만큼, 당사자에게 큰 영향을 주므로 죗값을 달게 받아야 한다.

현재 국내에서 일어나는 모든 강간죄에 대한 형량이 낮은 것은 사실이다. 그러나 무고죄는 이에 비할 바 없이 낮은 형량이다. 과연 여기서 어떤 게 더 나쁜 죄인지에 대해서는 비교할 수조차 없는 일이지만, 중요한 것은 두 가지 다 우리사회에서 크게 처벌받아 다시는 그리하지 못하도록 관리되어야 할 사회적 해악인 것만은 분명하다.

법에 틀이 어떻게 씌워지느냐에 따라 강간범이 되기도 하고 꽃뱀이 되기도 하는 우리사회에서 조금 더 견고한 성의식이 도래해야 함은 자명한 사실이다. 여기서 중요한 것은 불특정 다수를 바라보는 우리의 비판적 안목이 꼭 필요하다는 점이다. 성폭행을 저지른 강간범의 이름표를 다느냐 꽃뱀의 이름표를 다느냐는 온전한 진실의 몫이다. 단지 그러한 진실이 밝혀지기 전까지는 개개인을 파멸로 이끄는 마녀사냥에 대해 모든 사회구성원들이 분별을 알고 조금 더 신중하게 대처했으면 하는 것이다. 괜한 억측이 무고할 수 있는 사건 당사자들의 마음을 심히 강간할 수도 있기 때문이다.

그러므로 지금 이 순간 우리는 모두가 합의서약을 해야 한다. 누구든 강간범과 꽃뱀의 꼬리표를 달 수 있는 상황에서 한 개인을 파멸로 이끌 강간범이나 꽃뱀은 되지 않을 것이며, 무고한 타인에 대해서도 아무런 근거 없이 그렇게 만들지 않을 것이라고 말이다.

---

1) 「차승원 아들 차노아, 성폭행 무혐의 처분」, <스포츠조선>, 2014.1.1 09:48:22. http://sports.chosun.com/news/ntype.htm?id=20140102010000534000066&servicedate=20140101 (2014.4.29) 참조.
2) 「나이트 꽃뱀에 걸려 강간범 몰린 회사원」, <연합뉴스>, 2013.5.27 18:04. http://news.naver.com/main/read.nhn?mode=LSD&mid=sec&sid1=102&oid=001&aid=0006281722 (2014.4.29) 참조.

예술가의
포르노그래피

플랑드르의 화가 루벤스의 〈시몬과 페로〉라는 그림을 보면 양손이 뒤로 묶인 늙은 노인이 한 여인의 젖을 빨고 있다. 가슴을 풀어헤친 젊은 여인의 모습과 노인의 간절한 표정이 사뭇 적나라하다. 슬쩍 보기에도 민망함을 연출하는 듯한 두 사람은 과연 어떤 관계일까. 그들의 옆에 놓인 작은 창문을 통해서는 두 남자의 얼굴이 보인다. 그들을 훔쳐보고 있는 두 남자는 감옥을 지키는 군인이다. 표면적인 상황만 놓고 보면 이 그림은 거의 외설에 가깝다고 할 수 있을 것이다. 하지만 이 그림이 세계적인 명화의 영역에 놓일 수 있는 이유는 바로 두 사람의 관계를 우선적으로 살펴보는 데에 있다. 그림 속 시몬이라는 늙은 노인은 푸에르토리코의 독립투사로 독재정권에 대항한 독립운동을 벌이다 옥에 갇히게 된다. 감옥에서 시몬은 음식물 섭취를 할 수 없게 되어 뼈만 앙상하게 남는데, 이를 알고 슬픔에 젖은 그의 딸 페로가 감옥에 찾아와 몰래 자신의 젖을 주었던 것이다. 그것도 출산한 지 얼마 안 되어 퉁퉁 부은 몸을 이끌고서 말이다. 당국은 효심 깊은 그녀의 이야기를 듣고 감동하여 노인을 석방하게 된다.[1] 이 이야기를 알고 난 뒤 다시 루벤스의 그림을 살펴보면 과연 예술로 다가오는가, 아니면 여전히 외설로 남아 있는가? 개개인의 감상에 따라 예술로 느껴질 수도 있고, 혹은 외설로 느껴질 수도 있을 것이다. 다만 작가의 의도를 알고 난 뒤에는 표현상의 외설적인 부분이 공동체 안에서 예술적으로 인정받을 수 있다는 한 예를 보여주고 싶었다. 즉, 예술과 외설을 규정하는 기준은 그저 한끝 차이에 지나지 않는다.

현대사회에서 외설의 극치로 알려진 포르노산업은 크게 확대되어 이미 수많은 개인의 삶 곳곳에 침범한지 오래다. 우리의 일상 안에서 에로틱한 심상을 감각하도록 도와 심리적인 최음제 역할을 하고 있는 포르노그래피는 이미 예술과는 서로 다른 길을 걷는 것처럼 보인다. 그도 그럴 것이 인터넷으로 대표되는 세계 각국으로의 네트워크 확산이 포르노그래피를 더욱 확산시키고 있으며, 그 가운데 많은 사람들이 포르노 영화, 문학, 만화, 사진을 더욱 손쉽게 탐닉하고 있다. 가상 성행위의 일상화라고 해도 좋을까. 이미 우리사회는 남녀 간 합일로서의 성관계를 넘어 수간, 근친상간, 혼음 등의 이상성애가 별로 특별하게 들리지 않는 세상이 되어 버린 것이다.

그러나 여전히 '성(性)'하면 쉬쉬하기 바쁜 국내사회는 끝끝내 고상한 품위를 잃지 않으려 한다. 사실 포르노그래피가 논란을 사는 이유도 우리 사회가 여전히 성에 대하여 지나칠 만큼 솔직하지 못한 태도에서 비롯된다. 포르노그래피는 그러한 위선을 폭로하기 위해 끊임없이 대중과의 이합집산을 반복하고 있지만, 아직까지는 현실의 보수적인 벽을 뚫기가 어려울 것으로 보인다. 그 이유는 포르노그래피가 내용의 어떤 예술적 면모나 윤리성과는 관계없이, 그것을 바라보는 몇몇 사람들에 의해 성적행위 그 자체에 혐오감이 덧씌워지고, 사회적으로 유해하다는 판단이 내려져 버리기 일쑤이기 때문이다. 그리하여 포르노그래피는 우리사회의 성역으로 자리하고 있다. 물론 내용적으로 강간이라든지 여성이나 아동에 대한 성적 착취를 문제 삼아야 하는 경우가 있지만, 포르노그래피가 사람들에게 주는 영향력의 정도가 모두에게 절대적이지 않다는 사실을 분명히 이야기하고 싶다.

포르노그래피의 어원은 그리스어 포르노그래포스(pornographos)로 '매춘부에 관해 써진 것'을 의미한다. 현대에서는 그 의미가 많이 변용되어 포르노그래피가 남녀의 성적행위를 적나라하게 묘사하는 은밀한 영역으로 자라나는 듯했지만, 현재는 대부분 상업적인 용도로 사용되면서 본래의 예술적 이미지가 상당수 왜곡되고 있다. 덕분에 성에 대한 아름답고 은밀한 영역이라는 인식이 검열과 규제로 '19금' 딱지가 붙으며 더더욱 열어선 안 되는 판도라의 상자가 되어 버린 것이다. 그렇기 때문에 성행위는 아주 은밀하고도 비밀리에 행해져야 하며, 그것을 노골적으로 드러내는 사람은 이상한 취급을 받는 사회가 되어 버렸다.

물론 이러한 인식은 변해 가는 우리의 현실을 똑바로 직시하고 있지 않다는 것이나 마찬가지다. 시청경로가 다양하게 열려 있는 만큼 포르노그래피에 대한 보다 현실적인 이야기를 하는 것이 차라리 이치에 맞기 때문이다. 터놓고 말해 우리는 스스로가 어떤 성적 한계선을 잡고 건강한 성의식을 기르기 위해 포르노그래피를 접하지는 않는다. 단지 일상이라는 수면 위에 둥둥 떠다니는 나뭇잎을 흘려보내는 것과 같이 평범하기 이를 데 없는 일로써 접할 뿐이다. 그런데 상업성에 물든 성의 영역이 보다 강한 자극성을 수반하거나 폭력적으로 훼손되었고, 부모들은 포르노그래피 안에서조차 어떤 교육적인 의미를 추출하려 들기 때문에 예술이라는 미적 영역의 말소와 더불어 우리문화 안에 고스란히 용해될 수 없게 되어 버린 것이다.

물론 현실에서 얻지 못하는 성적 자극에 의한 허무감, 중독성 등의 부작용이 있는 것은 사실이지만, 그것은 단순히 포르노그래피여서 나타나는 감정이 아닌, 실제 성행위 가운데서도 나타나는 지극히 당연한 현상에 불과하지 않은가. 더욱이 개개인이 난폭한 성행위 묘사에 길들여지는 것을 온전히 포르노그래피의 잘못으로만 몰고 가는 것도 심히 걱정스러운 현상이다. 마치 교실 안에서 없어진 휴대폰을 찾지 못해 아무 근거도 없이 반에서 가장 문제아를 범인으로 지목하는 것과 같은 경우다. 이러한 '죄 덮어씌우기'의 일환인 합리화는 건강하지 못한 개개인의 성의식이 문제라는 점을 깨닫지 못하도록 만든다. 가령 식칼은 조리를 하기 위해 쓰이는 본질을 지녔지만, 사용하는 사람에 따라 살인도구가 될 수도 있다. 그런데 그것을 온전히 식칼의 잘못이라 우기며 살인도구를 없애기 위해 식칼을 없애자는 오류를 범하는 것이다. 식칼이 문제가 아니라 그것을 조리에 사용하지 않고 살인에 이용한 사람이 문제다. 이를 정확히 짚고 넘어가야 한다.

다만 개개인이 그러한 성의식을 어떻게 형성해 가는지를 문제 삼자는 것인데, 그것은 개개인의 성격이 자연스럽게 형성되어져 가는 것처럼 본인의 환경 안에 속하는 문제이지 순전히 포르노그래피의 탓을 해선 안 된다는 점이다. 즉, 누구든지 현실과 가상 사이의 분명한 경계를 인식하지 않으면 성적으로 지탄을 받고 상대와의 관계를 그르칠 수 있다. 하지만 포르노그래피가 그러한 경계를 직접적으로 흐리게 만들지는 않는다는 말이다. 빈도와 수위에 대한 조절이란 것도 그렇다. 포르노그래피를 많이 보고 수위가 높은 것들을 접한 사람들이 전부 사회적으로 문제가 있는 사람으로 자라난다고 말하고 싶은 것인가? 대체 적절한 수위와 빈도를 가려내는 기제란 무엇인가? 성기의 노출이 안 되고, 이를테면 하드코어적인 요소가 들어가 있지만 않으면 된다는 말인가? 사실 공동체의 규범으로 수용되는 아름다운 성묘사가 폭력적인 성애로 둔갑하는 일은 개개인의 심리적 차원에서 이루어지는 것이 아니던가? 왜 포르노그래피는 포르노그래피라는 이유만으로 힐난과 혐오의 대상이 되어야만 하는 것인가?

대개 포르노그래피로부터 촉발되는 선정적 자극에 대한 흥분은 대체로 일시적이고, 노골적인 선정물일지라도 여성과 남성이 동등한 선상에서 참여하는 포르노그래피는 공격성을 유발하지 않는다는 연구결과도 있다. 사실 남녀 사이에서 일어나는 성적 본능과 애욕은 지극히 자연스러운 현상이고, 모든 개인은 성애와 쾌락을 통해 잉태된다는 점에서 아름답고 신비롭기까지 하다. 단지 포르노그래피를 바라보는 관점이 저마다 다르기 때문에 오늘날의 디지털 환경 안에서 포르노그래피를 규제하느냐, 아니면 자기결정권으로 존중하느냐가 꾸준한 문제로 부상하는 것이다.

개방적이지 못한 국내환경에서 모두가 준비되지도 않았는데, 무작정 외설적인 부분을 예술로 봐달라고 말할 순 없다. 다만 표현의 욕구를 지닌 모든 인간이 예술과 외설의 경계를 명확히 가르기보단, 전체적인 맥락 안에서 외설적인 몇몇 요소가 들어 있다고 해서 무작정 외설이라 치부하는 습성을 넘는 열린 시각이 필요한 시점이 아닌가 한다. 사회 내 윤리규범을 해치지 않기 위해 공동체의 이름으로 가해지는 속박이 개개인에게 부자유를 가져다준다면, 그것이 온전한 표현의 자유를 침해하는 것은 아닌지 곰곰이 따져볼 필요가 있는 것이다. 예술가의 포르노그래피냐, 아니면 외설가의 야동이냐는 고스란히 우리의 몫으로 남아 있다.

---

1) 「죽어가는 아버지에게 젖을 물린 딸을 만나다」, <오마이뉴스>, 2014.3.15 10:42. http://www.ohmynews.com/NWS_Web/View/at_pg.aspx?CNTN_CD=A0001960823 (2014.4.30) 참조.

이슬람 문화권과 한국의 교집합, 성차별

국가 안에 속한 종교는 대개 그 체제에 순응하는 경향이 있다. 체제를 옹호하는 종교계의 입장은 세계 어디서나 볼 수 있으며, 그 성격이 착취와 폭력을 기반으로 한 문화권이라 하더라도 활동하는 데는 사실 아무런 문제가 없다.[1] 특히 코란이라는 종교적 상징을 필두로 한 이슬람 문화권은 극심한 가부장적 사회로 수많은 문제를 안고 있다. 그 중에서도 사회의 가장 아랫부분에 위치한 여성들의 인권은 국제사회의 끊임없는 관심의 대상이다. 여기서는 종교적 유대감이 강한 이슬람 공동체의 구성원들이 여성들에 대하여 어떤 대우를 하고 있는지 살펴볼 것이며, 국내 문화와의 비교를 통해 갖가지 성차별적 요소들이 한 개인의 인간적 권리를 어떻게 말살하는가를 알아볼 것이다.

우선적으로 짚고 넘어가야 할 것은 이슬람의 인종적·성적차별에 대한 완강한 고정관념은 서구 언론에 의해 날조된 부분도 분명히 존재한다는 사실이다. 대개 이슬람교만 떠올리면 여성을 학대하다시피 하는 종교라는 이미지가 강하고, 세계사회에서도 이슬람 여성들은 경전을 손에 든 남성들의 횡포로부터 구원되어져야 할 존재로 여겨질 만큼 수동적인 모습이 그려지기 마련이다. 애초부터 이슬람 원리주의에 대한 오해가 큰 만큼, 빈 라덴과 같은 종교적 극단주의자들의 모습만을 가지고 이슬람의 과격한 문화적 속성으로 치부해 버리는 경향이 짙다. 다만 이러한 고정관념의 속성을 극대화하여 마치 이슬람권의 여성들이 받는 피해가 생각보다 덜하다고 여겨 버리는 부작용도 있게 마련이다. 그러므로 어느 양극단에 서지 않고 현상 그 자체를 온전히 바라봐야 역사를 오독하는 실수를 범하지 않을 수 있다.

역사적인 흐름으로 볼 때 이슬람 여성들은 실제로 오랜 세월 동안을 차별받아 왔고, 여성이라는 이유만으로 온전한 인권의 보장을 꿈꿀 수 없었다. 코란이라는 절대적 명령에 의한 남녀차별 규율이 이슬람사회를 근본적으로 지배해 왔으며, 이에 따라 여성들에게 불리한 법안들이 자꾸만 생겨났기 때문이다. 집안의 명예를 어지럽혔다는 이유로 가족에게 살해당하는 '명예살인'과 같은 남성 중심의 법안은 무슬림 여성들을 지극히 수동적으로 만들어 왔고, 여성들은 남성들에 의해 전적으로 착취를 당하면서도 교육이나 고용적인 측면에서 아무런 보장을 받지 못했다. 가령 아프가니스탄은 탈레반이 집권하면서부터 여성들의 인권을 처참히 짓밟아 왔는데, 그 중 눈만 빼고 온몸을 가리도록 하는 의상인 '부르카'는 여성 억압에 대한 대표적인 상징물로 볼 수 있다. 더욱이 이슬람 여성들은 보통

다자녀를 두기 때문에 여성의 성인기는 대부분 임신과 육아에 매진하는 수밖에 없다. 낙태는 불법인데다 피임은 현실적으로 어려우니 다른 삶은 꿈꿀 수조차 없는 것이다. 다산을 제어할 수 있는 능력도 없고 직업을 가질 수도 없는 이슬람권의 여성들은 남성들과 사회적으로 동등한 기회를 갖는 것이 거의 불가능에 가깝다.

극악무도에 가깝다고 할 수 있을 만큼 우리의 문화적 속성과는 차원이 다른 이슬람 문화권을 가지고 문화적 상대성을 논하는 것은 다소 무리수를 두는 것일 수도 있겠지만, 그럼에도 여전히 남성우월주의와 시집살이 등으로 대표되는 여성착취는 과거의 국내적 환경과 이슬람 문화권이 의식사적으론 별반 다르지 않아 충분히 비교해 볼 만한 가치가 있다고 여겨진다. 오랜 과거부터 지속되어 온 유교문화를 도저히 떼어놓을 수 없는 우리나라로서는 여전히 남성 중심의 문화를 탈피하지 못하고 있다. 의식사적인 측면에서도 여성에 대한 권리신장이 그다지 이루어지지 않았거나, 여성으로 하여금 역차별적 형태의 권리를 만들어 내는 모순적 상황을 가져오고 있을 따름이다.

세계경제포럼(WEF)이 발표한 '2013 세계 성 격차 보고서'를 통해 조사한 136개국 중 한국의 성 평등 순위는 111위다.[2] 완전히 하위권에 놓인 이러한 지표는 아랍권을 제외하면 거의 최하위에 가깝다. 우리나라는 경제적으로 괄목할 만한 성장을 했다지만 성 평등 지수는 매년 하락한다. 대체 무엇이 문제일까?

지금은 바야흐로 '여성 상위 시대'이며 국내 유일 '여성부'도 존재하지만, 그들이 하는 일은 딱히 양성평등이나 여성의 권리신장과는 관련이 없어 보인다. 보통 이러한 지표에서 수치의 하락이 의미하는 바는 여성의

164

경제참여나 기회의 폭이 줄어들었음을 의미하는 것인데, 표면적으로 우리 사회는 그 반대로 흘러가고 있는 듯 보인다. 물론 어떤 기준을 가지고 이러한 순위를 매기는 것인지에 대해서부터 의견이 분분하겠지만, 실제로 우리나라에서는 알게 모르게 성차별이 존재하고 있다. 단지 그것을 뒤바꾸겠다고 내놓는 법안들은 역차별적인 발상 그 이상을 벗어나지 못하고 있는 실정이라 근본적인 양성평등으로의 길은 하늘의 별을 따는 것처럼 아득한 일이지만 말이다.

그럼에도 여전히 국내의 문화적 속성을 이슬람 문화권과 비교한다는 것은 어불성설인 듯하다. 다만 가사노동은 엄마가 하고 바깥일은 아빠가 한다는 식의 의식구조적인 측면에서는 국내와 아랍권이 별반 다르지 않다는 점을 강조하고 싶은 것이다. 명절만 되면 음식을 준비하느라 허리가 휘는 여성들과는 다르게, 소파에 앉아 여유롭게 TV를 시청하는 남성들의 모습은 사뭇 대조적이지 않은가? 반면 여성이 하면 아무렇지 않은 행동, 가령 여성이 남성을 때린다거나 여자가 남자화장실에 잘못 들어가는 것 등을 역으로 남자가 했을 경우에는 '죽일 놈'이 되지 않는가? 이러한 성역할 고정은 우리사회에서 아주 오랜 세월을 거쳐 축적되다시피 했기 때문에 수많은 사람들의 의식을 쥐락펴락하고 있으며 여전히 해결해야 할 과제로 남아 있다.

물론 '그래도 이슬람보단 우리나라가 낫지'라고 말한다면 할 말이 없다. 언제나 절대적 가치를 상대적으로 논하려는 우리사회의 고질적 논리를 이겨낼 방안이 없기 때문이다. 그렇다면 우리나라보다 더 나은 나라에 대해서는 어떠한 변명을 펼칠 것인가? 단지 이슬람 문화권의 성차별이 표면적으로 드러나 여성들의 권익을 말살한다면, 우리나라는 의식구조적인 측면에서 남성 중심사회를 탈피하지 못한 채 은밀하게 이루어지는 성차별적 발상을 끝끝내 버리지 못하고 있는 것은 아닌가? 여기에 여성부는 마치 교내 클럽활동처럼 자신들과 자신들의 단체만을 위한 일을 하고 있는 것은 아닌지 큰 회의감마저 든다. 정말 여성들의 권익을 생각한다면 사회경제적인 측면에서 곳곳에 산재하는 여성들의 성차별적 요소를 줄여 나가고자 끊임없이 고민하고 연구하며, 궁극적으로는 양성평등을 지향하는 차원에서의 끈질긴 노력이 수반되어져야 할 것이다.

국내를 넘어 국제적으로도 통용될 수 있는 성적 역할에 대한 선진의 모습은 과연 어떤 형태일 것인가? 또 우리가 일상적으로 마주하는 성차별적 요소들을 줄여 나가기 위해 개개인은 과연 어떤 자세를 취해야 할 것인가? 문화 자체가 암묵적으로 성차별을 합리화하는 이상 이러한 문항에 답한다는 것은 여전히 어렵기만 하다.

---

1) 박노자, 『하얀 가면의 제국』, 한겨레신문사, 2003, 217쪽 참조.
2) [일하고 싶은 여성, 날개를 달아주자] 여성인재 활용 TF·세계경제포럼 프로젝트… 기업·기관 신청 줄이어, <조선일보>, 2014.3.20 03:01. http://news.chosun.com/site/data/html_dir/2014/03/20/2014032000288.html (2014.4.29) 참조.

피의 전쟁,
순혈주의와 다문화

안산역이나 명동역 등지에 가면 내가 지금 서 있는 곳이 대한민국인지 먼 타지인지 착각에 빠질 때가 많다. 거리를 메운 수많은 사람들은 어딘가 모르게 나와는 달라 보이고, 행여나 내게 말을 걸까 두려워지기도 하는데, 이는 외양의 화려함이나 초라함의 정도에서 오는 이질감이 크게 작용하기 때문인지도 모른다. 반면 이제는 수많은 외국인들이 한국인들 속에 용해되어 마치 원래부터 대한민국에서 나고 자란 사람들처럼 평범하게 느껴지기도 한다.

개혁개방이란 말이 촌스럽게 느껴질 정도로 열린사회를 살고 있는 요즘은 '다문화'라는 말이 상당히 일상적인 영역으로까지 들어와 있다. 자본과 상품, 인간의 이동이 전 세계적으로 움직이고 있는 세계화의 한복판에서 우리는 문화적인 지각변동을 몸소 체험하고 있는 것이다. 한국인과 일본인이 만나 결혼하기도 하며, 코트디부아르인과 미국인이 사랑에 빠지기도 한다. 한 나라의 문화로 상징될 수 있는 개인이 다른 문화에 젖어든 개인과 결합하면서 새로운 문화를 낳는다. 그 가운데 '혼혈인'이라는 새로운 인종이 출현하였고, 우리는 이것을 어떻게 받아들일까 고민할 새도 없이 현실에서 맞닥뜨려 버렸다. 아마 지금의 현실에서 흥선대원군이 다시 살아 돌아온다면 놀라 까무러치지 않을까?

필자가 초등학교를 다니던 무렵만 해도 지나가는 미국인을 보면 친구들과 함께 손가락으로 가리키며 왁자지껄하고는 했다. 이는 무시나 조롱에서 나오는 언사가 아닌, 무언가 신기한 것을 바라보고 난 뒤의 즐거움을 표상하는 행동이었다. 단지 사용하는 언어나 피부색이 다르다는 이유만으로 특별하게 비치던 여느 존재의 모습. 키가 큰 푸른 눈의 백인은 어찌됐든 '미국인'으로 치부하던 어린 시절의 치기 어린 시선들을 요즘 아이들에게서도 느껴볼 수 있을까. 안타깝게도 인터넷 문화의 대대적인 확산으로 인해 그러한 풍경은 거의 찾아볼 수 없는 지경이다. 이제는 외국인이라고 해서 신기하게 바라보던 일은 더 이상 하지 않는 시대가 되어 버린 것이다.

그럼에도 수많은 한국인들 속에 섞인 외국인은 단순히 외국인이라는 이름으로 살아갈 수밖에 없다. 더욱이 혼혈인도 그다지 '한국적이지 못하다'는 이유로 교류와 소통의 중심에서 소외되기 십상이다. 문제는 한국인과 외국인을 명백하게 가르는 의식의 틀이 힘없는 외국인이나 혼혈인에 대한 차별과 천대를 지속하도록 부추기고 있다는 사실이다. 특히 백인들에 대해서는 우호적이지만 동남아 계열 외국인들에게는 '노동자' 그 이상의 시각을 던지지 못하고 하대하는 그릇된 습성들이 우리사회를 좀먹게하고 있다. 이러한 가식적인 이중 잣대는 '다문화'를 수입해 오는 과정에서 첫 단추를 잘못 끼운 결과다. 약소국가 국민에 대한 편견의식을 벗어던 지지 못한 몇몇 개인이 일부 사회적 해악을 들먹여가며 끊임없이 비난여 론을 조장한다. 뿌리부터 썩은 이러한 문제는 우리사회의 오리엔탈리즘과 언론, 몇몇 선동하는 이들로 인해 더욱 악화되고 있는 실정이다.

특히 이러한 이중 잣대는 서구사회에 대한 우리사회의 선망적 시선에서 여실히 나타난다. 국내의 수많은 학생들이 하버드대나 예일대 등 세계에 널리 알려진 '아이비리그'에 입학하기 위해 밥 먹을 시간도 쪼개가며 학업 에 매진하고 있다. 미국 동부에 있는 8개의 명문대학, 속칭 아이비리그는 국내대학은 눈에 차지도 않는 몇몇 학부모들의 꿈이자 학생들의 비전이 다. 다른 나라이자 다른 문화권 속으로 들어가야 하는 불편함을 감수하면 서까지 그들이 그것을 간절히 원하는 이유는 무엇일까?

서구에 깃든 많은 유학생들이 대놓고 인종차별을 당하는 것은 아니지만, 피부색과 눈매 등의 동양적 특성으로 말미암아 그 나라의 중심부인 서양인들 에게로 온전히 들어가지 못하거나, 단지 주변부에 머물고 있는 것만은 분명하다. 과거 백인사회의 주류가 흑인들을 '검둥이'로 대했던 만큼, 의식 적으로나마 타 인종에 대한 멸시의 시선을 거두지 못하는 그들의 인종주의적 패러다임에서 우리가 어떻게 온전히 자유롭다고 말할 수 있을 것인가?[1)]

국내사회의 순혈주의가 이중적인 이유가 바로 여기에 있다. 동남아 외 국인들에 대한 천대를 지속하는 한국인들이 서양인들에 대해서는 대개 우호적인 모습을 보여준다는 점이다. 그것도 서양에서는 우리나라가 동남 아 외국인들을 대하는 것과 같은 차원에서의 의식적인 천대를 당하고 있 으면서도 말이다.

이처럼 단일민족을 강조하면서도 다양성과 열린 교육을 동시에 강조하는 사회 내 이중적인 태도들은 겉과 속이 일치하지 않는 우리사회의 습성을 오롯이 대변하고 있다. 외국인이거나 혼혈인이라는 이유만으로, 자신과는 조금 다른 사람들에 대해서는 아무 이유 없이 배타적인 입장을 취한 채 근거 없는 우월감을 갖는 허례허식. 그러면서도 강대국에 속하는 외국인에 대해서는 한없이 나약해지고, 약소국가의 외국인에 대해서는 누구보다 강해지는 치졸함. 강자 앞에서는 아첨하고 약자 앞에서는 막 대하는 노예근성. 이 모든 것들은 무엇 하나 지양되어야 할 우리사회의 야비한 속성인 것만은 분명하다.

순혈에 대한 허상을 버리지 못하는 개개인은 국내 역사가 얼마나 많은 외세의 침략을 받았는지 모르고 있을 뿐이다. 그러한 침략으로 말미암아 실은 순혈이라는 것이 국내에 존재할는지도 의문이라는 사실을 말이다.[2] 이미 세계화가 한창인 지금, 우리는 우리사회의 다문화적 속성에 대해 조금이라도 더 관용적인 입장을 취해야 하지 않을까. 단순히 다르다는 이유만으로 '다른 취급'을 받는다면 그것은 한 개인으로서 얼마나 속상한 일일 것인지 역할을 바꿔 생각해 보지 않고서는 모를 일이다.

타자와의 일치를 꿈꾸는 다원성의 시대에서 인종 간 서로 다른 삶의 방식들에 대한 이해와, 개인과 개인 간의 화해, 소통을 위한 노력은 계속되고 있다.[3] 피를 넘어선 인간과 인간 간의 정서적 교류는 참으로 매력적이지 않은가. 그러므로 우리가 넘어져서 피를 흘릴 때 말고는, 그 누구도 '피' 때문에 상처를 받아선 안 될 일이다.

---

1) 박노자, 『당신들의 대한민국』, 한겨레출판, 2006, 269쪽 참조.
2) 박철권·조장훈(공저), 『만화논술』, 숨비소리, 2007, 267쪽 참조.
3) 김정자, 『유럽문학 오디세이』, 작가와비평, 2011, 328~329쪽 참조.

'쉰들러 리스트'를 통해 본 반전의 의미

　제2차 세계대전 당시 홀로코스트의 실상을 보여준 영화 〈쉰들러 리스트〉는 1100명의 폴란드 유대인을 구한 사업가 '오스카 쉰들러'의 이야기다. 스티븐 스필버그라는 거장의 손에서 탄생된 이 영화는 185분이 넘는 긴 상영시간에 흑백장면으로 구성되었으며, 언제든 처형될 위험에 처한 폴란드의 유대인들과 화려한 생활을 향유하는 나치 고위층의 묘사가 큰 대조를 이룬다.

　1939년 나치 독일에 점령당한 폴란드로 이주한 오스카 쉰들러는 인건비를 줄이기 위해 무임금으로 사용할 수 있는 유대인들을 자신의 공장 인력으로 배치한다. 그러는 와중에 유대인들에 대한 나치당원의 잔인한 광기를 목도한 쉰들러는 자신의 공장에 취직시키는 방법으로 많은 유대인들을 구해 낸다.[1] 한 명이라도 더 살리려고 한 의로운 행위에 대해 수많은 사람들이 공장운영비 절감을 위한 고육지책이라는 의혹을 제기하기도 하지만, 깊고 쓰린 홀로코스트의 상흔 속에서 자신의 모든 재산을 내걸었을 뿐만 아니라, 양심에 귀를 기울인 한 개인이 결국엔 타인의 생명을 구해 냈다는 점에서 인간존재에 대한 무한한 긍정을 아끼고 싶지 않다.

어떠한 전쟁이든 폭력을 수반하지 않을 수가 없고, 어떠한 방식으로든 타인을 살육한다는 점에서 전쟁은 결코 도덕적이거나 인간적일 수가 없다. 그럼에도 수많은 국가는 '정당한 명분'이라는 기치를 손에 들고 학살을 정당화하기에 급급하다. 또한 국내 침략을 막고 희생자들을 돕는다는 명분으로 이루어지는 '정당한 전쟁'이라는 것도, 실은 폭력을 더 큰 폭력으로 되갚아줄 뿐 그 이상의 의미를 지니지 않는다. 즉, 정당한 전쟁이라는 것도 결국엔 내가 살기 위해 타인을 죽여야만 하는 단순 살육행위인 것이다.[2]

인간에 대한 근원적 공포를 조장하고 오로지 '승리'를 위해 타인을 쳐부숴야만 한다는 광신적인 분위기 속에서 모든 개인은 이상하리만치 국가에 절대복종하게 된다. 여기서 국가는 대내적으로 애국주의적 이데올로기를 선포하여 개인이 희생해도 무궁한 영광을 얻을 수 있다는 분위기를 조성한다. 그렇기 때문에 일단 전쟁이 발발하고 나면 사람은 단순 수치화될 뿐이고, 전략 시뮬레이션 게임을 하듯 모든 개인은 살육기계가 돼 움직인다. 그러는 와중에 힘이 약한 여성들은 군인들로부터 성적 착취를 당하게 되고, 아이들은 태어났다는 죄목으로 끔찍하게 살해당한다. 역사적 기억의 성역으로 자리하고 있는 제2차 세계대전 당시의 홀로코스트나 수많은 전쟁이 빚어낸 민간인 학살 등이 이와 같은 맥락에서 자행된 세계역사 내 가장 비윤리적인 사건이라 말할 수 있는 이유다.[3]

국내에서도 대내외적인 수많은 전쟁과 학살이 있었고, 그 안에서는 억울하게 죽어간 이들이 너무나도 많다. 대체 그들은 무엇을 위해 희생당한 것인가? 그렇게 죽고 나면 또 개인의 삶은 무슨 의미가 있는가? 가난한 젊은이들은 국가를 수호하거나 대항하다 숨 가쁘게 사라져갔지만, 정작 그들을 사지로 내몬 것은 바로 윗선에서 명령만 내리는 자들이 아니던가? 죽은 자들과는 다르게 여전히 잘 살고 있는 입만 산 자들은 결국 젊은이들을 국가수호의 명분아래 적지로 내몰고 살해한 것이 아닌가? 어떠한 대의명분을 지녔다고 해도 누군가가 이유 없이 죽거나 혹은 죽여야만 하는 상황이라면 그것은 더 이상 정당한 전쟁이 아니다. 전쟁은 그 자체로도 반인륜적이며 부도덕하기 때문이다.

그렇다면 〈쉰들러 리스트〉가 우리에게 시사해 주는 바가 무엇인가를 살펴보는 것이 중요하다. 감성적인 선전물로 직접적인 전투장면을 보여주는 〈라이언 일병 구하기〉와는 다르게, 〈쉰들러 리스트〉는 고뇌하는 인간에 초점을 맞추어 전쟁의 참상을 일깨운다는 점에서 더 큰 매력이 있다. 실상을 알고 양심이 깨어난 오스카 쉰들러처럼 전쟁이라는 극한 상황 안에서도 피의 대가없이 정의를 만들어 가는 사람이 있다는 것을 알고 나면, 우리는 과연 어떠한 태도로 지금의 현실을 살아가야 하는가를 깊이 생각해 볼 수 있을 것이다. 즉, '모든 폭력적인 상황에 직면한 개개인이 전쟁 없이도 정의를 이룩할 수 있느냐'가 관건인 셈이다. 인류의 역사가 긴 시간 전쟁과 함께 지속되어 왔다는 점에서 거의 본능에 가까운 폭력을 쉽사리 떼어놓을 수는 없겠지만, 그렇기 때문에 더더욱 폭력을 수반하지 않는 삶을 살아가기 위한 고찰이 필요한 것이다.

아무런 이유 없이 백지장이 되어 버리는 수많은 사람들의 목숨을 보전하기 위해서는 전쟁 그 자체를 막아야 한다. 정당한 전쟁이라는 것은 결코 존재할 수 없다. 다만 전쟁에 명분을 심으려는 수많은 개인들에 대하여서는 비폭력적인 방법으로 투쟁할 수 있다. 그것이 진정한 인간성을 겨냥한 고귀한 우리의 결론이며, 삶의 존귀함을 일깨워 주는 진실한 싸움인 셈이다. 이로써 반전을 외치는 사람들의 목소리가 얼마나 소중한지를 새삼 다시 한 번 느껴볼 수 있지 않을까?

나는 어떠한 경우가 인간의 삶에 있어서 가장 최선인지는 모르겠지만, 전쟁이나 살육이 답이 될 수 없다는 사실만은 확신한다. 역사가 어떤 식으로 흘러왔는가를 살펴본다면 지금의 세계가 얼마나 많은 피의 희생을 치렀고 또 어떻게 서 있는지 또렷이 보이게 될 것이다.

각국의 이해관계를 통해 빚어지는 모든 전쟁에는 맹목적인 광기와 선전이 수반될 뿐이며, 정의를 위한 전쟁에도 살육은 불가피하므로 모든 전쟁의 피해자들에게는 고통과 눈물만이 남을 뿐이다. 우리사회에서 한 개인으로서는 전쟁을 종식시킬 만한 결정적인 힘은 없지만, 그러한 개인이 결집된다면 보다 큰 목소리를 낼 수 있다는 것만은 믿어 의심치 않는다. 세계로부터 목숨을 보장받지 못하고, 세상에서 잔여물 취급을 받는 모든 개인들을 보면 지금 이 순간 절망할 권리조차 없다는 생각이 든다.

---

1) 「쉰들러리스트, 쉰들러보다 감명준 건 역사를 대하는 독일의 자세」, <미디어스>, 2012.9.24 13:51:17. http://www.mediaus.co.kr/news/articleView.html?idxno=27959 (2014.4.30) 참조.
2) 하워드 진, 이아정 역, 『오만한 제국』, 당대, 2001, 174~175쪽 참조.
3) 박노자, 『하얀 가면의 제국』, 한겨레신문사, 2003, 187쪽 참조.

배고프지 않을 권리

　지금은 바야흐로 영양과잉의 시대다. '보릿고개'라는 말이 지금의 어린 세대들에겐 전혀 생소한 언어가 되어 버린 만큼 국내에서는 기아문제를 거의 찾아볼 수 없는 지경이 되었다. 그러나 여전히 어려운 삶을 이어 나가며 굶주리는 사람들이 있고, 세계에는 더 많은 사람들이 배고픔에서 헤어나지 못하고 있다. 국제적으로 기아를 발생시키는 식량문제는 인류의 기본적 생존권과 직결된 문제로, 근본 원인은 세계경제구조에 그 뿌리를 두고 있다.

　세계 식량의 총량으로 보자면 지금보다 두 배나 더 많은 인구도 먹여 살릴 수 있다. 그러나 그것이 모든 사람들에게 골고루 분배되고 있진 않다. 잘사는 나라의 국민들은 음식을 과잉 섭취하여 각종 성인병 발생률이 증가하는 반면, 가난한 나라의 국민들은 먹지 못해 병이 들어 죽어 가고 있다. 이처럼 기아가 발생하는 근본적인 원인은 세계적으로 식량이 부족해서가 아니라, 단순히 편중되어 있다는 점에서 더욱 큰 심각함을 초래한다는 사실을 알 수 있다.

국제사회에서 기아는 보통 자연재해나 전쟁, 병 등에 의해 발생하며, 최근 대두되는 기아문제는 대개 전쟁이나 불균등한 분배와 관련이 있다. 1940년대의 그리스와 바르샤바에서는 전쟁으로 인한 기아 사망자가 50여만 명에 이르렀으며, 1960년대에는 아프리카 지역에서 발생한 잦은 내란으로 인해 기아와 난민이 속출하는 사태가 벌어졌다. 그리고 1995년에는 북한지역에 내린 집중호우로 농경지대가 침수되고, 연이은 가뭄으로 흉년이 겹치면서 북한은 심각한 식량난을 맞기도 했다.

물론 북한의 경우에는 국제기구나 가까운 우리나라에서 여러 차례 원조를 하기도 했지만, 그것을 배반하듯 벌써 200만 명 이상이 굶어 죽었다. 희생자들의 대부분이 굶주린 아이들인 데 반해 지배층은 호화로운 생활을 하고 있는 것이 사뭇 대조적이다. 몰락한 농업정책을 바로잡아 조금이라도 기아를 줄이려고 노력해야 할 북한정권은 여전히 과거의 전시망상에 사로잡혀 과잉무장과 핵무기 개발 프로그램에 막대한 예산을 투자하고 있다.[1]

더욱이 아프리카와 같은 각국 기아의 희생자들은 행정기관의 태만이나 사태파악 소홀로 인해 더욱 심각한 파국을 초래하기도 한다. 그나마 국제구호단체에 뒤늦게라도 알려지는 것은 운이 좋은 경우다. 물론 현지에 직접적인 도움으로 이어지기까지는 상당한 시간이 걸리고, 이마저도 불가능한 경우에는 대부분의 사람들이 영양부족으로 인해 각종 질병에 시달리게 된다. 본질적인 문제는 이러한 어려움에 처한 사람들이 다시는 회생할 기회조차 갖지 못하고 생명의 불씨가 완전히 사그라진다는 데에 있고, 그의 자녀는 물론 후대의 자녀까지도 만성적인 기아에 시달리는 불행의 대물림이 이어진다는 점이다.

서구식 자연도태설에 의하면 전쟁이나 기근으로 발생하는 기아문제는 인구밀도를 조절해 현상유지에 도움을 준다고 본다. 현실적으로 인구의 과잉은 모두가 살 수 없는 환경을 초래하게 될 것이라는 점을 지적한 것이다.[2] 이는 물론 지극히 현실적인 이야기지만, 자신의 환경 그 이상을 바라보지 못하는 이기적인 생각에 기인하는 것과 다를 바 없다. 단순히 내가 기아를 겪고 있지 않으니 할 수 있는 생각으로, 지구의 앞날을 마냥 학술적인 듯 논리적으로 풀어내려는 허위의식에 불과한 것이다.

그러나 어디 식사 한 번 제대로 맘 편히 하지 못할 가난한 나라에서 태어나고 싶은 사람이 어디 있을까? 먹을 것 다 잘 먹고 잘 살고 있는 사람은 "내가 그 나라에 태어나지 않아 정말 다행이야"라고 말할 것이 아니라, 그 나라 사람들의 불행을 내 것처럼 생각하는 역지사지의 관점이 필요한 것이다. 입장을 바꿔 생각해 보면 배고픔으로 촉발되는 그 괴로움은 얼마나 클 것이며, 우리는 그들이 겪는 만성적인 굶주림을 이해조차 할 수 있을 것인가? 또 그들이 그러한 불행을 떠안고 싶어서 가지고 있는 것이 아니라는 사실을 우리는 온전히 인정해야 하지 않을까?

여전히 세계 곳곳에서는 패스트푸드의 과잉으로 상징되는 비만이 넘쳐날 정도로 풍요로운 세상에 살고 있지만, 그와 동시에 수많은 사람들이 배고픈 환경 안에서 신음하고 있다. 기아란 단순히 배가 고파서 빼빼 마른 사람들을 뜻하는 말이 아니다. 지금은 단지 텍스트나 통계지표로서만 기아문제를 접하고 있어 그 심각성이 피부에 와 닿지 않을 뿐. 영양부족으로 죽어간다는 것은 단순히 배가 고프거나, 우리가 어쩌다 바빠서 한두 끼 먹지 않아 느끼는 허기 정도를 뜻하지 않는다는 말이다. 먹지 않아 죽을 지경까지 이른 것이고, 실제로 그렇게 생을 마감하는 것이 기아문제의 본질이다.

필요이상으로 식량이 생산되는 지금, 꼭 필요한 사람들에게 음식이 공급되지 못한다는 것은 어떤 구조적인 차원에서의 불합리함이 있다는 사실을 의미한다. 그리고 그러한 구조의 문제를 간과하고 한없이 무관심해 왔던 우리가 기아문제를 지속·방치해 왔다는 점은 부인할 수가 없다.

그렇다면 이러한 사태를 해결할 수 있는 방안은 없는 걸까? 현재처럼 눈앞에 불을 끄기에만 바쁜 몇몇 지원책만 가지고는 기아문제의 근본적인 해결점을 찾을 수 없다. 세계 각국의 꾸준한 지원과 지속적인 관심이 요구되는 시점이지만, 개인이 가장 우선적으로 해야 할 일은 바로 "나 하나쯤이야" 하는 생각을 버리는 것이 아닐까. 나 하나쯤이야 돕지 않는다고 해서 뭐가 달라질 것 같진 않지만, 그러한 마음가짐을 갖고 실상을 바라보는 것이 진정으로 기아문제를 타파할 수 있는 길을 열어줄 것이다. 더욱이 그러한 개인이 점점 늘어나면 그 힘은 보다 강대해질 것이 분명하며, 한 생명이라도 더 살려낼 수 있는 길을 몸소 마련하게 되는 것이다. 즉, 삶의 질 가운데서 인간의 가장 기본적인 욕구와 직결된 식량문제는 분배의 대한 정의로운 관념과 따뜻한 마음 한 조각이면 충분하다.

우리가 가진 것을 조금만 내려놓아도 기아의 해방과 더불어 영양과잉으로 인한 불균형을 해소할 수 있는 길이 넓어지게 된다. 아무리 미운 나라일지언정 기아는 결코 방치해선 안 되는 문제인 것이며, 사회구조적인 차원에서의 온전한 분배의 실천과 더불어 개인의 문제로까지 끌어와야만 하는 숙제가 아닐까 생각한다.

---

1) 장 지글러, 유영미 역, 『왜 세계의 절반은 굶주리는가?』, 2007, 92쪽 참조.
2) 위의 책, 38쪽 참조.

범죄자 인도의 딜레마

　사형제도는 일반적으로 죽음을 사회의 통제기구로 사용하는 제도다. 사회적인 고통을 덜기 위해 반인륜적인 범죄를 저지른 자에 한해 국가가 그 생명을 강압적으로 앗아 가는 것이다. 물론 어느 나라든 인권후진국이라는 꼬리표를 달지 않기 위해 사형을 쉬쉬하는 추세이며, 국내에서의 사형집행도 1997년 이후 잠정적으로 폐지된 것으로 알려져 있다.1) 앞으로도 사형선고를 받더라도 실제적인 집행은 좀처럼 이루어지지 않을 것으로 보이는데, 이는 사형집행이 국가권력을 운영하고 있는 집권세력에게는 상당한 부담을 수반하기 때문이다. 아울러 각종 사회단체나 종교단체가 인권을 저촉한다는 명분으로 사형을 반대하기도 하며, 사형집행이 해외인권단체에 알려질 경우 국제적으로 비난여론이 확산될 가능성이 있다. 그리 될 경우 인권실태에 관한 대내외적인 이미지의 추락은 물론, 사회적으로도 갖가지 문제를 야기할 수 있어 사형집행은 더욱 쉽지 않은 현안으로 자리하고 있다.

반면 오원춘이나 용인엽기살인사건과 같은 대중적인 분노가 극에 달한 끔찍한 범죄행위에 대해서는 거의 만장일치 격으로 사형에 관한 국민여론이 일치를 보이기도 한다. 악질범죄자에 대한 사형집행을 찬성하는 입장을 보면 '인간으로서 어찌 그런 끔찍한 짓을 저지를 수 있느냐'는 것이 골자다. 그도 그럴 것이 진저리가 날 정도로 참혹한 상황에서 피해자가 겪었을 고통과 한은 대체 누가 알아준다는 말인가. 때문에 범죄자를 다루는 문제에서 만큼은 법의 테두리에 안에서 행해지는 명목상의 가치와 주변의 눈치를 살펴야 하는 실질적인 가치가 언제나 상충하기 마련이다.

그렇다면 우리사회에서 범죄자에 대한 인도는 어디까지 용인되어져야 하는 것인가? 가해자가 피해자에게 행한 고통을 똑같이 느끼게 해 주느냐, 아니면 교화의 가능성을 열어두기 위해 인간으로서의 기본권을 보장해 주느냐에 따른 딜레마를 갖고 이야기하기 위해 우선은 한 작품을 예로 들어 보도록 하겠다.

영국의 소설가 앤서니 버지스 원작, 스탠리 큐브릭의 영화 〈시계태엽 오렌지〉가 주는 충격은 상상 그 이상이다. 원작자가 도덕적으로 무책임하다는 비난을 받을 정도로 작중에 나타나는 주인공 알렉스와 친구들은 성과 유희에 대한 욕망을 충족시키기 위해 절도와 마약, 강도, 폭력, 강간 등을 일삼는다. 그 행각이 너무나도 폭력적이어서 사회적 파급효과도 대단했는데, 오죽하면 1971년 개봉 당시 영국 사회를 발칵 뒤집어 놓는 계기가 되었다. 집단폭력을 저지른 청소년들이 이 영화를 모방했다고 밝혀 사회적 파장을 불러일으켰기 때문이다. 그러자 이 영화에 대한 논쟁에 큰 불이 붙었고, 뒤이어 강간범죄까지 일어나면서 이후 30년 동안은 영국에서 상영될 수 없었다고 한다. 그러나 이러한 처사는 작품의 전반부에만 초점을 맞추었기 때문에 일어난 부당한 처사라고 할 수 있다. 영화의 전반부가 사회의 위선을 폭로하기 위해 비행청소년의 행각을 낱낱이 그려낸 것이라면, 후반부는 이들을 교화하기 위해 '개인이 스스로 도덕적 선택을 할 수 있는 의지를 국가가 빼앗는 것이 정당한 일인가'에 관한 중대한 사안에 초점이 맞추어지기 때문이다.2)

각종 비행 끝에 살인까지 저질러 감옥에 갇히게 된 알렉스는 국가가 지원하는 새로운 교도방식인 루드비코 요법의 실험대상으로 자원한다. 그것이 이 지긋지긋한 감옥에서 나갈 수 있는 유일한 길이었기 때문이다. 알렉스는 온몸이 묶이고 눈을 감지 못하도록 고정된 채 폭력과 강간에 대한 영상을 반복적으로 본다. 그와 동시에 죽음의 공포를 느끼게끔 만드는 주사약을 투여 받는다. 폭력적인 영상과 주사약이 한데 결합되면서 알렉스는 정상적인 생활을 하다가도 폭력적인 상황에 직면하기만 하면 엄청난 고통을 받게 된다. 즉, 악행을 저지를 수 있는 능력이 완전히 거세돼 강제적으로 선을 택하는 삶을 살 수밖에 없는 것이다. 바로 여기서 이 작품의 문제의식이 드러나게 된다. 국가적인 차원에서 '인간이 스스로 선악을 선택할 권리'를 말살하는 것은 범죄율을 급격히 줄이는 효과를 낳겠지만, 개별화된 인간으로서는 스스로가 선과 악을 선택할 수 없어 '도덕적 선택의 자유를 잃어버리게 되는 것'이나 마찬가지다.

결국 개인의 권리가 국가의 욕망에 합치하지 않을 경우, 개개인이 가지는 인간적 권리의 처분을 둔 성찰을 작품의 중심부로 가져다 놓은 것이다.

실제로 작가는 2차 세계대전 당시 자신이 몸소 겪은 국가의 폭력에 대한 거부감을 통해, 국가권력이 각 구성원들에게 육체적 또는 정신적인 태엽 장치를 달아 통제하려는 음모를 고발하려 한 것이다.3) 물론 그렇다고 우리는 죄 많은 알렉스를 온전히 동조할 순 없다. 알렉스는 일상적으로 사회에 악을 선사하고 남한테 피해를 주는 삶을 사는 악인이기 때문이다. 그러므로 이러한 도덕적 상충 가운데 우리는 유의미한 질문을 던져볼 수가 있다. 과연 알렉스가 행하는 개인적인 폭력과, 국가가 알렉스에게 가하는 폭력 중 무엇이 더 폭력적이라고 말할 수 있을 것인가?

국가가 범죄율 수치를 낮추는 데 목적이 있는 것인지 아니면 진정한 교화를 바라는 것인지에 따라 그 방향이 다시금 정립되겠지만, 범죄를 저지를 수 없어서 못 저지르는 것은 결코 도덕적이라고 말할 수 있을 것 같진 않다. 인간을 처벌과 보상으로만 길들여지는 생쥐 같은 존재로 환원하면 국가에 의한 어떠한 폭력이든 정당화될 수 있을 것이다. 그러나 만물의 영장인 인간은 그렇게 단순한 존재가 아니다. 모든 인간은 자신의 내면을 갖고 그에 따라 움직일 수 있는 개별적 개체다. 그러므로 강제적인 방법으로 범죄를 저지르지 못하게 하는 것이 아니라, 지금 이 순간 범죄를 저지를 수도 있지만 본인의 의식이 그것을 저지할 줄 아는 것을 진정한 도덕으로 삼아야 하는 것이다.4)

알렉스처럼 폭력의 가해자이면서 동시에 피해자인 경우 공동체적 규범에 관한 사안이 굉장히 민감해질 수 있음에도 이러한 작품의 인물을 가져온 것은 큰 이유가 있다. 타인의 고통을 즐기는 타고난 알렉스의 야수적 본능은 일종의 사디즘적 경향을 보여주고, 그것을 막아 내고자 하는 권력 또한 사회적으로 해악을 끼치는 개인의 인성을 뜯어고치기 위해 전체주의적인 면모를 보여주기 때문이다. 과연 '인간을 어떤 존재로 보느냐'에 따라 그 대답은 달라지겠지만, '한 개인이 사회를 망가뜨릴 경우, 국가의 규제는 어디까지 허용가능한가'에 대한 대답은 여전히 쉽지 않은 문제로 남아 있다.

그렇다고 문학작품을 이야기하듯 단순히 범죄자의 인권만을 운운하는 것은 부분적인 시야에 갇혀 있을 뿐이라고 생각한다. 피해자나 피해자의 가족들을 진정으로 생각한다면 가해자를 향한 분노는 물론이거니와 각종 보복이 가해져도 모자랄 판이다. 물론 감정적인 차원에서 모든 것이 다 이루어질 수 있다면 세상은 무법천지가 될 것이다. 그것을 중재하기 위해 국가가 있는 것이지만, 문제는 피해자와 피해자의 가족들의 억울함은 어떠한 방식으로 풀어줄 것이며, 과연 국가가 개인의 생명권을 마음대로 좌우해도 되는 것인지를 성찰해야 하는 것이다.

일례로 영화 〈친절한 금자씨〉에서는 어린이 유괴와 살인누명을 쓴 금자 (이영애 분)가 피해자의 부모들에게 살인마 백 선생(최민식 분)의 처단을 직접 집행할 수 있도록 유도하는데, 그 가운데 경찰조차도 그것을 협력하게 된다. 영화는 특이하게도 법적 심판이 아닌 감정적인 복수를 통해 말하고 있는 것이다. '과연 자신의 아이를 잃은 슬픔에 대해 이렇게 하지 않을 부모가 어디에 있는가? 우리는 이것을 비난 받을 일이라고 말할 수 있는가? 대체 범죄자를 인도적 차원에서 어디까지 배려해 주어야 한다는 말인가?'

1) 「사형제도」, <중부일보>, 2013.12.23 00:00:01. http://www.joongboo.com/news/articleView.html?id xno=896051 (2014.5.1) 참조.
2) 앤서니 버지스, 박시영 역, 『시계태엽 오렌지』, 민음사, 2005, 224~225쪽 참조.
3) 위의 책, 225쪽.
4) [진중권의 이매진] 범죄자, 진정으로 도덕적인 인간, <씨네21>, 2008.4.11. http://www.cine21.com/ news/view/mag_id/50822 (2014.5.1).

안락사,
용인해야 하나?

안락사 허용에 관한 문제는 세계 어디서나 찬반 논란을 가열시키는 사안이다. 무의미한 연명치료를 중단하고 개인이 스스로 평화롭게 죽을 권리를 달라는 요구가 커져 가는 반면, 생명존중을 내세워 반대를 외치는 사람들의 목소리도 만만치 않기 때문이다. 이러한 가치상충의 한복판에서 안락사 허용에 관한 불문율을 깨뜨린 나라가 있다. 바로 네덜란드다.

네덜란드는 2001년 세계 최초로 안락사를 법으로 허용했다. 세계 어느 나라든 민감하고 조심스러울 수밖에 없는 안락사 허용여부에 관한 금기가 풀리자, 뒤이어 1년 뒤인 2002년에는 벨기에가 안락사를 허용하기로 했다.

벨기에는 현재 안락사 문제를 가지고 새로운 국면에 접어든 상태다. 기존 18세 이상에게만 적용되던 안락사 허용에 '나이 제한을 두지 않겠다'

는 법안을 내세워 약 1년간 여론을 수렴하고 각종 논의를 거쳐 상원을 통과하였다. 이후 하원 본회의 표결만 남은 상황에서 심한 반발에 부딪혔지만, 결국에는 통과되어 전 세계의 이목을 집중시켰다. 물론 당분간은 안락사를 둘러싼 찬반 논란이 계속될 전망이라 그 귀추가 주목되고 있다.[1]

2009년에는 네덜란드와 벨기에에 이어 룩셈부르크도 안락사 허용 행렬에 동참했지만, 전 세계가 이와 같은 추세를 완전히 따라가는 것은 아니다. 인간의 수명이 자연적인 순리에 의하여 사망에 이르게 되는 자연사와는 다르게, 안락사는 죽는다기보다는 인위적으로 '죽이는 것'에 속하는 문제이기 때문이다. 다만 잠자는 것과 같은 평화로운 죽음을 맞는 것이 고통으로 점철된 죽음보다 더 나을 것이라는 대다수 사람들의 인식이 안락사를 선호하도록 만든다는 점에서, 안락사 허용에 관한 법규화 논쟁은 아주 오랜 기간 동안 이어질 것으로 전망된다.

그렇다면 안락사는 자살을 하는 것처럼 개인이 의지를 가지고 죽음조차 자유롭게 선택할 수 있음을 뜻하는 것일까? 불치병에 걸려 치료나 생명유지가 무의미한 경우 고통 없이 죽음을 맞게 해 준다는 점에서 안락사는 '존엄사'라 불리기도 한다. 그러나 아무리 '존엄하게 죽음을 맞는다'고 해도 자연적인 생의 순리를 거슬러 그보다 먼저 죽고 싶은 사람이 어디 있겠는가? 단지 자신이나 주변인들에게 가해지는 고통의 무게가 너무나도 커다랗기 때문에 우리는 쉴 새 없이 '죽고 싶다'는 말을 내뱉고, 또 실제로 그렇게 죽음을 맞는 게 아니었던가? 또한 어떻게 모든 사람들을 동등한 선상에 놓고, 그들의 삶에서 유의미만을 찾아내려 애쓸 것인가? 삶의 무의미성을 깨달은 개인에게는 그러한 종용조차 폭력이 되리라 생각해 본 적이 없다는 말인가?

고대 그리스의 플라톤이나 아리스토텔레스조차 불치병에 걸린 환자에 한해서는 안락사를 옹호하는 입장이었다고 한다. 그러나 3세기 이후부터 가해진 기독교의 안락사에 대한 시비로, 중세에 이르러 안락사는 살인으로 처벌을 받게 되었다. 그리하여 어쩌다 한번이라도 안락사에 대한 긍정론이 대두될 때마다 번번이 강한 반대에 부딪혔고, 안락사의 허용에 관한 문제는 여태까지 미적지근한 상태로 유예시켜 둘 수밖에 없었던 것이다. 현재에도 대다수의 국가에서는 윤리적·종교적인 이유로 안락사를 불법으로 다루어 합법화를 허용하지 않고 있는 실정이다.

안락사에 대한 논의 중 대개 안락사를 찬성하는 입장을 살펴보면 모든 개인의 신체에 관한 선택적 권리와 경제적인 부담 등을 우선시하는 반면, 안락사를 반대하는 입장은 생명경시풍조나 인간존엄성의 훼손, 범죄적 오남용 우려 등을 들 수 있다.

물론 국내에서도 1997년 보라매 병원 사건을 통해 이러한 논의가 대두되었지만, 아직까지 안락사를 온전히 인정하는 법률은 없다. 단지 2009년 5월에 존엄사를 인정하는 첫 대법원 판결이 나왔고, 최근에는 연명의료의 환자결정권 제도화를 위한 법안 초안이 마련되었으나, 이를 제도화하기까지는 긴 시간이 필요할 듯 보인다.[2]

개인의 권리 신장을 우선시하는 사회적 추세에 발맞춰, 의료계도 갈수록 환자의 권리를 적극적으로 인정하자는 방향으로 초점이 모아지고 있다. 그러나 의사표현이 불가능한 환자의 경우 삶과 죽음에 관한 선택을 자발적으로 할 수 있는지도 의문이고, 애초부터 환자의 소생 가능성의 폭을 좁혀 가족이나 의료진이 너무나도 쉽게 치료를 포기할 우려도 있다. 이 때문에 각 종교계는 안락사를 비롯한 조력자살을 반대하는 입장이다.

안락사가 '인간의 생명을 고의적으로 종식시키는 행위'인 것만은 부인할 수 없는 진실이기 때문이다.

그럼에도 안락사의 필요성은 분명하게 다가온다. 누구를 위한 치료인지도 알지 못하고, 환자에게 고통만을 가져다주는 삶에 대하여 크나큰 성찰을 하도록 만들기 때문이다. 인간이 아주 오랜 시간 동안 존재하는 만큼 고통의 연장이나 고비용을 가져다주는 연명치료는 지금 당장 고통 받는 환자에겐 아무런 의미가 없다. 고통을 감내하면서까지 하루라도 더 살고 싶은 것은 만인의 심정일테지만, 끔찍한 고통의 지속은 삶의 의욕까지 압도해 버리는 무시무시한 힘을 지녔다.

물론 환자 본인이 더 살고 싶다면 그렇게 해 주는 것이 응당 옳은 것이지만, 환자의 아픔을 알면서도 그것을 직접 체감하지 못한다는 이유만으로 개인적인 욕심을 발휘해 '조금만 더 살아 달라'는 것은 어쩌면 환자에게는 더욱 큰 고통으로 작용할지도 모른다. 그러므로 지금 이 순간 환자가 원하는 것이 무엇인가를 아는 것이 중요하다. 자유로운 개인으로서 자기 삶의 마지막 결정권을 쥐어줄 수 있다면, 그것을 주는 것이 진정 옳은 일이 아닐지 생각해 본 것이다.

이유를 막론하고 자살을 택하는 사람들은 스스로에게 가해진 어떤 아픔, 예컨대 정신이나 물질 혹은 육체적 고통을 이겨내지 못하기 때문에 스스로가 극심한 물리적 고통을 감내하면서까지 목숨을 끊는다. 이 물리적인 고통은 삶의 의욕과 함께 수많은 사람들이 자살을 택하지 못하도록 만드는 마지막 보루로, 그것이 물꼬 트이듯 열리면 너도 나도 손쉽게 맛볼 우려가 있다. 그럼에도 조금 더 인간적일 게 무엇인가를 생각한다면, 한 개인이 고통을 받으며 생을 마감하는 것보다는 조금이라도 더 평화롭게 죽음을 맞기 위하여 존엄하게 죽을 권리를 갖는 것이 아닐까.

여전히 안락사를 사회적으로 용인해야 하는지, 그러지 말아야 하는지 갈피를 잡을 수가 없는 노릇이다. 단지 우리사회의 삶의 양식이 환자의 요구를 중시하자는 방향으로 흘러간다면 우리가 꼭 명심해야 할 사항이 있다. 안락사는 환자의 신중한 판단을 통해 선택되어져야 하는 것이며, 까다로운 절차와 개인의 전적인 동의 가운데 내외적으로는 어떠한 강요나 강압도 없어야 할 것이다. 물론 의사표현이 불가능한 환자에 관해서는 생명윤리라는 관점을 놓지 않고 깊이 연구해 봐야 한다.

---

1) 「벨기에 18세 미만 미성년자에게도 안락사 허용… 네덜란드에 이어 세계 두 번째」, <국민일보>, 2014.2.14 19:17. http://news.kukinews.com/article/view.asp?page=1&gCode=int&arcid=0008038904&cp=nv (2014.5.1) 참조.
2) 「'보라매병원 사건' 이후 16년… 연명의료결정법 초안 마련」, <뉴시스>, 2013.11.29 07:17. http://www.rapportian.com/n_news/news/view.html?no=14982 (2014.5.1) 참조.

자살의 종말

거의 매일 뉴스를 통해 자살과 관련된 소식을 듣는다. 자신의 목숨을 끊기 위해 목을 매거나, 높은 건물에서 투신을 하기도 하고, 밀폐된 차량 안에서 연탄불을 피워 일산화탄소에 중독돼 생을 달리하기도 한다. 죽음에 이르는 방법만 다를 뿐 매일 같이 죽음이란 언어를 접하다 보니, 타인의 죽음은 우리에게 슬픔이나 안쓰러움만을 가져다주기는커녕 이제는 무덤덤한 지경에 이르렀다. 단순히 윤리적인 차원에서 모든 현대인들이 도덕적 불감증에 걸린 냉혈한이라고 말하기에 앞서, '인간은 왜 스스로 목숨을 끊는지'에 관한 보다 근본적인 물음을 던져야만 하는 순간이다. 그리고 그러한 죽음을 일상적으로 접하는 우리는 '모든 개인이 행하는 자살이란 행위를 어떻게 받아들여야 하는가'를 끊임없이 되물어야 한다.

오늘날 자살의 원인은 너무나도 다양하기 때문에 인간의 죽음은 여러 갈래의 측면에서 바라볼 수 있다. 자살은 대개가 내외적으로 궁지에 몰린 이들이 회생할 방도를 찾지 못해 최후의 수단으로 극단적인 선택을 함으로써 벌어지는 것이다. 여기서 '죽음'이라는 것은 인간의 가장 근원적인 두려움과 고통의 집약을 내포하는 것이며, 개인 그 자체의 삶이 완전히 정지함과 동시에 다시금 후회한다거나 새로이 시작할 수 없는 상태를 의미한다. 하물며 스스로 목숨을 끊는다는 것은 지금 이 순간 개인이 느끼는 고통의 크기가 죽음의 공포마저 뛰어넘는다는 점에서 어떠한 이유로든 쉽게 받아들여지지 않는 문제임에 틀림없다. 또한 자살이 결코 어떤 문제의 근본적인 해결책이 될 수 없다는 것이 분명한데도, 우리나라는 자살공화국이라는 타이틀을 꾸준히 유지해 나가고 있으니 사회의 앞날이 심히 우려되기도 한다.[1]

1897년 〈자살론〉을 발표한 에밀 뒤르켕은 자살을 일종의 사회현상으로 규정하고 그 원인을 밝혀내고자 했다. 반면 21세기의 우리는 이러한 이론을 토대로 개인적·사회적인 차원에서 인간의 죽음과 자살의 문제를 모두 아우를 수 있어야 한다. 과연 인간에게 있어 죽음이란 무엇인지, 단순히 죽음을 두려워해야만 할 것인지, 혹은 죽음 앞에 선 인간이 초연해질 수는 없는지, 또 개개인이 느끼는 고통의 정도가 얼마만큼 차올라야 자살충동을 느끼는지, 그리고 스스로 맞는 죽음의 순간은 언제나 절망의 얼굴만을 드리우는지 등 인간의 죽음은 다양한 문제의식을 안고 있다.

삶의 매순간 고통의 질서에서 해방될 수 없는 인간은 어떤 고통에 얽매이게 되는 순간, 그것을 탐닉하고자 하는 경향이 있다. 마치 TV를 더 자세히 보기 위해 의자를 앞으로 끌어당기는 것과 같은 이치랄까? 인간의 심리는 감정의 밀도가 진하면 진할수록 자신이 만든 영상 안에 푹 빠져 있길 원하기 때문이다. 하나의 채널 안에 갇힌 인간은 스스로가 만든 고통의 늪에서 허우적대는 꼴이 되고, 현재 자신을 지배하는 어두운 감정으로부터 자유로워질 수 없게 된다. 즉, 고통에 빠진 인간은 고통을 끊임없이 상기하여 더 많은 고통을 만들어 내고, 그러한 악순환은 자신의 존재적 가치를 한없이 무의미하게 만든다. 자유로운 자아로서의 인간은 어느 샌가 한탄과 체념 속에서 헤어나지 못하게 되고, 발현되지 못한 희망은 은폐된다. 결국 그러한 개인의 눈앞에 놓인 카드는 죽음뿐이다.

이처럼 우리는 살아 있는 매순간 죽음을 생각하며, 지금 이 순간에도 죽음을 향해 달려가고 있다. 하이데거도 '죽음은 이미 삶에 속해 있는 것'이라며 '현존재는 언제나 죽음을 향한 존재'라고 설명하였다.[2] 즉, 우리가 살아간다는 것은 결국 죽음을 향해 달려간다는 것이고, 우리의 삶이 흐르면 흐를수록 그만큼 죽음에 가까워지고 있음을 의미하는 것이다. 더욱이 인간은 삶이 고통스럽고 자신의 상황이 괴로울수록 죽음과 같은 극단적인 생각을 품고 끝끝내 놓지 않기 마련이다. 그러한 인간은 염세에 빠져 죽음을 생각하는 빈도가 높아지고, 스스로를 옭아매는 미련한 죽음의 늪에서 벗어날 수가 없는 것이다. 대체 언제부터인지는 모르겠지만 세계에 만연한 인간의 자살의식은 분명히 오래 전부터 축적되어 온, 그래서 더욱 거스를 수 없는 인간의 원초적 습성임이 분명한 듯하다. 이 모든 것을 '스스로 목숨을 해한 최초의 인간'에게 책임을 묻고 싶지만, 역시나 죽은 자는 말이 없을 것임을 알기에 죽음을 삶의 일부로 끌어와 자살의 시초를 가져다 준 오스트랄로피테쿠스에게 짤막한 애도를 표하고 싶다.

그러나 죽음을 삶의 일부로 받아들이고 조금 더 나은 죽음을 생각하는 인간적인 바람은 참으로 유의미하다 생각하지만, 한편으론 그것이 더욱 위험한 상황을 초래할 수 있다고 본다. 베르테르 효과처럼 자살의 모방이 아무렇지도 않게 일어나는 사회적 환경이 조성되고, 죽음조차 서열화돼 그 가치를 매기려 들기 때문이다. 특이하게도 우리사회는 죽음에도 어떤 인간적인 의미를 두려고 한다. 죽음이란 것은 말 그대로 생명의 소멸로 말미암아 한 개인의 존재가 완전한 '무(無)'가 되는 것인데, 사회적인 분위기가 죽음조차 특별할 것을 강요하는 것이다. 곧 모든 사회적인 상황이 더해지고 중첩되면 특별함에 관한 결핍을 가져오므로 일상적인 죽음은 그리 특별한 이슈가 되지 못한다. 개별화된 자살들은 전부 특별하지만, 그러한 일련의 사건들은 모두가 특별하기 때문에 결국은 평범해질 수밖에 없는 구조다. 그러므로 죽음이 아무리 우리 삶의 일부라 하더라도 온전히 미학적인 관점에서만 바라볼 일은 아닌 것이다.

　사실 어떠한 형태의 죽음이든 간에 '스스로가 목숨을 끊는 행위'에 대해서는 의식적인 거부감이 먼저 드는 것은 당연한 일이다. 물론 실제 자살을 택한 사람들에 대해서는 참으로 안타까운 마음이 들고, 얼마나 힘이 들었으면 그런 선택까지 하게 되었을까 나로서는 상상도 못할 지경이지만 그래도 살아만 있어 줬으면 얼마나 좋을까하는 이기심을 보태 본다. 그러므로 모든 사람들에게 조금이라도 바라는 것이 있다면 누구든 자신의 삶이 정말 소중하다는 것을 알았으면 하는 것이다.

　'어떤 경우에건 자살이 정당화될 수는 없다. 그것은 싸움을 포기하는 것이니까. 살아서 별별 추한 꼴을 다 봐야 한다. 그것이 삶이니까.'3) 작고 한 김현 선생의 1986년 4월 30일자 일기다. 살아서 별별 추한 꼴을 다 봐야 한다는 그의 삶에 대한 인식은 분명히 곱씹을 만한 가치가 있다. 자살을 내몬 삶이야말로 인간으로서의 온전한 실존을 살아가는 것이다. 죽는다는 것은 다시는 살아 돌아올 수 없는 강을 건너는 것이나 마찬가지

이기 때문이다. 똑같은 삶을 다시 살 수 없다. 그래서 더 고귀한 삶이고, 그 생명의 무게는 결코 가볍지가 않다.

무한경쟁의 시대에서 개인의 실업 증대와 비정규직의 확대로 살아갈 힘을 잃어버린 사람들에 대하여 인간다운 생활을 할 권리가 보장되지 않는다면, 사회적인 사유의 대다수를 차지하는 이러한 자살은 끊이지 않을 것이다. 물론 경제적인 이유를 제외하고도 자살의 원인은 실로 다양하지만, 자살이 결코 개인에게 국한된 문제가 아니라는 것을 이야기하고 싶다. 공동체를 구성하는 개인의 죽음이 일상화되어 아무렇지도 않은 사회는 지극히 병든 사회다. 그런 의미에서 보자면 약 100년 전 '변신'이라는 은유를 통해 인간실존의 절망감을 보여준 프란츠 카프카는 현대사회에서 일상적으로 맛보는 개개인의 소외와 단절감을 미리 예견한 것이 아닐까? 삶이 막막해 출구를 잃어버린 개인은 곧 소멸과 죽음으로 치달을 뿐이다.4)

결국 우리는 모든 사람들이 스스로 목숨을 끊는 행위로부터의 도피, 즉 자살로부터의 해방이 이루어져야 함을 절실히 깨달아야 할 것이다. 자살의 동의어는 바로 '사회적 타살'이다. 개인이 개인에게 관심을 가져 주지 않기 때문에 모든 관계 안에서의 소외가 일어나는 것처럼, 사회가 개인에게 관심을 가져 주지 않기 때문에 금전을 비롯한 각종 소외가 발생한다면, 이러한 사회적 무관심이 빚어내는 자살로부터 인간을 건져 내야 할 이유가 있는 것이다. 아주 단순한 이야기지만, 우리 서로가 관심을 갖는 것으로부터 자살의 종말을 고할 수 있는 여지가 자라나는 것이 아닐까?

1) 정구선, 『조선의 메멘토모리』, 애플북스, 2010, 5~6쪽 참조.
2) 김용규, 『영화관 옆 철학카페』, 이론과실천사, 2002, 290쪽.
3) 김현, 『행복한 책 읽기』, 문학과지성사, 2002, 25쪽.
4) 김정자, 『유럽문학 오디세이』, 작가와비평, 2011, 276~277쪽 참조.

친일파가 잘사는 나라

역사를 공부하다 보면 모든 역사는 상당히 편파적이라는 것을 알 수 있다. 역사가의 가치관에 의해 걸러진 모든 기록은 '강조될 것'과 '무시될 것'이 역사가의 임의대로 선택되어지기 때문이다. 어떠한 역사가든 자신의 역사의식이나 믿음 그 자체가 역사서술의 중점사항이 되므로 역사적 기록은 결코 객관적일 수 없다. 그럼에도 대다수의 역사교과서는 자국의 위대함을 널리 알리고, 국내역사의 중요성을 강조하는 논조로 객관성을 가장해 한 방향의 가치관만을 독자들에게 주입하고 있다. 보통 사람들에 대한 이야기는 어디에도 없고 몇몇 영웅들이 주인공으로 등장하는 역사에만 눈을 팔고 있는 우리는 그러한 사실을 자각하지 못하고 있을 뿐이다.1) 역사가 어떤 특정한 부분을 강조하는지, 아니면 그냥 간과하고 넘어가는지와 같은 일련의 행위들은 너무나도 일상적으로 다루어지기 때문이다. 그리하여 역사를 바라보는 수많은 사람들이 '사실에 대한 충실함'과 '세계 안에서의 국내적 위상' 사이에서 갈팡질팡하다 길을 잃고 헤맬 수밖에 없는 노릇이다.

해석자의 견해가 오롯이 투영되는 역사는 각국의 이익과 결집되어 각각의 척도를 만들어 낸다. 그래서 우리의 역사관과 해외의 역사관이 상충될 때는 무엇을 옳고 그르다하는 문제가 만만치 않게 다가온다. 특히 강대국이 취하는 역사논리, 즉 한편의 이익만을 고려한 역사적 해석은 일종의 폭력이 될 수도 있다. 가령 아메리카 신대륙 주민들을 학살한 크리스토퍼 콜럼버스는 극우적 성향의 미국인들에게는 문명의 영웅으로 추앙될 수도 있겠지만, 인디언 계통의 미국인들에게는 지독한 학살자 그 이상의 모습으로 다루어질 수가 없게 된다. 또한 『삼국사기』를 편찬한 고려중기의 유학자 김부식은 자신이 신라 출신이었으므로 발해 역사에 대한 언급을 상당수 빼놓은 데다, 일본에 선진문물을 전한 백제에 대한 언급을 피했다. 즉, 사실에 대한 왜곡이 없이 역사적 사실을 취사선택하는 것만으로도 미필적 고의에 해당하는 역사의 왜곡이 이루어지는 것이다.[2]

더욱이 일제강점기에 국내의 식민지화와 더불어 일본의 대내외적 학살은 우리를 얼마나 분노케 만드는가? 제국주의를 외치던 일본은 731부대의 생체실험으로 수많은 사람들의 목숨을 앗아 갔고, 약 20만 명에 달하는 종군위안부 문제를 가져왔다. 그 가운데 많은 사람들이 아무런 이유 없이 학살당했고, 그나마 생존해 있는 사람들조차 정신경련을 앓고 위축될 수밖에 없는 굴곡진 삶을 이어 나갔다. 이에 대해 일본은 우리나라에 공식사과를 하기는커녕 전범에게 가해지는 제대로 된 처벌조차 받지 않았다. 오히려 자신들 덕분에 한국의 근대화가 촉진되었다는 일본 우파의 입장은, 자본주의화된 근대라면 어떠한 야만적 수단이든 용인하겠다는 어리석은 옥시덴탈리즘의 일환으로 바라볼 수 있지 않을까? 사실로서의 역사 앞에서 일본이 얼마나 비상식적인 태도를 취하고 있는 것인지는, 아마 콧물을 훌쩍이는 어린아이라도 알 수 있을 것이다.

이처럼 일본은 명백한 역사적 사실 앞에서도 어떻게든 자국에 유리한 방향으로 해석하고자 타인의 입장을 자신들에게 맞추어 상대화한다. '그래도'라는 수식을 붙여, 'A는 잃었지만 그래도 B는 얻었잖니'와 같은 논리를 나열하는 것이다. 일본과 같은 나라는 오로지 자국의 입장과 국사만을 절대 선으로 보기 때문에 역사적 사실에 대한 객관성의 결여를 열린 시각이라 포장하기 급급하다. 중요한 것은 '역사의 왜곡'과 '열린 시각'이란 말은 결코 양립할 수 없다는 점이다. 일본의 극우 역사가들은 이러한 사실을 망각하고 있기 때문에 반쪽짜리 역사만을 후대에 전할 뿐이다.

그러므로 우리는 이러한 관점에서 친일파가 잘사는 우리나라를 고찰해 볼 필요가 있다. 일본 극우 역사가들과 마찬가지로 대한민국을 등지고 일본에 힘을 실어 준 이들을 과연 어떻게 바라봐야 할 것인가? 친일파는 한말 일제강점기 시절 일제의 침략에 협조하거나 일제를 등에 업고 독립 운동가들을 방해한 자들이다. 그들을 최대한 객관적인 시야로 바라보든 어느 한 가지 입장을 고수하든 간에 역사적인 사실 그 자체는 변함이 없다. 단순히 '친일파'라고 하면 편견의 눈꺼풀을 만들어 내는 것이 중요한 게 아니고, 그들의 반민족 행위를 소상히 밝혀 후대에 전하는 데에 뿌리를 두어야 한다. 그들이 단순히 '나쁜 사람'이라 나쁘다는 것이 아니고, 그들이 우리에게 저지른 나쁜 짓들을 일일이 열거해 보니 '나쁜 사람'이었다는 것을 인식하게 되는 것과 같은 이치다. 그러므로 일본이 주구장창 욕을 먹어야 하는 이유는 그들이 자행한 역사적 만행에 대한 일련의 사과조차 없이 어떻게든 무마하고 합리화하려는 야비한 속성에서 비롯되는 것이고, 마찬가지로 친일파들이 욕을 먹어야 하는 이유도 자신들의 이권을 위해 역사의 왜곡을 부추기는 일본에 힘을 실어주었으며, 자국민을 핍박했기 때문임을 명백히 알아야 한다. 애국이나 국가적 정체성을 논하기에 앞서, 남한테 상처를 주었으면 사과를 먼저 하는 것은 지극히 상식적인 일이 아니던가? 나치의 후손들이 피해자들을 추모하는 걷기 대회를 하는 것처럼 긴 시간이 흘러도 끊임없이 용서를 구하는 독일의 행보와, 일본의 뻔뻔한 태도는 사뭇 대조적이다.

광대한 역사의 존재 이유는 위대한 왕조의 의미 없는 나열이나 자국의 찬란한 문명을 되새겨보는 데에 있지 않다. 단지 역사적 과오를 다시금 밟지 않기 위해 지금 이 순간을 비춰보는 거울로써 역사의 존재 이유가 있는 것이다. 그런데도 우리는 끊임없이 잘못을 되풀이하지 않는가? 한 예로 독립운동가와 친일파의 서로 다른 행보는 우리나라의 현실이 너무나도 그릇된 방향으로 흘러가고 있음을 보여준다.

대부분의 독립운동가 자손들은 광복 후에도 소외된 반면, 친일파 자손들의 득세는 계속되었다. 친일파들은 자신들의 기득권을 행사하여 자손들을 배불리 먹이고 많이 가르쳐 사회지도층으로 키워가며 부의 세속을 이루어 왔지만, 독립운동가의 자손들은 당장 입에 풀칠하기도 어려운 형편인데다 가난의 대물림만 이어지고 있는 실정이다. 이에 대하여 국가가 나서서 독립운동가 유족들에게 보상책을 마련한다 해도 그들의 상처는 본질적으로 치유될 수 없다. 그런데 현실은 그들의 곤고하고 궁핍한 삶에 대한 보상조차 제대로 주어지지 않고 있으며, 사회주의 계열 독립운동가들은 아예 독립운동가로 인정조차 받지 못하고 있는 형편이다. 여기서 많은 사람들이 착각하고 있는 것은 어떤 형식적인 보상만 주어지면, 그것이 그들이 받은 상처와 충분히 맞바꿔질 수 있다고 생각한다는 것이다. 보상이라는 것은 선물처럼 누군가를 위로하기 위한 차원에서 주어져야 하는 것이지, 그들이 받은 상처와 대등한 위치에서 교환관계가 성립되는 것은 아니다. 더욱이 어떠한 보상을 한다 해도 그들이 받은 상처의 틈을 메울 수 없다.

사실로서의 역사를 바로잡기 위해 우리사회가 나서서 해야 하는 일은 바로 식민지잔재를 청산하는 일이다. 오늘날까지 음침한 그림자를 드리우고 있는 '일그러진 한국 현대사'를 바로잡기 위해서다.[3] 물론 나라의 고위층을 전부 꿰차고 있는 친일파의 후손들에게 다짜고짜 과격한 입장을 취하는 것은 현실적으로 불가능한 일이다. 단지 친일파의 후손들이 국가에 귀속된 토지를 달라고 떼를 쓸 만큼 비상식적인 나라는 되지 않았으면 하는 바람이다. 여전히 파렴치한의 도를 넘은 이러한 사람들이 존재한다는 생각에 몸서리가 쳐진다. 역사의식이 조금이라도 남아 있다면 과연 그럴 수 있을 것인가? 우리사회는 도대체 어디까지 내려간 비상식적인 괴물들을 양산해낼 것인지 심히 두렵기만 하다.

외세에 빌붙어 한민족에게서 훔친 재산을 가지고 여전히 잘사는 친일파와 그 후손들에 비해, 자주독립을 완성하려던 독립운동가와 그 자손들은 독립 이후에도 찬밥을 면치 못하며 가난한 삶을 이어 나가고 있다. 매국이 애국을 앞서는 나라에 산다는 것은 참으로 씁쓸하기 그지없는 일이다.

1) 김찬호, 『사회를 보는 논리』, 문학과지성사, 2001, 44쪽.
2) 박노자, 『하얀 가면의 제국』, 한겨레신문사, 2003, 231~232쪽 참조.
3) 유시민, 『거꾸로 읽는 세계사』, 푸른나무, 2008, 345쪽.

성적 소수자들을 보는 논리

국내 커밍아웃 연예인 1호인 홍석천은 과거 커밍아웃을 한 뒤 TV출연이 금지된 적이 있었다. 지금은 이와 같은 부당한 처사가 어처구니없는 소리로 들릴 정도지만, 당시 그러한 상황을 겪은 당사자의 심정은 이루 말할 수 없을 것이다. 동성애가 무슨 전염병도 아닌데 주변사람들로부터 아무 이유 없이 따가운 시선을 받아야 하고, 설령 누군가가 동성애에 대한 관용적인 모습을 보여준다고 해도 그것이 온전한 진심으로 대하는 것인지는 불분명하다.[1] 특히나 성적 이분법을 벗어난 사람들, 즉 동성애자나 양성애자, 트랜스젠더, 무성애자 등 성적지향이나 성정체성과 관련 깊은 소수자들의 애환은 상당히 깊다. 그들의 행보는 당사자들만의 문제를 넘어 어마어마한 사회적 파장을 불러일으키기 때문에 다른 소수자들에 비해 더더욱 존중받지 못하는 편이라 할 수 있다.

우리사회의 일반적인 애정적 결합은 남녀 간 사랑을 통해 합일을 이루는 것이 보통이다. 남녀라는 양극단의 생물학적 요소는 정자와 난자의 결합을 통해 새로운 생명이 잉태되는 자연적 원리에 근거한다. 그렇기 때문에 정반대에 서 있는 남녀 간의 결합만이 우리 눈에 보기 좋은 것이고 당연한 것이며 지극히 평범한 일이다. 그래서 남성과 남성 혹은 여성과 여성 사이에서 이루어지는 애정은 양극화된 결합의 성취에 실패한 것으로 받아들여지고, 그로 인해 불쾌감을 자극한다고 생각되어지기 마련이다.[2] 우리는 '생물학적인 교접이 왜 꼭 남녀 사이에서만 이루어져야 하나'와 같은 일말의 고민도 없이 의식적인 거부감을 나타내기 바쁜데, 어쩌면 이조차도 지극히 당연한 반응일지 모른다. 우리의 일상을 조금만 들여다보면 편견에 가까운 이러한 의식구조를 탈피하는 것이 불가능함을 인식할 수 있기 때문이다.

대학교에서 문예창작을 공부하던 시절 강의실에서 동기와 고향에 대한 이야기를 나눈 적이 있었다. 그런데 도시에서 태어난 내가 고향을 떠올렸더니 어떤 목가적인 전원풍경이 눈앞에 아른거렸다. 연기가 피어오르는 초가집이나 노을이 지는 순간까지도 손쉽게 그려졌다. 참 이상하다는 생각이 들었다. 내 고향은 그러한 풍경과는 거리가 먼 도시의 한복판이었기 때문이다. 전원풍경이 딱 들어맞는 시골에는 종종 가본 적이 있지만 그것은 우리 부모님의 고향이지, 내 고향은 아니다. 결국 우리가 고향하면 떠올리는 풍경들은 어렸을 적부터 교과서를 비롯한 다양한 매체를 통해 고향에 관한 획일화된 모습이 우리 안에 주입돼왔기 때문임을 알 수가 있다. 고향은 왜 꼭 전원생활에 대한 동경과 그리움 속에서만 발현되는가? 고향은 자기가 태어난 곳이지, 사회적으로 일원화된 '심상의 속박'을 의미하는 것은 아니다. 패러다임은 변했다. 더 이상 보편적이라는 이유만으로 고지식함이 주입되어져선 곤란하다. 우리사회의 성적소수자들을 보는 논리도 이와 같은 맥락에서 풀어 가야 더 쉽게 접근할 수 있다.

성적소수자들은 대개 '왼손잡이'처럼 자발적인 선택으로 이루어지기보단 선천적인 경우가 더 크다. 대부분의 동성애적 성향은 자궁 안에서 발달한 뒤 커 가면서 고착화되므로, 인간은 생물학적으로 결정된 자기구조를 자력으로 이겨낼 힘이 없다. 그럼에도 과거부터 동성애적 성향을 저지하기 위해 가슴 절단, 거세, 자궁 적출, 전두엽 절제, 약물치료 및 정신치료, 기도회, 영적 치유 등의 다양한 조치가 이루어졌다. 물론 효과는 없었다. 이러한 조치들은 단지 다르다는 이유만으로 고통을 받던 동성애자들에게 더 큰 고통을 안겨 주고, 그들을 죄의식 속에 가두는 것 그 이상의 의미가 없었던 것이다.

우리는 모두 비슷한 성질을 공유하려는 속성 때문에 자신들과 조금만 달라도 거부감을 갖거나, 동성애자들을 자신들과 같은 '정상적인 차원'으로 돌려 놓고자 강요하는 경향이 있다. 성적소수자가 된 것은 그들의 잘못이 아닌데도, 우리의 입맛대로 그들을 바꿔 놓으려 애쓴다는 것이다. 특히나 현실적인 성교육이 제대로 이루어지지 않는 국내사회에서는 다수의 편견이 사회전체를 휘어잡고 있는 것이 보편화되어 있는 만큼, 성적소수자들이 사회적으로 어떠한 부당함도 느끼지 않고 자신의 삶에서 온전한 행복을 체감할 수 있는 방향으로 흘러가기까지는 상당히 긴 시간이 필요할 것으로 보인다.

물론 다원화된 사회의 추세에 맞물려 수많은 사람들이 성적소수자들에 대한 포용을 발휘하고는 있지만, 이는 사실상 엎드려 절 받기에 가깝다. 타인에겐 성적 다양성을 인정하자면서도 자신은 마음속으로 그것을 인정하지 않고 있기 때문이다. 그래서 타인을 대할 때면 그것이 온전한 진심으로 느껴지지 않는 것이고, 우리사회의 소수를 진정 타인의 일로만 치부하고 있음을 방증할 뿐인 것이다. 더욱이 우리사회의 관용어처럼 굳어진 '포용'이란 말은, 마치 '성적소수자들을 다수인 우리가 보듬고 가자'는 식의 오만한 입장을 취하는 데서 비롯됨을 알 수가 있다. 그들은 우리에게 수혜를 입었고, 그래서 우리가 큰 은인이나 된 듯 그들을 이해한다는 모습은 상당히 이중적이지 않은가? 홀로 뛰면 안 되는 사회. 소수억압의 기류가 팽배한 사회. 다수의 발자취만을 보듬는 사회. 이러한 사회는 어딘가 건강하지 못한 구석이 있다.

그렇다면 진정 건강한 사회는 어떤 사회일 것인가? 사회 내 구성원들 모두가 소수자들을 진심으로 인정하고 응원을 보내는 사회가 아닐까. 소수자라고 해서 단순히 수치적으로 적은 수의 사람들을 말하는 것은 아니다. 모든 역사의 수레바퀴 아래서 소수자들은 다수자들 앞에서 자신들의 권리를 찾아나갔다. 전 세계의 유색인종들이 그리했고, 노동자들이 그리했고, 여성들이 그리했다. 그리고 그들은 사회를 한결 윤택하게 만들었고, 더 나은 새로운 역사를 창조했다. 당장은 소수자라는 이유만으로 멸시를 받을지언정 그들은 자신들의 발언권을 잃지 않기 위해, 또 자신들의 존재에 대한 정당성을 입증하기 위해 사력을 다해 왔던 것이다. 그들이 있기에 우리사회의 민주주의가 온전히 작동하는 것이고, 이기적이거나 독선적인 사회로 흘러가는 것을 막아설 수 있다. 단지 차이 그 자체를 차별로써 받아들이는 우리사회의 폐단을 끊는 것이 이 시대의 해결과제로 남아 있다.

---

1) 최재천, 『생명이 있는 것은 다 아름답다』, 효형출판, 2001, 53쪽 참조.
2) 에리히 프롬, 황문수 역, 『사랑의 기술』, 문예출판사, 2006, 53쪽 참조.

04 차별 없는 세상

　대학원 첫 학기에는 부천에서 언론사 기자와 노래방 아르바이트를 병행했다. 학업과 일로 하루 세 탕을 뛰었기에 일이 많아 분주하던 날에는 밥이 입으로 넘어가는지 코로 넘어가는지 모를 정도로 잠에 취해 있었는데, 오후 인터뷰를 가기 전 들른 단골식당에서 다소 특별한 이야기를 전해 듣고는 잠이 확 깨고 말았다. 당시 언론사 사주와 함께 한 점심자리여서 나는 잠결에도 짐짓 경청하는 체했고, 그러한 낌새를 아는지 모르는지 식당주인은 더욱 하소연했다. 내용인즉슨 이렇다. 한 모임에 속해 있던 식당주인은 그 모임에 식사후원을 해 주기로 하여 회원들을 모두 자신의 식당으로 불러들였다. 그녀는 큰맘 먹고 1인당 만 원짜리 정식을 내와 회원들과 기분 좋게 식사를 하였고, 회원들도 모두 만족하는 눈치였다고 한다. 그러나 문제는 모임 내 진상으로 정평이 나있는 총무가 서빙을 하는 아주머니에게 밑반찬을 계속 시켜가며 막말을 하고 종 부리듯 하대하는 장면을 연출하고 만 것이었다. 저녁 7시부터 8시 30분까지 장장 한 시간 반 동안 음식을 싹싹 비워놓고서는 '왜 이렇게 먹을 게 없냐는 둥' 시비하던 총무는 결국 애꿎은 아주머니를 울려 버리고 말았다. 급기야 김치찌개를 후원한 식당주인에게는 미리 볶아져 나와 찌개에 들어간 고기를 가지고 '손님들이 삼겹살 남긴 걸 찌개에 넣은 것이 아니냐'고 따지기 시작했다고 한다. 식당주인은 '공짜로 얻어먹는 주제에 왜 자꾸 진상 짓을 하느냐'고 소리치고 싶었지만 꾹 참았고, 억만금을 주어도 그런 사람에겐 음식을 팔고 싶지 않다고 말했다. 상당히 감정적인 어조로 발설된 이야기를 듣는 동안 내 감정도 뚜렷하게 일렁이는 듯했다. 나는 깊은 생각에 빠져들었다. '세상엔 정말 해도 너무한 사람들이 많구나.' 개인이 가진 권리의 경계선을 훨씬 뛰어넘어 오만의 극치를 보여준 하나의 일화라고 할 수 있겠다.

형태는 다르지만 비슷한 사례로, 내가 회사를 마치고 야간에 노래방에서 일을 할 때였다. 저녁 7시부터 새벽 4시까지 부천시청 근처 노래방에서 카운터를 보고 있던 나는, 밤이 깊어갈 무렵 10여 명의 단체 손님을 받았다. 갑작스레 몰려온 그들은 모두 술에 취해 얼굴이 벌겋게 상기되어 있었고, 나는 청소년실이 대다수인 업소에서 가장 큰 방을 주며 최대한 친절하게 응대했다. 노래방 비용을 선불로 계산한 중년의 여성은 맥주와 물, 음료 등은 후불로 계산하겠다고 말했다. 나는 편하신 대로 하라 했다. 그날따라 손님도 별로 없어 기존 시간에 1시간이나 더 서비스를 주었고 이내 계산할 때가 되었다. 나는 물 7병 값과 맥주 13잔 값을 합해 46,000원을 전부 받으려다 물 3병을 서비스로 빼 주었다. 그러자 중년여성은 물 7병을 전부 서비스로 해 달라고 요구했다. 아르바이트생의 권한이 넘어설 만큼 크게 양보하는 셈이었지만 나는 기분 좋게 그러노라 했다. 그랬더니 이번에는 돈이 없다면서 4,000원을 더 제해 달라는 것이었다. 그래서 나는 물 값으로 7,000원을 빼 줬는데 거기서 4,000원을 더 빼는 건 곤란하다고 말했더니, 그녀는 그냥 돈이 없다며 배 째라는 식으로 가게를 나가 버렸다. 카운터를 비울 수 없던 나는 계산하기 위해 마지막으로 나선 중년의 여성을 끝까지 따라나설 수가 없었고, 결국 처음 서비스한 금액 물 3병 값을 제외한 8,000원은 내 돈으로 채우게 되었다. 당시 한 시간 시급으로 5,000원을 받던 내가 1시간 30분 가까이를 일면식도 없는 사람에게 강탈당한 셈이었다. 이 또한 권리와 오만의 경계를 넘어선 한 일화로 기억된다.

두 일화는 모두 내가 같은 시기에 경험한 일로, 타인을 가볍게 여기는 경향이 있는 사람은 대체로 누군가를 존중할 줄 모르는 성품에서 비롯된다는 것을 보여준다. 나 아닌 누군가를 배려하지 않고 습관처럼 타인을 경시하는 행동을 하는 것은, 우리사회의 이기적인 풍토와 그것을 묵과하는 현실에 크나큰 책임이 있다. 그리고 그러한 현실의 중심에는 자본주의가 떡하니 버티고 서 있다. 자본주의사회는 개인의 물욕과 이기심을 부추기고, 그것은 필요 이상의 겉치레를 만든다. 겉치레는 곧 개개인의 허영, 즉 체면을 뜻한다. 타인의 시선을 한시도 의식하지 않을 수 없는 우리나라 사람들은 다른 사람이 자신을 어떻게 보는가에 대단히 신경을 쓴다. 그래서 누군가가 자기를 알아주면 즐겁고 알아주지 않으면 상당히 날카로워진다. 물론 유난히도 외면적인 것에 집착하는 개개인의 성향은 인간의 보편적인 욕망으로 볼 수 있지만, 한편으론 국내사회가 일구어 낸 지극히 유별

난 풍토가 아닌가 싶다. 그리하여 타인의 시선에 노예가 되어 버린 수많은 사람들은 조금이라도 있어 보이기 위해 남들을 존중할 생각은 하지 않고, 아무에게나 하대하는 것을 '뽐내기'나 '체면을 세우는 것'이라 생각하기 십상이다.1) 이러한 행동이 표상하는 바는 스스로가 부여하는 권위와 자존심의 획득이다. 반면 그것을 받아들이는 타인의 입장에선 권위는커녕 무례의 극치일 뿐이다. 체면에 신경을 쓰는 우물 안 개구리만이 그러한 사실을 모르고 있다. 자신의 권리가 방종하다 못해 오만한 얼굴을 드리우고 있다는 것을 말이다.

단지 우리사회의 모든 개인은 날 때부터 전적으로 수혜 입는 존재라는 것을 간과하고 있다. 자신에게 주어진 권리조차도 저절로 얻어지는 것이 아니라는 것을 생각한다면, 권리와 오만의 아슬아슬한 경계선에서 누구든 갈팡질팡할 일이 없지 않을까. 사회적 체면 때문에 타인을 멸시해야 한다면, 대체 우리사회에서 체면이 존재할 이유가 무엇인지를 심각하게 고민해 볼 필요가 있을 것이다.

---

1) 김찬호, 『사회를 보는 논리』, 문학과지성사, 2001, 111쪽 참조.

　조금 자만이 깃든 이야기일지도 모르지만, 아르바이트를 숱하게 많이 해 본 나로서는 몇몇 분야의 생래를 훤히 꿰뚫고 있다 해도 과언이 아니다. 어쩌다 남들이 쉴 때도 나는 끊임없이 일을 해 왔고, 그 가운데 웬만한 궂은일은 물론이거니와 남들이 부러워하는 속칭 '꿀알바'도 수차례 경험한 일이 있기 때문이다. 그나마 나는 운이 좋은 편이라 지인의 도움을 많이 받았는데, 그 중에서도 대학교 겨울방학 기간에 우연히 알게 된 일용직 아르바이트가 가장 기억에 남는다. 당시 돈이 없던 친구와 나는 둘이 같이 할 수 있는 일을 찾다가 원주에 일용직 자리가 있다는 말을 듣고 당장 짐을 싸서 인천터미널로 향했다. 버스가 출발하기까진 시간이 조금 남아 우리는 L사 패스트푸드점에서 햄버거를 사 먹었고, 거의 전세를 내다시피 한 버스를 타고 원주로 향했다. 그때까지만 해도 우리는 웃고 떠드느라 정말 아무 생각이 없었고, 그렇기 때문에 추위와 먼 거리도 잊고 단지 아르바이트를 하기 위해 인천에서 원주까지 움직인 게 아닌가 싶다.

　장장 두 시간 반여 만에 원주에 도착한 우리는 참았던 소변부터 내리갈겼다. 낯선 길 위에 존재의 흔적을 남기고 나자 버스비로 전 재산을 탕진했다는 사실을 깨달았다. 택시를 탈 수 없던 우리는 무작정 걷기 시작했고, 지나다니는 사람들에게 물어물어 어렵사리 목적지에 다다랐다. 도착하자마자 한 모텔에 투숙하게 되었는데, 함께 일할 근로자분들이 잠은 편하게 자라고 무료로 잡아 준 방이었다. 그러나 우리는 쉽게 잠을 청할 수 없었다. 벽에서 쉴 새 없이 새어 나오는 괴성이 뭐가 그리 좋다고 키득댔는지 TV를 보며 그 소리를 흉내 내느라 자정을 넘겨 버렸기 때문이다.

　결국 우리는 새벽 늦게까지 TV를 보다 잠이 들고 아침 6시에 눈을 떴다. 정신이 흐리멍덩해 밥이 입으로 넘어가는지 코로 넘어가는지 모를 지경이었다. 바쁜 일정 탓에 식사를 마치고 8시도 채 되지 않아 곧장 일이 시작되었다. 몸이 오슬오슬 떨리고 입김이 피어오르는 현장에서 우리가 해야 할 일은 근로자분들의 '조수'역을 맡는 것이었다. 현장경험이나 전문기술도 없는 데다 그다지 쓸모 있는 체격도 아니었기 때문이다. 그럼에도 우리는 분주하게 현장을 오가며 물건을 실어 나르고 옮기기를 반복했다. 안전장치도 없이 높은 곳을 오를 때는 정말 죽을 각오로 그것에 임해야 했고, 행여나 밉보여 잘리진 않을까 친구와 잡담도 삼간 채 묵묵히 일만 했다. 한 이틀을 그렇게 근로자분들의 보조로 일하고, 사흘째에는 전원주택 공사현장에 투입되어 창고를 헐기도 했다. 그런데 일을 하며 중간 중간 '마셔도 된다는 수돗물'을 마신 게 화근이 되었는지 우리는 둘 다 장염에 걸리고 말았다. 사흘날 저녁부터 증상이 나타나기 시작한 우리는 몸져누웠고 고열에 화장실을 왕복하다 이내 집으로 귀환했다. 끈기 있는 친구녀석은 돈을 벌고 싶다고 혼자 이곳에 더 있겠다는 것을 뜯어말렸는데, 녀석은 나중에 인천에 도착해서는 내게 고맙다고 말했다. 그도 그럴 것이 우리가 사흘 간 일하고 집으로 돌아오기 전 받은 돈은 1인당 105,000원이었다. 그것도 아침 8시부터 저녁 6시까지 장장 10시간씩 3일 동안 육체노동을 했는데도 고작 하루에 35,000원을 수당으로 쳐준 셈이었다. 일반적인 아르바이트를 해도 이것보단 많이 받았을 것이다. 당시 최저임금 4,000원을 기준으로 10시간이라면 40,000원인데다, 우리가 한 일은 시급제도 아닌 일당제였다. 단지 오류가 있다면 '알아서 잘 쳐주겠다'는 말만 믿고 얼마를 받을까 미리 합의하지 못한 우리의 잘못이었다. 몸에 병까지 얻어 가며 고생한 것치곤 그다지 수고로운 금액은 아니었지만, 한편으론 우리가 기존에 일하던 분들께 방해가 되었을 수도 있겠다는 생각이 들었다. 확실히 우리는 기초부터 배우면서 일을 해야 했고, 본의 아니게 일을 하는 그 시간조차 사흘에 불과해 민폐라면 민폐였다. 그럼에도 타지에서의 사흘은 여전히 '고생'이란 단어 말고는 다른 무엇으로도 설명할 수 없을 것 같다는 생각이 든다.

당시 최저임금에도 못 미치는 돈을 받고 몇몇 아르바이트를 경험한 나는 '근로기준법규 제의 및 제재 강화안'이라는 당돌한 문서를 만들어 고용노동부에 제의한 적이 있었다. 분량은 겨우 A4용지 두 장에 불과했지만, 지금 생각하면 터무니없을 정도로 이상적인 내용이었다. 총 4가지의 안건으로 구성된 문서의 첫째 항목은 악덕업주 고발자에 대한 포상제도로, 최저임금 및 휴식시간 등의 엄격한 규제를 통해 그것을 지키지 않는 업주들을 신고하는 사람에게는 약 10~30만 원 가량의 포상금을 주자는 것이었다. 물론 악용의 우려가 있을 수 있으므로 허위 고발자에 대해서도 엄중한 처벌을 가하자는 내용이다. 둘째는 종업원에 대한 최저임금이나 휴식시간을 지키지 않는 영업장의 영업정지 일수를 3개월 이상으로 늘려 처벌의 강도를 높이자는 내용이다. 셋째는 '근로윤리교육'이라는 교과를 설립해 고용주에게 적정시간 이상의 근로자 윤리교육을 의무적으로 받게 하여 근로법에 관한 경각심을 키우는 것이다. 대망의 넷째는 모든 서비스업을 비롯해 아르바이트도 정규화하여 그에 상응하는 대우를 하는 것, 즉 비정규직의 철폐를 마지막 항목으로 내세웠다.

나는 내가 무슨 전태일 열사라도 된 것처럼 고용주들에 대한 불만을 폭로한 안건을 작성해 낸 것이었다. 현실에 대한 총체적인 이해 없이 작성한 문서이지만, 일개 대학생이던 내가 다양한 일자리를 접한 뒤 느낀 진실한 현실인식이라 유의미하다 생각됐다. 우리사회의 '최저임금'은 단순히 노동보상에 관한 기준점을 제시하는 것이 아니고, 사회적 약자인 피고용인들이 부족하나마 '현실적인 삶을 스스로 꾸려나갈 수 있도록 최소한의 삶을 보장하는 지표'인 셈이다. 실제로 나는 최저임금조차 지키지 않는 영업장을 보며 노동자의 '삶의 질'을 고려하지 않는 현실에 분개했고, 탁상공론에 불과한 정부의 노동정책에 대하여서도 불만을 쏟아 내고 싶었던 것 같다.

개인의 경제적 역량이 힘의 논리로 귀결되는 현 사회에서 고용주들은 피고용인들의 무조건적인 희생을 바라고, 그러한 가운데 경제적 약자인 피고용인들은 자신의 처우개선에 관한 발언권을 가져도 사실상 자신의 명줄을 쥔 고용주 앞에선 소극적인 태도를 취할 수밖에 없다. 발언은커녕 쉬는 날이 있어도 대놓고 쉴 수도 없고, 눈치를 봐야하는 것이 대다수 노동자들의 현실이다. 삶에 구멍이 난 그들은 당장 돈이 급해 노동조건의 호불호는 물론, 최저임금을 지키느냐 지키지 않느냐의 여부와 관계없이 노동에 임하는 경우가 다반사다. 고용주들은 바로 이러한 점을 파고드는 것이고, 그들의 머릿속엔 오로지 비용을 최소화하자는 생각밖에 없다.

사실상 최저임금이라는 것도 근로자위원, 사용자위원, 공익위원 각 9인으로 구성된 최저임금위원회가 결정한다지만, 매번 경영자 측의 승리로 매듭지어진다는 것을 부인할 수가 없다. 언론은 매년 이맘때면 노사 간 갈등이 팽팽한 것처럼 보도해 사람들에게 '공정한 과정'을 거치는 듯한 모습을 보여주지만, 늘 그래왔듯이 최저임금위원회의 결정은 언제나 수백만의 근로자들을 실망시킬 뿐이다. 기득권자들이 사회적으로 큰 영향력을 발휘하듯, 그동안은 경영자 측의 안과 더 가까운 금액으로 최저임금의 결정이 이루어진 것이 우리사회의 현실이기 때문이다.

일자리를 창출하겠다는 정부는 여전히 묵묵부답이고, 사각지대에서 움트는 비정규직은 날이 갈수록 확대되어 가며 최저임금을 받는 근로자들은 점점 늘어만 간다. 사회적 병폐라 할 수 있는 이러한 저임금구조는 근로자들의 기본적인 생존권을 무시한 처사라고 할 수 있다. 한 끼 식사조차 제대로 사먹지 못하고 빵으로 끼니를 때우는 근로자들의 의견엔 귀를 막고, 무작정 '열심히 일하며 살아가라' 종용하기 바쁜 사람들. 최저임금이 마치 평균임금인 것처럼 생각되어지고 당연하게 받아들여지는 이상한 사회구조는 잔인한 현실을 더욱 비극적으로 흘러가게 할 따름이다. 더욱이 실제론 최저임금마저 안 지키는 악덕업주들이 판을 치는 사회현실인데도, 정부는 왜 실효성 있는 법안을 만든다거나 집행할 생각은 하지 않고 원론적인 이야기나 뜬구름 잡는 소리만 하고 있는 것인지 의문이다.

인간은 평생 일을 해야만 살아갈 수 있다. 그러나 현재 노동자들을 지켜 줄 사회적 안전망은 턱없이 부족하다. 그러한데다 절박한 상황에 처한 노동자일수록 악덕업주에게라도 매달릴 수밖에 없는 사회구조다.[1] 이는 노동자들의 실질적인 삶의 질이 다시금 퇴보하고 있다는 것을 의미한다. 물론 개인적인 차원에서는 이러한 문제의 해결이 불가능하다. 모든 사회적 비극의 본질적인 해소를 위해서는 국가적 차원의 움직임이 있어야만 한다. 신성한 노동에 비인간성이 파고들 틈이 없도록, 비인간적인 처사를 당하는 국민이 단 한 사람도 없도록 국가는 오지랖을 발휘해야 할 것이다. 우리의 자녀들에게 대한민국은 약자 위에 군림하는 나라가 아닌, 진정으로 약자를 섬기는 나라라고 가르쳐주는 날이 오길 소망한다.

---

1) 안수찬·전종휘·임인택·임지선 공저, 『4천원인생』, 한겨레출판, 2010, 83쪽 참조.

코리안 카스트제도

우리사회는 엄연히 사람대접을 받는 사람과 그렇지 못한 사람이 존재한다. 그래서 수많은 사람들이 사람대접을 받기 위해 '바보 소리'를 들어가며 자기발전에 열심이다. 이러한 개인은 경쟁사회의 대열에서 남들보다 조금이라도 더 위로 올라가기 위해 애쓰지만, 결국에는 누구든지 사회가 정해 준 지정석에 앉아 자신의 계급 안에 갇힌 삶을 살아가게 된다. 자본주의사회에서 한 인간의 계급이란 개인의 경제력으로 나타나는 삶의 지수라 할 수 있다. 매일 저녁 고급레스토랑에 가는 사람과 하는 수 없이 집에서 컵라면을 끓여먹는 사람의 경제적 격차는 분명하다. 뱃속으로 들어가는 영양가도 다를 것이고, 서비스와 셀프로 나뉘어 개인적인 에너지 소비량의 차이도 있을 것이며, 경험이나 자신감, 나아가서는 신체적·정신적 건강의 차이까지도 극명하게 대조를 이룰 것이다.

우리는 모두가 시민이지만 사회적인 시민이 되느냐, 아니면 소시민이 되느냐는 개인의 경제력의 정도에서 갈라진다. 즉, 사회가 평등을 기조로 내세워 모든 개인이 진정한 민주사회를 누리는 것 같지만, 사회적 진출 여부에 따라 개인의 의식구조적인 측면에서 계급차가 뚜렷하다고 할 수 있다. 이러한 관점에서 지금은 법적으로 금지되었지만 의식적으로는 여전히 잔류하고 있는 인도의 카스트제도를 떠올려보지 않을 수가 없다. 2,000년간 인도인의 생활을 규정해 온 카스트제도는 승려계급인 브라만, 통치계급인 크샤트리아, 상인계급인 바이샤, 천민계급인 수드라로 나뉘며, 최하층 계급인 불가촉천민도 있다. 일종의 자격증명서가 되는 카스트는 인간을 '영혼이 있는 자'와 '영혼이 없는 자'로 구분하여 상하관계의 뚜렷한 위계를 세웠다는 점에서 우리나라의 엘리트주의와 비슷한 면모를 지녔다.[1] 또한 카스트사회는 신분이나 직업이 대물림되고 양극화의 심화를 부추긴다는 점에서 본질적으로 국내사회와 전혀 다를 바 없다.

문제는 인도가 카스트제도를 없애 표면상 공정함을 보여주려 애쓰는 것처럼, 우리사회도 계급을 결정짓는 경쟁이 상당히 공정한 듯 보인다는 것이다. 학점, 토익, 자격증, 어학연수, 봉사활동 등 이력서를 채우기 위한, 궁극적으로는 상류계급으로 나아가기 위한 각종 노력의 산물들조차 사실은 출발선상의 불공정으로부터 시작된다는 사실을 많은 사람들이 간과하고 있다. 좋은 학점을 따려고 해도 집안이 가난하면 공부할 시간을 쪼개가며 의무적으로 아르바이트를 해야 하며, 토익이나 자격증을 따기 위한 학원공부나 교재조차도 경제적인 지원이 불가능한 가정의 경우 스스로가 일을 해야만 그나마 학습의 기회가 주어진다. 그러한 개인은 이미 금전적 억압에 시달리다 못해 일과 학업을 병행하느라 신체적인 과부하가 걸리게 되고, 피곤에 찌든 정신으로 남들과 경쟁해야 하며, 어학연수란 꿈도 못 꿀 일로 그것을 체념하는 법부터 배우고는 사회로 나가게 된다.

그럼에도 자본주의는 이러한 모든 개인에 대해 공정하다 이야기한다. 마치 모든 개인은 사회의 일부분을 담당해야 하고, 소위 3D업종조차 정작 자신은 하려고 하지도 않으면서 그것이 사회에 꼭 필요하니까 누군가는 해야 한다는 식으로 모든 상황을 정당화하려는 것이다. 이상한 것은 사람들은 '직업에는 귀천이 없다'고 말하면서도 저마다의 심층엔 기호와 순서가 정해져 있는 경우가 태반이다. 누군가는 위험한 일을 해야 하지만, 그것이 결코 나여서는 안 된다는 모순된 의식구조. 이는 가식으로 먹고사는 우리사회의 일부 속성에 지나지 않는다.2) 또한 자본주의가 세계로 발을 뻗어 나가며 꾸준히 사람들을 세뇌해 나갈 수 있는 원동력으로, 누구든 상류사회에 속하길 원하기 때문에 아무도 이에 의문을 제기할 생각을 하지 않는다. 즉, 우리사회는 사회에 이론을 접목할 생각을 하는 것이 아니라, 자본주의라는 관념을 본질로 하여 현실사회를 꾸려나가려 한다는 점에서 사회구조적 문제가 발생한다. 자본주의가 사람들을 맥을 못 추게 하고 끙끙 앓게 한다면, 사회 안에 이식된 이념에 수정을 가해야 하는 것이 옳지 않겠는가? 하물며 사회 내 구성원들은 어떤 상황에 처할 것인가? 자신이나 타인이 이해할 수 없는 어려운 상황에 처하더라도, 그것을 앞다퉈가며 너도 나도 '자본주의사회에선 당연하다'는 식의 역겨운 발언만을 일삼기만 할 것인가? 사회가 점점 선진국을 좇으며 자본주의화해 간다면, 우리사회의 실정에 맞춰가며 그때그때 유연한 대처를 해야 하는 것이 옳지 않겠는가? 자본주의라는 이유만으로 뒤처진 개인을 모두 버려야만 한다면 그것은 상식적으로 문제가 있는 사회다.

아울러 건강한 시민을 배출해 내지 못하는 사회도 본질적으로 문제가 있다. 사회적·경제적 우위에 따라 상하관계에 놓인 모든 사람들은 의식적인 측면에서부터 외면적인 행동까지 통일된 단일양식에 의해 규정된다. 그래서 방종을 일삼는 개인에 대해서는 사회적 지위나 경제력이 높으면 높을수록 부정적인 측면이 상쇄되는 반응을 불러일으키지만, 아무런 영향력이 없는 개인에 대해서는 작은 신세한탄조차 '스스로가 노력을 하지 않은 것이니 불평하지 말라'고 핀잔을 쏟아 내기 일쑤다. 즉, 우리사회는 명시적으로 차별을 발생시키려 하지는 않지만 모든 개개인이 사회적·경제적 여부에 따라 이루어지는 차별을 암암리에 동의하고 있으며, 그것이 종종 외면으로 드러난다 해도 아무렇지 않게 받아들일 따름이다. 참으로 허례허식이 충만한 사회라 하지 않을 수가 없다. 이러한 사회는 도덕률에 어긋나는 개인만을 양산하는 윤리적 인재의 불모지다.

과연 이러한 사회에서 암묵적이고도 일상적으로 행해지는 차별의식을 타파할 가식 없는 개인이 출현할 것인가? 만에 하나 우리사회에서 '건강한 개인'이 탄생한다면 그것은 그야말로 개천에서 용이 난 셈이므로 온전히 축복할 일인 것이다. 인도의 성자 마하트마 간디가 불가촉천민에 대한 사회적 차별철폐를 위해 그들을 '신의 자식'이란 뜻에서 '하리잔'으로 부른 것처럼, 우리사회의 보이지 않는 카스트제도를 타파하기 위한 개개인의 의식적 차별철폐가 이루어져야 하지 않을까?

---

1) 「다른 사람을 만지기만 해도 총살이라니…」, <오마이뉴스>, 2014.4.1 16:40. http://www.ohmynews.com/NWS_Web/View/at_pg.aspx?CNTN_CD=A0001974496 (2014.5.9) 참조.
2) 조지 오웰, 김기혁 역, 『동물농장·파리와 런던의 따라지 인생』, 문학동네, 2010, 276~277쪽 참조.

면접,
인권을 말살하는 제도

　회사나 입시 혹은 아르바이트에도 존재하는 면접. '서로 대면하여 만나 본다'는 사전적 정의와 같이, 면접은 모든 현대인들이 사회 속에 편입하려 할 때 꼭 경험되어질 수밖에 없는 삶의 일부로 굳건히 자리해 왔다. 필자도 아르바이트를 하거나 직장에 입사하기 위해 수많은 면접에 임해 왔지만, 당최 면접이란 제도의 본질적인 쓰임새를 알 수가 없다. 고등학교 때는 단순히 성적지상주의를 타파하기 위한 병든 입시의 해결책으로 면접이란 제도를 마련한 거라 생각했는데, 어느 때부턴가 '우리사회가 제대로 검증 되지도 않은 평가시스템을 도입하여 그것을 지나치게 신봉하는 것은 아닌 가' 하는 의문이 일어나면서부터 그러한 생각을 고쳐먹게 되었다.

　기껏해야 몇 분이면 끝나는 짧은 시간 동안에 면접관들은 어떻게 학생들의 실력과 인성을 판단할 것인가? 그리고 그들이 본다는 실력과 인성의 기준이란 무엇이고, 대체 어디에 중점을 두고 그들을 평가한다는 것인가? 과연 면접관들은 온전히 믿을 수 있을 만한 사람들이며, 각자가 신뢰도 높은 평가기제를 지니고 있는 것인가? 속칭 힘껏 '똥꼬나 빨고' 입에 맞지도 않는 예의바른 어투를 사용하면 그것이 실력과 인성의 척도가 되는 것은 아닌가? 또한 능력에선 두말할 나위가 없는데, 그 순간 긴장해 입이 굳어 버린 내성적인 학생이나 말더듬이 학생을 떨어뜨리는 것은 정당한 일인가? 머리를 노랗게 물들였다면, 혹은 귀를 뚫었다면 불손한 학생이 되어 평가 절하되는 것은 아닌가? 복장이나 인상, 그러한 것들이 도대체 개인의 실력이나 인성과 무슨 상관관계가 있다는 말인가? 그러한 학생들은 전부 떨어뜨려도 좋다는 말인가? 대체 무엇을 보고 한 개인을 판단하겠다는 것인지 또 무엇을 보겠다는 것인지는 여전히 의문이다.1)

이러한 회의감을 거둘 수 없는 까닭은 기존 면접제도가 한 개인을 평가하는 척도가 되기에는 너무나도 허술한 체계이기 때문이다. 특히 권위적인 면접관이 자신만의 인성적 판단으로 학생들의 다듬어지지 않은 언행을 온전히 '준비되지 않았다'고 매도하는 경우는 물론이거니와, 첫인상이 마음에 들지 않는 면접자에 대해서는 어떤 대답의 여부와 관계없이 시야밖에 두는 경우도 있다. 한마디로 국내사회에서 이루어지는 면접은 너무 자의적이다. 옛것에 대한 통제규범에서 벗어날 수 없는 어른들은 자신의 가치관으로 '남자가 이런 자리에 귀걸이를 착용하고 왔냐'고 눈살을 찌푸릴 줄만 알지, 귀를 뚫었어도 예절을 지킬 줄 아는 것을 모르는가 보다. 귀를 뚫었다고, 머리를 염색했다고 예절이 없는 사람이 된다는 도식은 아무리 생각해도 이해가 되질 않는다.

이처럼 수직적 위계질서에 놓인 우리사회는 그러한 질서에 순응하는 인간만을 선택하고 길러낸다. 합격자는 대개 똑같다. 서류전형에 통과한 모든 면접자는 거기서 거기지만 그나마 '말 좀 잘 듣게 생겨먹은 친구'가 면접관들에겐 제격이다. 즉, 사람들은 자신들이 사회적으로 요구하는 인간형만을 선택할 뿐이고, 동시에 그것은 집단의 요구에 맞춰 개인의 개성과 자아를 나락으로 떨어뜨리는 일이 된다.

그럼에도 자의적인 가치관으로 행해지는 면접관들의 면접자 판단은 끝날 기미가 보이지 않는다. 물론 인성뿐만 아니라 지식의 척도를 판단하는 전공면접도 있지만, 이마저도 언어적 능력이 부족한 사람들에겐 형평성에 어긋나는 일일 수밖에 없다. 누군가 긴장을 해서 말을 더듬거린다든지, 혀가 꼬여서 말이 유창하게 흘러나오지 못한다든지 하면 면접관은 이미 그를 '탈락자'로 치부하기 때문이다.

더욱이 인간을 서열화하고 언제나 이분법적인 틀 안에서 우열을 가리게 만드는 면접은 단순히 학교에서만 벌어지는 일은 아닐 것이다. 이를테면 아르바이트를 구한다거나 입사를 목적으로 면접은 거의 모든 곳에서 행해지고 있다고 해도 과언이 아니다. 특히 대다수 기업 인사담당자의 질문들은 어느 정도 면접자의 전문성을 요구하기도 하지만, 그러한 질문은커녕 부모님의 직업이나 집이 전세인지 월세인지와 같은 호구조사에 그치는 경우도 많으며, 면접자의 주량이 당락결정을 크게 좌우하기도 한다. 또한 상황 대처능력을 알아본다는 이유로 개인의 약점을 들춰내거나 구직자의 기만 죽이는 압박면접은 개개인의 사적인 부분을 건드리다 못해 인격적 비하가 난무하는 지경이다. 이러한 면접들이 의미하는 바는 분명하다. 개개인으로서는 면접의 공정성에 대한 의문이 불거질 수밖에 없고, 면이란 제도에 대한 불신과 무의미성을 드러낼 뿐이다.

우리는 사회가 말하는 대로 정해진 길을 따라 숨 가쁘게 달려왔다. 현실 저 너머엔 꿈같은 앞날이 있을 것 같았으니까. 그런데 이게 웬걸. 대학에 입학하고 졸업만 하면 괜찮은 미래가 그려질 줄 알았더니 여전히 행복으로의 종착지는 보이지 않고, 이제는 취업이라는 높은 벽 앞에 쓸쓸히 서 있다.[2] 상당수 부풀려진 국내교육의 실상이 드러나면서 뒤늦게 속아버렸다는 걸 깨달은 수많은 취업준비생들은 어디다 억울함을 하소연할 곳도 없어 스스로를 유예시킨다. 더욱이 그들의 생업이 사실상 준비되지도 않고 형편없는 면접관들에 의해 도려내지고 있다 생각하니 마음이 아프다. 대학 강의조차 '모의 면접'이나 취업활동의 일환으로 쓰이는 요즘 같은 시대가 얼마나 힘겨운 방향으로 흘러가고 있는지는, 기나긴 취업난으로 구직활동의 끝이 보이지 않는 취업준비생들의 무력감에서 읽어낼 수가 있다.

물론 면접이라는 제도가 완전히 부정적인 측면만 지니고 있는 것은 아니지만, 우리사회에서 행해지는 면접은 어딘가 나사가 몇 군데 빠진 상태로 돌아가고 있음을 부인할 수가 없다. 면접관의 생각과 내 생각이 다르다는 이유만으로 탈락자가 되어 버리는 면접은 단순히 개인차가 존중되지 않는 순발력의 척도일 뿐이다. 우스갯소리지만 구직자의 순종적 대답과 순발력이 실력과 인성보다 높이 평가된다면, 취직을 위하여 책을 볼 시간에 두더지 잡기를 하는 것이 더 낫지 않을까 싶다.

---

1) 권혁범, 『갈치조림정치학』, 생각의나무, 2008, 124~125쪽 참조.
2) 김찬호, 『사회를 보는 논리』, 문학과지성사, 2001, 26쪽 참조.

복지사회란 어떤 사회를 말하는가? 국민의 복지증진을 목표로 완전고
용, 사회보장, 사회복지를 실현하는 사회를 말한다. 또한 복지사회는 모든
사회구성원들에게 기회의 평등과 결과의 평등을 가져다주기 위하여 적절
한 소득의 분배와 원만한 사회적 환경을 보장한다. 물론 이러한 사회가
온전하게 성립되기 위해서는 개개인의 물질적 풍요와 정신적 성숙이 조화
를 이루어야만 한다.

그러나 이러한 요건이 자본주의체제에 속한 우리 사회 안에 고스란히
스며들기에는 다소 무리가 있다. 현대사회에서 금전의 가치는 갈수록 부
상하고 있으며, 돈이 많으면 많을수록 개개인의 금전욕도 함께 자라나기
때문에 아무리 채우려 해도 완전히 충족되질 않는다. 즉, 부유함은 삶의

필요조건들을 모자람 없이 채워 주지만, 끝없는 열망 때문에 완전한 만족의 대상이 될 수 없음을 의미한다.

반면 빈곤은 생활의 기본적 욕구조차 채워 주지 못하므로 개개인에게 크나큰 고통을 안겨준다. 극단적인 경우에는 생활고에 시달리다 못해 스스로의 삶을 내려놓게 하는 경우도 있다. 우리사회는 의식주로 대표되는 모든 삶의 조건이 금전을 통해 충족되고, 그것이 삶의 목적으로 이식되는 경우가 허다하기 때문이다.

그렇다면 '돈이 많아도 만족스럽지 못한 경우'와 '돈이 없어 아무것도 만족하지 못하는 경우'를 놓고 본다면 과연 어느 것이 더 불행할까? 백이면 백 돈이 있는 데도 불행한 것보다는, 돈이 없어서 불행한 경우가 더 큰 불행이라 생각할 것이다. 돈은 한 개인의 생존과 직결됨은 물론, 삶의 중요도에 있어서도 대다수 사람들의 인식이 갈수록 물질적 가치를 좇기 때문이다. 이러한 관점에서 '끝없는 물질의 추구는 파멸을 가져다주기 때문에 돈이 없는 삶보다 더 불행할 것이다'라고 생각하는 사람은 극히 드물 것으로 추정된다.

그렇다면 현재와 같은 자본주의사회에서 복지가 행해져야 할 의미는 무엇인가를 고찰해 봐야 한다. 돈이 없으면 불행한 사회인 것은 알겠는데, 과연 개개인의 궁핍을 어떻게 해결할 수 있느냐가 관건인 셈이다. 고통받는 개개인의 삶에 뿌리내린 빈곤을 단순히 '남'이라는 차원에서만 생각한다면, 풀리지 않는 매듭을 더욱 단단히 동여매는 꼴이다. 개개인의 빈곤은 곧 사회경제적인 측면에도 막대한 영향을 가져다주기 때문이다.

평생 허리가 끊어져라 일을 해도 가난에서 벗어날 수 없는 사람들이 있다. 쉬는 날에도 일을 하고 잠을 쪼개가며 일을 하는 등 개인적인 노력이 부족한 것도 아닌데, 최소한의 생계비조차 제대로 벌어들이지 못한다면 과연 이것은 개인의 문제로 보아야 하는가, 아니면 사회의 문제로 보아야 하는가? 조금만 관심을 갖고 사회를 둘러보면 모든 개인이 게을러서 가난한 것은 아니라는 사실을 알게 될 것이다. 단지 국내사회의 자본주의가 성장하는 과정에서 불평등한 사회구조가 만들어지고 빈부격차가 더욱 심화되면서 가난한 개인의 증대를 가져 왔을 뿐이다.

가령 같은 일을 해도 고등학교를 졸업한 사람과 대학교를 졸업한 사람의 임금차가 클 수 있고, 같은 시간 노동을 해도 전문직에 종사하는 사람과 육체노동에 종사하는 사람의 시간당 임금격차가 클 수 있다. 물론 자본주의사회에서 고등학교를 졸업한 사람과 대학교를 졸업한 사람이 어떻게 같은 대우를 받고, 또 전문직에 종사하는 사람과 육체노동에 종사하는 사람의 임금이 어떻게 같을 수 있느냐는 반론을 제기할 수는 있다. 그들의 논리는 사회전선에 뛰어들기까지의 긴 선행과정, 즉 막대한 투자비용과 준비시간을 들어 이러한 이야기를 펼칠 수 있는 것이다. 이는 당연히 존중되어야 하는 부분임과 동시에 머리가 복잡해지는 문제다. 그러나 우리사회의 속물근성으로 인해 간과하는 부분이 있다. 모든 개개인의 출발점이 다 똑같지 않다는 것이고, 그것이 자본주의사회라는 말만으로 정당화하기에는 이미 사회의식이 엄청난 발전을 이루었다는 점이다.

가난한 개인은 대학에 진학할 형편이 되기는커녕 일을 하지 않고서는 현상유지도 급급하다. 또한 그러한 개인은 전문직을 갖고 싶어도 가정에서 뒷바라지해 줄 여건이 되질 않는다. 반면 사회는 몇몇 개인의 성공사례를 들어, 불우했던 성장과정에도 불구하고 이만큼 성공했음을 떠벌리며 그것을 일반화한다. 그럼으로써 모든 개인의 가난을 순전히 '개인의 탓'으로 돌려 버리는 것이다. 하지만 사회가 정말 공의를 추구한다면 출발상의 모든 개인차를 인정하고, 삶의 요건들을 제대로 충족하지 못하는 개개인에 대해 실질적인 지원책이 강구되어야 하는 것이 사회존속의 본질 아니던가. 정말 나만 잘살면 그만인 것인지를 되돌아봐야 한다. 그런대로 살만한 나의 환경에서 빈곤한 사람들의 삶을 개인의 무능으로 치부하는 것이 과연 옳은 일인가. 우리는 이러한 회의감을 지녀야 하는 것이다.

게다가 사회적으로 진지한 모색 없이 국가가 행하는 피상적 차원의 지원정책은 빈곤문제에 대한 본질적 해소를 불가능하게 할 뿐만 아니라, 개개인의 빈곤을 더욱 심화시킨다. 부유층이거나 완전히 빈곤층도 아닌 가난한 중산층과, 경제적으로 사각지대에 놓여 복지혜택을 받을 수 없는 사람들은 국가제도의 허술함을 한탄하며 뼈아픈 눈물을 삼켜야만 한다. 부모의 능력이나 개인의 환경에 따라 사회적인 불편함을 겪어야 하는 것이 과연 온전한 사회란 말인가? 그러므로 국가는 모든 사람들이 자신의 경제적 요구를 스스로 꾸려나갈 수 있도록 도와주어야 한다.

오해하지 말아야 할 것은 복지사회는 결코 개개인의 게으름을 방조하지 않는다는 사실이다. 일간에 "거지를 도와주면 거지근성을 키워준다"는 말은 우리의 사회적 맥락에 전혀 맞지 않는 말이다. 가난한 사람의 대다수가 거지근성을 지녀 가난한 것이 아니다. 또한 우리사회가 같은 능력을 지닌 사람들에게 모두 똑같은 대우를 해 주지 않기에, 가난한 사람이 단순히 무능해서 빈곤한 처지에 놓인 것은 아니라는 사실이다.

더욱이 인류에게 가장 중요한 가사노동에는 아무것도 지불되지 않는 것을 당연시하는 사회다. 평생을 가사노동에 시달려도 사회적인 부를 배당받을 수 없는 가정주부는 노예의 삶과 다를 바 없는 삶을 사는 것이다.

이는 우리사회가 보다 전문화되고 사회적으로 영향력 있는 직종이 아니면 값을 매기지 않는 속물근성에 근거를 두고 있다. 참으로 부끄러운 사회라 하지 않을 수 없다.

허나 이와 같은 병폐 속에서도 우리가 놓지 말아야 할 것이 있다. 모든 인간은 능력과는 관계없이 기본적으로 생존에 필요한 삶의 조건들을 부여받을 권리가 있으며, 의식주를 모두 누리기에 부족함이 없어야 한다는 것이다.[1] 사회가 게을러 복지의 영역을 순조롭게 넓혀나가지 못하는 현실을 가지고 개개인이 치열하게 살아가지 않은 것 때문이라 책임을 전가해선 안 된다. 개인은 언제나 발바닥에 불이 나도록 뛰고 있으며, 국가는 그러한 개개인이 조금이라도 쉴 수 있도록 안락한 의자들을 길목 곳곳에 만들어주면 되는 것이다. 그것이 복지다. 모든 개인은 요람에서 무덤까지 인간다운 삶을 누릴 권리가 있다.

---

1) 하워드 진, 이아정 역, 『오만한 제국』, 당대, 2001, 282~283쪽 참조.

정규직과 비정규직의 경계

대학 내 전임교수와 시간제 강사의 임금격차가 최대 10~20배 정도로 차이가 난다는 것을 알고 있는가? 우리사회는 정규직 노동자와 비정규직 노동자의 수입격차가 지극히 당연한 것으로 받아들여지는 자본주의사회다. 물론 어떠한 직종이든 정규직에 이르기까지는 그야말로 엄청난 노력과 피 튀기는 경쟁을 거쳐야 하는 것이 일반적이다. 그 엄청난 노력과 경쟁이라는 것은 '학벌사회'라는 견고한 성과, 아무리 쌓아도 끝을 모르는 '스펙'에 있다. 그러나 사회구조 자체가 노력만 해서 누구나 다 정규직을 할 수 있을 만큼 공정하지 않다는 사실을 우선적으로 짚고 넘어가야 하지 않을까?1)

사회는 표면상 모든 사람들에게 공정한 기회를 배분하는 듯하지만, 실제로는 혈연, 지연, 학연으로 대표되는 연고주의와 금전적 영향 등 각종 변수들이 알게 모르게 작용하고 있다. 그렇기 때문에 정규직이 되기 위하여 진정으로 노력했던 사람들이 존재하는 만큼 각종 편법을 곁들여 정규직을 쟁취한 사람들도 부지기수로 널려 있다. 그런데 문제는 덩샤오핑의 흑묘백묘론처럼 '흰 고양이든 검은 고양이든 쥐만 잘 잡으면 된다'는 식의 의식구조에 있다. 수많은 개인이 타인에게 상처를 주고 양심을 져버리면서도 어떻게든 '정규직만 되면 그만'이라는 결과론적 맹목주의에 빠져 스스로가 사회적 불평등을 조장한다는 사실을 망각하고 있는 것이다.

우리사회는 모두가 같은 선상에서 출발하는 것을 허락지 않는다. 이는 누구나 다 아는 사실일 것이다. 사람은 태어나는 순간부터 부모의 경제적 여건에 지대한 영향을 받고, 그것은 한 개인이 자라나는 동안 인생전반을 휘어잡는다고 해도 과언이 아니다. 주어진 환경은 삶의 태도나 능률과 직결되고 결국엔 생활전반을 움직이기까지 한다. 꼭 집도 없고 밥도 못 먹을 정도로 절대적인 궁핍상황에 놓이지 않는다고 해도, 남들보다 돈이 없어 가볍게 외식을 한다거나 가까운 곳으로 여행도 못 다니는 상대적 궁핍을 겪으면 자신감의 하락으로 이어질 수밖에 없다. 니트를 하나 사려고 해도 가격표부터 살펴야 하고, 맘에 드는 것이 있어도 못내 그것을 내려놓고 그 옆에 있는 싸구려 티셔츠를 골라야 한다. 가짓수는커녕 옷이 다 떨어져 입을 게 없어 큰 맘 먹고 산 옷인데도 어딘가 불만족스럽다. 그래도 어쩌겠는가. 이내 체념하고 2지망을 입고 다니는 수밖에. 괜히 불평을 짜내봤자 그러한 사정을 모르는 남들로부터 '분수에 맞게 살라'고 충고를 들을 게 뻔하지 않은가?

출발선상의 불평등에 제동을 거는 것조차 '불만만 많은 놈'으로 찍히는 사회에서 궁핍한 개인이 할 수 있는 것은 바로 체념뿐이다. '자본주의사회니까'라며 아무도 기회의 평등에 대한 회의를 품지 않고 그저 당연하다 여기며 살아가는 것이다. 물론 모두가 공정한 과정을 거치고 노력한 만큼 결실이 있는 사회라면 어떠한 변명도 필요 없겠지만, 우리사회가 정말 그렇게 맑고 투명하기만 할까? 정말 그러한가? 만약 그렇게만 생각한다면 크나큰 오산이다.

자본주의사회란 무엇인가? 바로 돈에 의해 모든 것이 규정되고 움직여지는 사회다. 이 사회는 경제적 정의를 이룩하기 위해 가장 효율적이고 적법한 절차인 적자생존의 방식으로 사회질서를 꾸려 나간다. 여기에서는 각자에게 주어진 공정한 기회를 통해 열심히 노력하고 환경에 가장 잘 적응하는 개인만이 더 나은 삶을 꿈꿀 수 있다. 그러나 모든 공정한 것들 가운데 돈이 주입되는 순간 그것은 공정성을 잃고 만다. 그래서 소수의 잘사는 사람들은 직접 일하지 않고도 전체 생산물의 많은 부분을 획득할 수 있다. 즉, 자본주의사회 내 공정함은 절대적인 사회적 합의가 아니라, 돈에 의해 얼마든지 깨지고 한곳에 힘을 실어줄 수 있는 임시적인 틀에 지나지 않는다는 사실이다. 그것이 가능한 이유 또한 우리사회의 기본 속성이 전적으로 자본주의적 합의에 기초하기 때문이다.[2]

온전한 기회의 평등이 보장받지 못하는 사회는 불공정한 사회다. 그러므로 날 때부터 궁핍해 갈수록 뒤처지는 사람들에겐 그 거리를 메울 수 있는 제도적인 장치가 필요하다. 그나마 사회적 형평을 위한 몇몇 제도가 형식상·명목상의 형평에서 실질적·비례적 형평으로 옮아가고는 있지만 여전히 협소한 실정이다.

하나 이상한 것이 있다면 몇몇 사람들은 정규직에 들어가기 위해 본인 스스로가 그 사람들만큼 노력을 하지 못했기 때문이라고 인정해 버린다는 것이다. 나는 정말 정규직을 갖기 위해 그 사람들만큼 노력하지 않았는가? 혹시 그들보다 더 노력했는데도 사회적 여건이나 다른 요건들 때문에 발목이 잡힌 것은 아니던가? 갖은 불평등 속에서도 이를 꽉 물고 노력했지만 결국 쟁취할 수 없던 것이 아닌가? 음모론에 불과할지 모를 생각이지만, 자본주의사회이기 때문에 이러한 선상에서 정규직과 비정규직의 문제를 살펴볼 필요성은 있다.

1년 단위 계약직, 인턴 등 채용전제에 이러한 꼬리표를 단 조건부 채용이 바로 비정규직이다. 비정규직이 서글픈 이유는 바로 정규직에 준하는 업무를 하면서도 정규직과의 임금격차가 크게 발생하고, 구조조정이 필요한 상황이 되면 퇴출 1순위가 되는 운명이기 때문이다. 업무에 대한 능력과는 관계없이 정규직이냐 비정규직이냐에 따라 직급이나 연봉에서 차별대우를 받는 것은 계급사회의 당연한 속성을 보여주는 것 같지만, 한편으로는 우리나라 비정규직의 현실을 낱낱이 드러내고 있다.

현 20대 취업자 중 정규직보단 비정규직 비율이 높다는 점에서 첫 취업을 앞둔 새내기 구직자들에겐 큰 압박으로 다가올 수밖에 없다. 더욱이 공공기업, 대기업, 중소기업 등을 가리지 않고 정규직과 비정규직을 차별하는 우리사회의 풍토를 개선하지 않는 한 그들을 둘러싼 위화감 조성과 각종 사회적 갈등은 끊이지 않을 것이다.

정부는 현재 공공부문 비정규직 대책을 실시하여 명목상 비정규직 근로자들의 비중을 줄여 나갔지만, 오히려 임금격차는 더 커졌다는 사실에서 씁쓸함을 야기한다. 정규직과 비정규직의 경계에서 임금격차를 해소하기 위한 정부와 각 기업의 다각적인 노력이 필요한 시점이 아닐까 싶다.

"힘들죠, 힘들죠. 오늘도 잔인한 세상은 너를 비웃고. 거울 앞에서도 기죽고 또 홀로 술잔을 비우고⋯." 고된 현실을 단적으로 보여준 에픽하이의 히트곡 〈Fly〉의 노래가사가 떠오른다. 정규직과 비정규직의 경계에서 갈팡질팡하는 수많은 사람들을 위해 이 노래를 전하고 싶다. "Fly, 세상이 뭐라고 말해도. Fly, Fly, get em up high, 누가 뭐래도 가라고 go go. Fly."

1) 프레시안 특별취재팀, 『한국의 워킹푸어』, 책보세, 2010, 31쪽 참조.
2) 버트런드 러셀, 『게으름에 대한 찬양』, 사회평론, 2005, 26~27쪽 참조.

송곳니보다 날카로운 입술

평상시에는 아무렇지 않다가도 어떤 때에는 가슴에 비수가 되는 언어들이 있다. 가시의 형상을 한 뾰족한 언어는 내 몸을 추스를 새도 없이 마구 찔러대고 안으로 깊이 파고든다. 내게 이다지도 질량이 큰 언어였을 줄이야. 아마 누구라도 상상하지 못했을 것이다. 또 어떤 언어는 내 스스로가 그것을 암묵적으로 인정하고 있었기 때문에 더 당황스러운 반응을 보였던 것인지도 모르겠다. 이처럼 언어로 촉발되는 어떤 문제는 개인의 성질과 맞물려 스스로의 마음을 상하게 만드는 데서 그치지 않는다. 한 개인의 자아를 몹시도 옭죄어 오래도록 큰 고통을 주는 것은 물론이거니와, 자신과 타인의 관계를 완전히 틀어지도록 만들기도 한다.

오늘 하루 내가 나열한 언어들은 전부 어떤 표정을 짓고 있을까? 외형적으로 쏟아 내지 못한, 매순간 수없이 참아 낸 마음 안의 언어들까지를 모두 포함한다면 그 모습은 그리 아름답지 않을 수도 있다. '씨발', '개새끼', '지랄' 등을 필두로 각종 외변형을 거듭한 욕설은 가까운 친구사이일수록 아주 일상적으로 쓰이는 경향이 있다. 욕은 우리가 아주 어렸을 때부터 일상적으로 접해와 이제는 평범하게 들리다 못해 상당히 친근하게 느껴지기까지 한다. 마치 일상 언어의 추임새처럼 쓰이기 시작한 욕은 어느새 상처를 수반하지 않는 시대가 되어 버린 것이다.

그럼에도 단순욕설을 넘어서는 각종 인신공격과 폭언들이 온라인상에서 난무하고 있다. 대다수의 온라인 커뮤니티에서는 가상세계의 익명성을 들어 모든 개인이 감정조절을 고려치 않는 편이므로, 주목을 받기 위해서라면 무엇이든 던져보고 공감을 이끌어 낸다거나 웃기기만 하면 그만이다. 그래서 일단은 상황에 맞게 재치 있는 언어를 던져봄으로써 좋은 반응을 얻어 내고자 하는데, 이는 '드립'이란 말로 그 쓰임새가 부여된다. 여기에 전혀 공감할 수 없다든가 상황에 맞지 않는 터무니없는 소리에는 '개드립', 사회적으로 패륜의 기운이 감도는 언어는 '패드립'이라 지칭한다. 문제는 이러한 '드립'들이 TV와 인터넷으로 대표되는 각종 매체를 통해 수없이 생성과 소멸을 거듭하면서, 우리의 의식 안에 내재하는 언어적 기제는 '웃음'과 '공격성'이라는 말초적인 성향만이 남게 된다. 그리하여 모든 개인은 타인에게 어떤 재치 넘치는 모습을 보여주기 위해 각종 드립을 쏟아 내기 바쁘고, 그러한 가운데 발생하는 말실수나 예의에 어긋나는 행동들이 스스럼없이 자행되는 광경을 종종 발견할 수가 있다.

심한 경우에는 타인의 아픔을 들추어내거나 각종 인신공격을 드립의 소재로 사용하면서, 많은 사람들이 자신의 언어가 대체 무엇이 잘못되었는지 모르는 경우가 많다. 이는 언어의 쓰임새가 갈수록 인간의 말초적인 부분만을 자극하면서 도덕적 불감증을 점점 확대시키고 있는 것이다. 물론 만인의 웃음을 위한 각종 드립들이 온전히 웃음을 가져다주는 좋은 경우도 있기야 하겠지만, 대다수가 '더 웃기고, 더 자극적인 것'을 찾게 되면서 자신의 타인에 대한 공격을 합리화하고 지극히 당연시 여긴다는 점이 문제다. 더욱이 무의식중에 공격성을 내포한 언어가 타인에게 큰 상처를 준다는 것을 알면서도, 감정조절의 어려움으로 그것을 멈출 수 없는 지경에 이르렀다는 점에서 이제라도 경종을 울려야 할 시점이 아닌가 한다.

이따금 매체를 통해 '개념 없는 발언'을 하여 여론의 뭇매를 맞는 연예인이나 유명 인사들을 볼 수가 있다. 구설수에 오른 그들은 대다수가 상식적인 차원에서의 어떤 비하나 감정적 대응과 관련한 몇몇 발언들로 물의를 빚고 사회적 파장을 불러일으켰다는 죄목으로 여론의 심판을 받는다. 누구든 완전할 수 없는 인간인지라 언어적 실수를 염두에 두어야 하는 것은 사실이지만, 해가 갈수록 이러한 현상이 증가하는 이유는 무엇인가 고찰해 볼 필요가 있다.

굳이 이유를 꼽자면 아마 매체가 발달하면서 이러한 현상이 더욱 잦아진 게 아닌가 싶다. 신문과 방송, 인터넷 등지에서 사람들이 내세울 말들이나 발설의 기회는 점점 많아지는 데 반해, 제대로 곱씹어지지 않은 가벼운 언어들이 판을 치고 있다는 것이 큰 문제로 다가온다. 그래서 우리의 일상 가운데서도 부모님이 안 계시는 사람에게 부모님을 들먹이거나, 머리숱이 많지 않은 사람에게 머리카락을 가지고 드립의 소재로 사용하는 등 인신공격의 얼굴을 한 언어는 생각보다 자주 나타나고 있다. 그리고 그러한 언어를 애용하는 사람들은 자신이 무엇을 잘못했는지도 잘 알지 못한다. 본인의 평상시 언어습관에서 스스로가 어떤 그릇된 점을 찾아 낸다는 것은 상당히 어려운 일이기 때문이다. 가령 하루에 다섯 번씩 거짓말을 하는 사람에게 하루에 딱 한 번만 거짓말을 하라고 하면 그는 반문할 것이다. '내가 왜 그래야 하지? 난 늘 이렇게 살아왔어. 대체 뭐가 잘못인데?' 이처럼 어떤 행위가 누군가의 삶에선 너무나도 쉽고 일상적이기 때문에, 스스로가 어떤 문제를 발견해 낸다는 것은 큰 무리일 수도 있다.

그렇다면 우리는 과연 우리 자신의 언어를 어떻게 바라봐야 하는지, 또 고운 말을 쓰려는 생각을 품어도 그때그때 그 결심이 물거품이 되는 가운데서, 대체 어떤 언어의 세대를 살아가야 하는지 고민하지 않을 수가 없다. 아이러니한 것은 인간은 언제나 자신이 뱉은 언어를 제대로 기억하지 못하거나 혹은 기억하려고 하지 않으면서도, 자신이 타인으로부터 들은 언어에 대해서는 엄청난 민감함과 기억력을 발휘한다. 특히나 본인에게 조금이라도 거슬리는 말이거나, 자신으로 하여금 끊임없이 상기시키는 타인의 언어에 대해서는 스스로가 자유로워질 수 없어 마음에 담아두는 경향이 있다. 그래서 자신에게 모진 말을 뱉은 타인을 미워하게 되는 것이 다반사다. 아마도 난자당한 내 심장은 누군가에게 받은 상처만을 되새길 뿐, 정작 자신이 발설한 것을 끝끝내 기억하지 못하는가 보다.

그러나 사람은 원숙해지면서, 젊었을 때의 몇몇 사고방식들이 미숙한 것이었음 깨닫게 되는 순간이 있다.[1] 생각해 보면 거친 언어는 언제나 나의 몫이었음을 언젠가는 알게 되는 것이다. 투박하고 불온전한 감정이 짜낸 불합리한 언어들이 내 입을 떠나 세상을 이리저리 떠돌고 나면 다시금 제자리로 돌아오게 된다. 우리사회의 언어적 회귀가 가능한 이유는 수많은 사람들이 함께 공존하며 살아가고 있고, 조금이라도 더 도덕적인 삶을 영위하고자 하는 사람들이 세상 곳곳에서 함께 살아 숨 쉬고 있기 때문이다. 그래서 밤이면 떠나고 낮이면 다시 내게로 돌아오는 그림자처럼, 내 입술이 쏟아 낸 언어들은 끝끝내 내 주위를 맴돌며 흩어졌다 나타나기를 반복한다.

오늘 하루 동안 발설한 나의 말들은 얼마나 감추고 싶을 것인가? 꺼내 놓기조차 민망한 언어들이 수두룩할 것이다. 희극을 원하는 나의 본성이 '관계의 비극'을 만들어 버리기도 한다는 사실을 알면서도, 우리는 다시금 후회할 짓을 하고 만다. 타인을 비하하거나 농담조로 서슴없이 뱉은 말들은 언젠가는 비수가 되어 다시 내게로 돌아온다. 우리는 항상 아름다운 언어사용에 관한 결심과 포기를 밥 먹듯 하지만, 그것을 완전히 놓지는 말아야 할 것이다. 매순간 언어사용에 심혈을 기울이려는 투쟁을 멈추는 순간, 나의 입술은 송곳니를 드러내고 타인의 가슴을 무자비하게 찢어놓을 것이므로.

---

1) 자크 랑, 『넬슨 만델라 평전』, 실천문학사, 2007, 334쪽.

금쪽같은 자식 사랑 =
독약

개인적인 선입견인지는 몰라도 요즘 아이들을 대하는 부모들의 자녀교육에는 금쪽같은 자식사랑은 있어도, 아이를 진정으로 위하는 인간적인 면모는 찾아볼 수가 없는 것 같다. 대다수의 어른들은 "아이들은 나가서 뛰어놀게 해야지"라고 말하면서도, 정작 자기 자식에 대해서는 엄격해 학원이나 방과 후 활동으로 뺑뺑이를 돌린다. 또한 건강을 명목으로 운동을 시켜도 '아이들의 성장판을 자극시켜야 한다'는 어떤 목적의식 내지 효용성이 있어야만 그것을 용인하게 되는데, 이러한 가정의 자녀들은 부모의 엄격한 잣대에 짓눌려 커갈수록 조건부 인간이 되어 간다.

특히나 '창의성 교육'과 '세계화 시대의 영어교육'이란 두 교육적 패러다임을 거친 우리나라는 현재의 입시지상주의를 정점으로 하여 인성을 간과한 학습만을 남겨 버렸다. 학습은 곧 대학진학에 초점을 맞추어 이루어지고, 아이들은 비정상적일 정도로 편중된 몇몇 영역만을 공부하게 된다. 이는 우리사회가 목적하는 어느 한 지점으로 가기 위해 꼭 같은 버스에 올라타 힘겹게 이동하는 것을 의미하지만, 전철이나 비행기를 타고 이동할 수도 있다는 것을 생각할 수조차 없는 획일화된 사회임을 방증하는 것이다. 그러므로 이러한 사회 안에서 우리는 몇 가지 회의를 안고 나아가야 한다. 과연 '교육개혁'이란 이름으로 한 시대를 풍미했던 요란한 구호와 함께 우리사회의 교육적 성과도 갈수록 진보하고 있는가? 그러한 교육의 성과로 아이들의 가능성이 열리고 삶의 질이 높아졌는가? 또한 모든 차원에서 나날이 발전을 거듭해야 하는 교육이, 탁상공론에 불과하고 철학이 없는 교육정책과 일부 극성부모들에 의해 꾸준히 퇴보하고 있는 것은 아닌가? 그렇다면 왜 그런 현상이 빚어지는 것인가를 한번 살펴보아야 한다.[1]

대부분의 부모들은 아이를 자신에게 종속된 개체로만 생각하는 경향이 있다. 우리사회에서 아이를 대하는 부모의 모습은 마치 상등품을 찍어내는 공장과 다를 바가 없다. 다양한 공정을 거쳐 월등한 품질의 제품을 뽑아내려는 욕구가 고스란히 아이들한테로 대입돼 행해지고 있기 때문이다. 이는 교육이 훗날 아이의 사회적 입지를 온전히 보장해 줄 수 있는 것처럼 여겨지고, 사회 내에서는 마치 한 개인의 현실을 뒤엎어 줄 독보적인 보증수표로 인식된다는 점에서 교육의 의미가 사회적으로 과대평가되고 있음을 시사한다. 문제는 그러한 인식이 부모들에게서 나타날 뿐만 아니라 그들에게 종속된 아이들에게로 고스란히 옮아가고 있으며, 단 한번도 그러한 삶에 대해 제대로 고민해 본 적이 없는 아이들은 맹목적으로 어른들의 인식체계를 그대로 좇게 된다는 사실이다. 그래서 아이들은 자신들이 잘 알지도 못하는 대학이란 개념을 어렸을 때부터 떠들게 되고, 개인으로서는 조금 더 나은 그리고 더 높은 단계만을 설정하려 애를 쓴다. 그러면서도 그들이 왜 남들보다 더 낫거나, 누구보다 더 높은 단계로 올라서려는지 그 이유를 알지 못한 채 자라나게 되는 것이다. 단지 어른들의 바람과 종용이 아이들의 허파에 바람을 넣었을 뿐, 아이들은 나면서부터 그것을 원한 적이 없었는데도 말이다.

또한 자식교육이 점점 가식적으로 변모하는 것도 상당한 문제로 다가온다. 우리는 어렸을 때부터 줄곧 어른들을 통해 직업에는 귀천이 없다고 배우며 자라지만, 그들은 자장면을 배달하는 배달사원을 보면서 아이들에게 이렇게 이야기한다. '저거 봐라, 공부를 안 하면 저런 일을 하게 된단다'라고 말이다. 혹은 의식적으로나마 청소부나 서빙, 막노동 등을 천시하는 경향이 외면적으로 드러나기도 한다. 물론 그것을 천시하느냐 하지 않느냐는 개인적인 차원에서 이루어지는 가치판단이지만, 과연 '내 아이에게도 그러한 일을 시킬 수 있느냐 없느냐의 차이'가 직업의 귀천을 가르는 중대한 요인으로 작용한다. 그래서 우리는 무의식중에 무엇이든 계열화하고자 하지만, 어차피 모든 계열화의 토대는 사회제도적 차원에서 긴 시간 동안 인위적으로 생성되어진 인식체계에 불과하다. 우리교육이 전혀 실용적이지 못한 이유가 바로 여기에 있다. '관념적으로 생각하는 것'과 '실제적인 모습' 사이에는 엄청난 괴리감이 들기 때문이다. 그런데도 이러한 사실을 인지하지 못하는 어른들은 똑같은 모순을 아이들에게 가르치고 있다. '직업에 귀천은 없지만, 저것은 천한 일이란다' 자식을 생각하는 부모의 마음이 이해되지 않는 것은 아니지만, 대체 부모들은 이처럼 의식과 언어의 불일치를 보이는 고질적인 교육문제를 왜 아이들에게 대물림하려 드는 것인지 알 수가 없는 노릇이다.

아무튼 이 모든 것들의 중심에는 바로 아이를 향한 부모의 애정에 있음을 다시금 강조하고 싶다. 금쪽같은 자식사랑은 아이를 건강하게 키워 내고 사랑이 많은 아이로 길러 내지만, 훗날 아이가 잘살았으면 하는 마음이 앞서는 바람에 궁극적으로는 아이를 병들게 한다. 일반적으로 애정의 농도가 지나치게 짙어질 경우 사랑은 어떻게 되는가? 변질되고 떠나가고 결국에는 산산이 부서지기 마련이다. 설령 당장은 그렇지 않더라도 본질적인 측면에서 애정이라 볼 수 없을 만큼 감정의 형상이 변화하는 경우가 허다하다. 지나친 애정은 집착을 비롯한 여러 쓸모없는 감정을 생성하고, 상상력을 증폭시켜 불안을 극대화한다. 때문에 자신이 생각할 수 있는 모든 경우의 수만큼 고통의 가짓수도 늘어난다. 머릿속에서 펼쳐지는 비극적인 영상은 자신의 삶을 피폐하게 만들고, 그 고통은 곧 타인에게로 전염된다. 집착의 형상을 한 여과되지 않은 감정은 더 이상 사랑의 모습이 아니다. 그리고 그것을 마주하는 당사자는 지치거나 심신이 피폐해지기에 충분하다. 상대가 연인이든 가족이든 간에 말이다. 그래서 많으면 많을수록 좋을 줄만 알았던 자식사랑에도 어느 정도 선을 지켜 행해야만 자식에게 약이 되는 것이다.

물론 내 아이를 훌륭하게 키워 내고 잘살게 하고 싶은 바람은 전 세계 모든 부모에게서 발견할 수 있는 공통된 마음일 것이다. 과연 자기 아이를 뒤처지게 하고 싶은 부모가 어디에 있을까? 그러나 근본적인 측면에서 '내 아이가 잘나야 한다'는 믿음은, 곧 '다른 아이들은 어떻게 되든 상관없다'는 이기심의 동의어나 마찬가지다. 바로 여기에서 우리사회의 고질적인 문제가 발생한다. 우리사회는 정말 내 아이만 잘되면 그만인 것인가? 그래서 만족스럽고, 궁극적으로는 정말 행복한가? 이러한 결과지상주의적 애정은 모든 타인에게 가해지는 피해를 합리화하려 드는 이기적인 속성을 내포한다. 그것은 입시를 앞둔 전국의 모든 부모들에게서 더욱 크게 발견할 수 있는 현상에 불과할 테지만, 중요한 것은 과연 부모의 애정이 아이를 진정으로 위하는 마음에서 우러나는 것인가를 묻는 일이다. 솔직하게 이야기할 필요가 있다. 내 아이에 대한 걱정과 안위, 그리고 앞날에 대한 확신에서 비롯되는 부모 자신의 미래지향적 소망을 아이에게 온전히 담고 싶은 것은 아닌가? 대답은 불 보듯 뻔한 일이지만, 아무리 색안경을 끼지 않으려 노력해도 국내사회에서 이루어지는 부모의 자녀에 대한 애정은 비정상적인 경우로밖에 보이지 않는다.

그럼에도 온전한 자식사랑의 관점에서 아버지에 대한 이야기를 살짝 덧붙이고 싶다. 아버지는 시대의 조류에 응하지 않고 가족들을 위해 죽어라 일만 해 왔으며, 가족구성원 각자의 꿈을 존중해 주는 사람이었다. 갈수록 변화를 거듭하는 터무니없는 꿈일지언정 "하고 싶은 것을 하라"는 아버지는 단순히 한 아이의 아버지라는 점에서도 존경받을 만한 가치가 있는 사람이지만, 새삼 더 위대하게 느껴지는 것은 그의 등을 보며 자라올 적마다 단 한 번도 흔들리는 모습을 보여주지 않아서이기 때문인지도 모른다. 아버지란 그런 존재다. 자신의 꿈은 안중에도 없고, 힘들어도 언제나 굳건히 서 있어야 하며, 천장의 빗물을 막아 내기 위해 지붕의 역할을 수행해 내야만 하는 희생과 의지를 표상하는 존재. 그것은 누가 시켜서 하는 일도 아니며 스스로 우러나온 당신의 자녀에 대한 진정한 애정의 발로일 뿐이다. 나면서부터 20대 중반을 넘어서기까지 아버지는 단 한

번도 내게 "어디로 가라"고 말씀해 본 일이 없다. 단지 "어디로 갈 거니" 하고 물으시는 것으로 내 어린 선택을 품으셨다.

---

1) 도정일, 『시장전체주의와 문명의 야만』, 생각의나무, 2008, 105~107쪽 참조.

가장의 비애

아버지는 도저히 내 머리로는 이해할 수 없을 만큼 성실한 분이셨다. 휴식을 모르는 분. 어렸을 적부터 보아 온 아버지는 한파가 불어 닥치는 차가운 겨울에도 허리가 휘어져라 일만 하셨다. 기억에도 없는 나의 어린 시절, 안살림을 유지하기 위해 거리에서 붕어빵도 파셨다는 아버지를 생각하면 매사에 얼마나 숭고한 목적으로 일하셨던 건지 새삼 느껴지고는 한다. 가정과 생업이라는 이름 아래 자신의 삶을 포기하고 우리에게 있어 가장 행복한 순간들을 선사해 준 아버지는, 그 어떤 철학적인 해석으로도 이루 말할 수 없는 위대함을 간직하고 서 있는 존재다.

지상에 존재하는 모든 아버지들은 자신에게 주어진 상황 안에서 언제나 주체적으로 살아가는 신비한 존재다. 동시에 가정을 품은 국내사회의 가장들은 생각보다 많은 부담을 홀로 떠안고 있는 불행한 자들이기도 하다. 책임이라는 속박에 묶여 자신의 꿈을 향해 나아가기보다는 눈앞의 현실만을 좇고 있을 뿐인 처량한 인생들. 아내와 자녀를 위해 의식주를 모두 책임져야 하는 가장들은 그 책임의 무게를 어디다 벗어던질 수가 없어 어깨가 더욱 축 처질 수밖에 없는 것이 아닐까?

과연 그들은 자신만의 진정한 행복을 꿈꿀 수 있을 것인가? 어느 누군가 행복에 이르는 방법을 말하고 그와 관련한 이론과 설명을 한껏 제공한다고 해도, 우리사회의 아버지들만은 그렇게 실제적인 삶을 이어 가지 못할 것이다. 스스로의 행복을 발견하고 그것을 추구하며 살아가기에는, 자신을 둘러싼 책임의 무게가 너무나도 커다랗기 때문이다. 그래서 지상의 모든 아버지들은 사랑하는 가족에게 부족함이 없게 하려 자신의 부족함을 돌보지 않는다. 그러나 그들은 행복과는 다른 얼굴인 '의무감'과 '가족애'를 통해, 궁극적으로는 행복을 엮어 나가는 역설적인 삶을 살아가게 된다.

버트런드 러셀은 자신의 저서 『행복의 정복』을 통해 이러한 이야기를 하였다. "우리는 마땅히 사랑하는 사람의 행복을 바라야 한다. 그러나 자신의 행복을 포기하고 상대방의 행복을 바라는 것은 옳지 않다."[1] 우리는 러셀의 이야기에 무한한 긍정을 아끼지 않을 것이다. 그의 말은 한 개인이 지극히 행복해지기 위한 인식의 척도를 설파하고 있으며, 현대의 잠언양식으로도 아무런 손색이 없기 때문이다. 그런데 단 한 부류만이 이러한 이야기에 반대를 외치고 있다. 그것은 바로 이 시대를 살아가는 아버지라는 이름의 존재들이다. 그들은 러셀의 언어에 대하여 완전한 반대의 입장을 표명한다.

우선 '아버지'하면 떠오르는 영화 〈인생은 아름다워〉를 살펴보자. 주인

공 귀도는 자기암시와 낙천성으로 원하는 것은 무엇이든지 이루어 내는 주체적인 인물로, 주어진 상황 안에서 행복을 만들어 가는 긍정적인 존재로 표상된다. 제2차 세계대전의 한복판에서 벌어진 이 이야기는 유태인 수용소에서 강한 부성애를 발휘하는 아버지 귀도의 가족적 사랑과 희생을 보여주는데, 그는 죽기 직전에도 하나뿐인 아들을 위해 우스꽝스러운 모습을 연출하다 태연히 죽음을 맞는다. 이처럼 그의 죽음에 대한 인식은 다분히 긍정적인 형태로 나타나는데, 나치군에게 잡혀 공포로 벌벌 떨어야 하는 순간에도 몰래 숨어 자신을 지켜보고 있는 아들을 안심시키기 위해 귀도 자신이 선택한 희극적이면서도 위대한 죽음을 맞는 것이다. 즉, 귀도는 아들의 목숨을 지키기 위해 자신의 행복을 스스로 포기하는 가운데서, 그것이 자신과 아들에게 위안과 행복을 가져다주는 역설을 발생시키고 있는 것이다.2) 이는 러셀의 언어와는 다르게 "한 개인이 자신의 행복을 포기함으로써 궁극적으로 스스로가 행복해질 수 있다"는 것을, 귀도는 한 아이의 아버지로서 그것을 보여주고 있다.

위와 같은 맥락으로 중국의 소설가 위화의 『허삼관 매혈기』를 살펴보면 일상적으로 마주하는 아버지의 의미를 보다 깊이 있게 파악할 수 있다. 위화는 자신의 피를 팔아 가족들을 먹여 살리는 '허삼관'이라는 가장을 통해 작품을 이끌어 가며, 아버지란 존재가 가족들을 위해 살아가는 방식과 더불어 한없이 가녀리면서도 단단한 존재의 실상을 낱낱이 묘사한다. 작중 허삼관은 자신의 친아들이 아닌 일락에게 이러한 이야기를 한다.

"일락아. 오늘 내가 한 말 꼭 기억해 둬라. 사람은 양심이 있어야 한다. 난 나중에 네가 나한테 뭘 해 줄 거란 기대 안 한다. 그냥 네가 나한테, 내가 넷째 삼촌한테 느꼈던 감정만큼만 가져 준다면 나는 그걸로 충분하다. 내가 늙어서 죽을 때, 그저 널 키운 걸 생각해서 가슴이 좀 북받치고, 눈물 몇 방울 흘려주면 난 그걸로 만족한다."3)

상황이나 맥락은 다를지언정 이는 모든 아버지들의 진심을 오롯이 대변하는 단락이 아닐까 싶다. 자녀를 위해 자신의 청춘을 다 쏟아 내 장렬히 산화하는 아버지란 존재가 자식들에게 바라는 것은 겨우 이런 소박한 것이었음을 깨닫게 되는 순간, 우리는 깊은 슬픔에 잠겨 회한의 눈물을 흘리게 되지 않을까?

늙어 죽을 때까지 단 한 순간도 쉴 수 없던 아버지의 삶. 인간적인 권리를 생각할 틈도 없이 가족에게 헌신하며 쏟아 낸 그들의 숨결이 이토록 처절한 이유는 무엇인가 한번쯤은 돌이켜봐야 할 것이다. 그리고 우리는 이미 해답을 손에 쥐고 있는 질문을 가지고서 당신의 좁은 등허리를 마주해야 한다. 당신이 갖고 있던 그 넓은 등판은 다 어디로 간 것일까?

1) 버트런드 러셀, 이순희 역, 『행복의 정복』, 사회평론, 2005, 265쪽.
2) 김용규, 『영화관 옆 철학카페』, 이론과실천사, 2002, 78~90쪽 참조.
3) 위화, 최용만 역, 『허삼관 매혈기』, 푸른숲, 2007, 205쪽.

여인의 삶을 버린
엄마의 일생

　사랑은 인간을 타인과 결합하도록 만듦과 동시에 자신으로 하여금 고독의 늪에서 빠져나가도록 돕는 역할을 한다. 그래서 모든 개체는 타인과의 내외적 합일을 달성하고자 사랑을 추구하게 된다. 개인이 갈구하는 사랑의 형태는 전부 제각각이고, 각자가 수반하는 의지나 감정도 관계에 따라 천차만별이다. 그래서 사랑이라는 이름으로 행해지는 모든 행위는 온전한 사랑일 수도 있고, 그렇지 않을 수도 있다. 단지 모든 관계망 안에서 형성된 상호간의 일체는 어떤 조건으로 지어지는 경우와 그렇지 않은 경우 모두를 포괄하는데, 여기서는 '조건 없이 이루어지는 형태의 사랑'을 이야기하고 싶다.

　우리는 어떠한 사랑을 이야기하든 거기서 조건이란 요소를 빼놓을 수가 없다. 가령 첫눈에 반한 사랑조차도 굳이 이유를 대자면 전부 가능한 일이된다. '얼굴이 마음에 들어서 혹은 성격이 좋아서'라는 내외적 조건, 그리고 '그냥 좋다'고 말할 때의 '그냥'조차도 단순히 '아무 이유 없이 끌린다'는 역설적인 이유가 성립한다. 반면 모든 존재는 조건 없는 상호간의 일체를 진정한 사랑이라 생각하지만, 실제로 그러한 설명은 현실적이지 못하다. 이미 남녀라는 생물학적 성부터 남성과 여성이라는 어느 한편의 '조건'으로 설명되어지기 때문이다. 더욱이 성별이나 연령, 국적에 관계없이 아무나 사랑할 수 있는 사람이 아니라면, 조건 없이 사랑한다는 것은 애당초 불가능한 수식에 가깝다.

그러나 우리의 가장 가까운 곳에서 마주하는 어떤 존재는 가장 완벽한 형태의 조건 없는 사랑을 실천한다. 한번쯤. 아니, 일생을 끝없이 속상해야 했던 지상의 모든 '엄마'들이 바로 그 주인공이다. 엄마는 자신의 뱃속에서부터 길러낸 자녀들과의 절대적인 관계망을 형성하지만, 그러한 조건적인 관계 속에서 자녀와의 어떤 등가적인 형태의 관계를 형성하는 것은 아니다. 엄마는 단지 엄마라는 이유만으로 자녀를 위해 모든 것을 다 내어준다. 바라는 것은 아무것도 없다. 그저 아낌없이 다 쏟아낼 뿐이다. 그리고 이내 기력이 쇠한 엄마가 어머니가 되는 순간, 우리는 크나큰 후회를 맛보게 된다. 언제나 고독하고 군중 속에선 더 큰 소외를 느끼던 우리에게 긍정해 주던 유일한 존재가 바로 어머니 아니던가. 별것도 아닌 일에 큰 호응을 보내고 눈물을 쏟던 세상 모든 어머니들은 언제나 '그럼에도 불구하고' 우리를 사랑하고 계신다. 단지 우리는 그것을 너무 늦게 알아차렸을 뿐이다.

어머니의 사랑은 '그럼에도 불구하고' 사랑한다는 아가페의 사랑으로도 설명이 불가능할 지경인 무한한 사랑을 의미한다. 어머니는 어린 자녀에게 정성스레 음식을 먹여주고, 칭얼대면 달래주고, 또 잠을 재워 주기도 하며, 따뜻하게 품어 안아주기도 한다. 이러한 일련의 행동들은 전부 대가가 없는 가운데서 이루어지는 것들이다. 우리는 점차 사랑받는다는 것을 경험하고 그것을 의식화해 가지만 쉽사리 개념화하진 못할 뿐이다. 단지 에리히 프롬의 말처럼 '우리가 사랑받기 위해 나 자신이 해야 할 일은 하나도 없다'는 것이다. 어머니의 사랑은 무조건적이기 때문에 나는 어머니의 자식으로 존재하기만 하면 된다.1) 그리고 그들의 대다수가 가사와 육아를 이유로 자신의 품은 뜻이나 사회적인 삶을 포기한다. 이미 그들은 여인에서 한 아이의 엄마로 변모하면서부터 그러한 마음을 품었을지도 모를 일이다. 그리고 그들은 한 아이를 키워가며 점점 '극성아줌마'가 되어 간다. 그런데 문제는 무한한 사랑을 상징하는 그들의 존재가 사회 내에서는 상당히 부정적으로 취급된다는 사실이다.

국내사회에서 가정주부가 된다는 것은 뼈 빠지게 일을 해도 노동으로 취급받지 못하는 형편으로 전락함을 의미한다. 자본주의적 시각으로 볼 때 주부는 직접적으로 생산해 내는 것이 아무것도 없다. 그래서 사회는 그들에게 그 무엇도 지불할 필요가 없다는 결론을 내린다.2) 그러나 주부는 집안을 청소하다 말고 아이들을 돌보기도 하며, 빨래를 돌려놓다 시장을 다녀와 저녁식사를 준비하기도 한다. 하루 종일 집안일을 하느라 힘들어 조금 쉴라치면 퇴근하고 돌아온 남편은 아내에게 "집에서 쉬기만 해놓고 뭐가 힘드냐"고 타박한다. 마치 우리사회에서 기득권자가 궁핍한 자에게 행하는 부조리함의 축소판이라고 할 수 있지 않을까? 돈을 벌어오는 사람이 집안 전체를 지배하는 사회구조가 된지는 이미 오래다.

사실 가정주부는 기본적인 삶의 요건들을 스스로 꾸려나갈 수 있지만, 그랬다가는 가사나 육아에 전념할 수가 없다. 그래서 그들은 자신들의 여자로서의 삶 혹은 사회적인 삶을 포기한다. 동시에 자신의 경제력을 남편에게 위임하는 것으로 가정 내 주도권마저 양보한다. 단지 자신이 속한 가정을 정상적으로 꾸려나가기 위해 그들 스스로 아무런 보상을 받지 못하는 가사노동을 택했을 뿐이고, 사회 내 어느 누구도 그것을 온전한 노동으로 인정해 주지 않고 있는 지금의 현실을 살아갈 뿐이다.

그러나 조금만 생각해 보면, 우리사회의 모든 경제활동이 모자람 없이 성립되기 위해서는 각 가정의 가사노동이 원활하게 이루어져야만 한다. 그것이 온전하지 않고서는 사회가 정상적으로 흘러갈 수 없게 된다. 단지 가정과 사회를 위해 그녀들은 평생을 무식하고 무능력한 사람으로 취급돼도, 그것을 꾹 참아낼 따름이다. 부당하고 억울해도 도중에 그만둘 수 없는 일이 가사와 육아이며, 그 와중에 하루하루 작은 즐거움을 찾아나서는 사회에서 가장 능동적인 존재가 바로 가정주부다.3) 다만 사회적으로 금전적인 성취를 나타내지 않는 일에 대해서는 얕잡아 보는 버릇부터 들인 우리의 시야가 현대사회의 '엄마들'을 천시하는 일은 한없이 아이러니하기만 하다.

아가페의 사랑을 실천하는 어머니의 존재적 의의가 왜 하필이면 사회적으로 지탄을 받거나 무가치한 존재인 것처럼 받아들여지는 것인가? 나면서부터 보살핌이 필요한 우리는 모두 어머니에 의해 길러지고 필요한 모든 것들이 충족된다는 사실을 잊고 있을 뿐이다. 우리에게 그 어떤 것도 바라지 않고 퍼주기만 하는 어머니의 모성은 조건화된 에로스적 사랑과는 거리가 멀다. 내가 자녀라서 혹은 그 무엇 때문에 어머니는 나를 사랑하는 것이 아니다. 자녀가 된 자로서의 내 존재, 그 자체를 사랑해 주는 것이다.[4] 그러므로 내가 무엇인지는 중요하지 않다. 단지 내가 자녀임에도 불구하고, 이다지도 나를 사랑한다는 것은 이유를 불문하고 정말 감사할 일이 아닌가?

내가 태어나고 존재하는 순간부터 어머니는 자신의 여인으로서의 삶은 이미 버린 지 오래다. 그들은 엄마가 되기 위한 어떠한 준비과정조차 경험하지 못하고 완전한 엄마로 자라나게 된다. 그리고 그들은 자신의 육신을 다하여 자녀를 섬긴다. 아장아장 걷는 자녀의 뒷모습을 보며 어머니는 세상 가득 웃음을 꽃 피우지 않았던가? 자녀가 완전히 장성하고 나면 엄마의 육신은 너덜너덜해지고, 가슴은 피투성이가 될 것이며, 공중에 딱 하나 남은 별은 빛을 잃어버리고 난 뒤일 것이다.

아이러니하게도 '나의 존재'는 엄마에게는 커다란 선물이자 동시에 비극으로 자리하게 된다. 선물된 자로서의 나는 엄마의 여자로서의 일생을 한순간에 종식시켜 버리기 때문이다. 그런 의미에서 이어령 선생은 어머니를 '현존하는 거대한 부재'라고 설명했다.[5] 언젠가는 바스러져 바다 저편에 존재할 어머니. 지금은 영락없는 가정주부의 모습으로 설거지를 끝마치고 방 한 편에서 자신의 종아리를 두드리고 앉아계실 테지만, 그녀는 어디까지나 덧없고 유한한 존재일 뿐이다.

---

1) 에리히 프롬, 황문수 역, 『사랑의 기술』, 문예출판사, 2006, 60~61쪽 참조.
2) 하워드 진, 이아정 역, 『오만한 제국』, 당대, 2001, 283쪽 참조.
3) 이영미, 『한국인의 자화상 드라마』, 생각의나무, 2008, 148~149쪽 참조.
4) 김용규, 『영화관 옆 철학카페』, 이론과실천사, 2002, 231쪽 참조.
5) 이어령, 『어머니를 위한 여섯가지 은유』, 열림원, 2010, 28쪽.

노년기를 보는
새로운 시각

몇 년 뒤면 우리사회는 '고령사회'를 넘어 '초고령사회'에 진입한다고 한다. 세계 역사 내 어디서도 유래가 없을 만큼 빠른 속도로 진입 중인 노년인구의 증대는 사회 곳곳에서 다양한 변화를 불러일으키고 있다. 특히 평균수명이 늘어나면서 노인의 욕구도 함께 증대하지만, 이를 뒷받침해 줄 일자리는 턱없이 부족한 실정이다. 우리사회는 노인에 대한 고용률이 현저히 낮을 뿐만 아니라 일자리도 마땅치 않아, 대다수의 노인들은 나이가 들수록 경제적 어려움에 처할 수밖에 없다.

이와 같은 노인빈곤문제는 내일을 기약하기조차 어려운 지경에 이르는 노인들의 경제적 궁핍을 의미한다. 여기에 기성세대를 자신들이 품어야 하는지 고민하는 젊은 세대는 노인부양에 대한 큰 부담을 느끼고, 거추장스러운 짐짝 취급을 받는 노년인구 또한 상당한 부담을 느낄 수밖에 없다. 시간이 갈수록 고령인구의 증가가 심화될 것으로 전망돼, 계층 간 불협화음을 방지하고 노년인구의 경제력을 보장하기 위한 사회제도적 차원에서의 일자리 창출이 시급한 상황이다.[1]

우리사회에서는 나이가 들어 늙은 사람을 '노인'이라 지칭한다. 그러나 이 노인이란 말은 제고되어야 할 필요가 있다. 노인의 사회적 위상이 바닥을 치는 시점에서 젊은 세대의 노인에 대한 부정적인 인식은 해가 갈수록 거세지고 있기 때문이다. 마치 고령화가 자신들에게 큰 부담을 지울 거라는 인식은, 노인을 '능력이 없어 마냥 놀고먹는 사람' 취급을 하는 사회로 흘러가도록 만들어 버린다는 것이다. 단지 자연의 순리를 따라 젊은 시절 열심히 혹은 죽어라 일만 하다 기력이 쇠하였을 뿐인데도, 마치 그러한 노인들을 사회적 잉여물 취급하는 개별화된 인식이 너무나도 각박할 따름이다.

세상에 태어난 사람은 모두가 자란다. 자란다는 것은 모든 인간이 시간의 흐름을 따라 자연적으로 성장하며 세월의 덧댐을 통해 변화해 가는 것이다. 그렇게 오랜 시간을 존재하다 보면 인간의 육신은 점차 늙고 볼품없어지며, 더 이상은 운동선수의 전성기와 같은 젊은 시절의 기량을 발휘할 수가 없게 된다. 그러한 가운데 노인은 사회적 비용의 측면에서 부담스러운 인구로 인식되기 시작하고, 젊은 세대의 따가운 눈총을 받는 미운 계층으로 전락하고 만다. 그리고 그러한 젊은 세대가 다시 노년인구가 되어, 자신들을 보고 자라난 새로운 젊은 세대들에게 똑같은 취급을 받는다. 윤리를 상실한 사회의 부정적인 관념이 지속적으로 대물림되고 있는 것이다.

사실 독거노인이나 수입원이 없어 막막한 노인들에게는 사회적으로 도움의 손길이 필요하다. 몸이 예전만 못해 거동조차 불편한 이들은 근로능력을 상실해 기본적인 경제력조차 가질 수 없기 때문이다.2) 문제는 우리 사회가 가난한 노인들을 바라볼 때 마치 '적선'이나 '베풂'이라는 오만한 태도를 취한다는 것이다. 우리의 기본적 도덕을 상기한다면 노인에 대한 인식을 달리함과 동시에, 사회제도적인 차원에서는 그들의 실질적인 활동 분야를 넓혀 주려는 방책을 세우는 것이 급선무인데도 불구하고, 여전히 눈앞에 놓인 현실을 외면한 채 그 부담을 후손들에게 양도하려 드는 것이 지금의 현실이 아닐까? 중요한 것은 우리 모두가 세월이 흐르고 나면 노인이 된다는 사실이고, 당장은 피부에 와 닿지 않겠지만 노인문제가 비로소 자신의 문제가 된다는 것을 망각하고 있을 따름이다.

　〈나라야마 부시코〉라는 일본영화는 한 마을을 배경으로 갓난아이나 노인을 버리는 풍습을 보여 준다. 이는 사회구성원들이 입을 하나라도 덜어 냄으로써 스스로가 살아남기 위한 하나의 방편으로 행해지는 것이다.3) 이러한 낯선 행태를 바라보는 우리의 눈에는 상당히 반인륜적인 행위로 비칠 뿐이지만, 일종의 원시사회를 향유하는 그들이 오랜 기간 존속하며 이룩해 온 문화에 대해 우리의 윤리적인 잣대만으로 그것을 판단하는 것은 옳지 않다고 생각한다. 그럼에도 세계의 모든 전통이나 풍습을 문화적 상대성을 이유로 무조건 존중해 주어야만 한다면, 인간의 모든 추악하고 야만적인 행위들이 정당화될 수밖에 없을 것이다. 하물며 한 사회의 풍습을 이유로 죽고 싶은 사람이 어디 있을 것인가? '죽지 못해 살아간다'는 말을 쉴 새 없이 쏟아 내는 인간일지라도, 실제로 죽고 싶어 살아가는 사람은 없을 것이다. 단지 우리는 감정을 지닌 인간으로서 이성적으로만 살아가진 않기 때문에, 문화를 들먹이기에 앞서 인간의 생명이라는 좀 더 근본적인 가치를 중시해야 할 따름이다. 물론 가치정립의 기준은 애매모호하기 이를 데 없지만, 영화 속 '노인을 버리는 풍습'이나 '노인을 바라보고 눈살을 찌푸리는 우리사회'나 의식적인 차원에선 딱히 어떤 차이가 있다고 생각되지도 않는다. 노인을 버리는 풍습이 존재하는 〈나라야마 부시코〉와는 다르게, 우리사회는 가슴으로 노인을 버리고 있기 때문이다.

노인문제의 해결점을 찾아나가고 싶다면 다시 한 번 노인이란 언어는 사회적으로 제고될 필요가 있다. 노인이란 말의 뿌리는 '늙다'에 치중한 외면적인 성질을 그대로 본떠와 많은 사람들에게 부정적인 인식을 가져다 준다. 반면 노인의 내면적 성질을 가져와 '오랜 세월 존재하여 세상 이치에 밝은 지혜로운 사람'이란 뜻에서 '지인'이란 말로 대체한다면 어떨까? 또한 노년기는 해가 지고 어스름해지는 무렵, 즉 가장 아름다운 인생의 '황혼기'라는 말로 대체되는 것으로부터 우리의 인식의 전환을 촉구하는 여지가 자라나지 않을까?

세월을 아무리 붙잡으려 해도 결국 우리는 모두 늙는다는 사실을 기억해야 한다. 젊은 날이 지는 순간 우리는 모두 노인으로 피어날 것이다. 머지않아 우리는 노인이 될 것이고, 언젠가는 노년인구가 되어 현재와 같이 눈치를 살필 수밖에 없는 처지에 이를지도 모른다. 그러므로 우리는 미리 대비해야 한다. 내 부모도, 내 형제도, 내 친구도, 심지어 나 자신조차도 지금 이 순간 계속해서 늙어간다는 사실을 상기하며 노인에 대한 인식을 달리해야 하지 않을까? 인생의 노년은 거추장스러운 것이 아니라, 세월의 흐름이 깃든 자연스러운 이치임을 분명히 곱씹어야 한다. 우리는 아이이면서 노인이고, 살아 있는 유기체이면서 한 줌 흙에 불과한 모순적 존재다. 한사코 젊을 것만 같은 시기란 유한하기 이를 데 없다. 그렇기에 사회 공동체 구성원들 모두가 지금 이 순간을 만족해하며 노인들을 외면하는 순간, 진정 노인을 위한 나라는 없을 것이다.

1) 프레시안 특별취재팀, 『한국의 워킹푸어』, 책보세, 2010, 219쪽 참조.
2) 위의 책, 221쪽 참조.
3) 김용규, 『영화관 옆 철학카페』, 이론과실천사, 2002, 285쪽 참조.

사람냄새가 나는 삶

우리사회에서 가장 존경하는 인물을 꼽자면 단연코 나는 故 이태석 신부를 이야기할 것이다. 자칫 감상에만 치우친 언어가 될 수도 있겠지만 그의 위대한 행보는 대학시절 내 생각과 행동양식에 지대한 변화를 가져다주었고, 여전히 그는 내 마음 속에 살아 숨 쉬며 큰 영향력을 발휘하고 있기 때문이다.

이태석 신부는 앞날을 꾸려갈 수 있는 안정적인 미래가 주어졌음에도, 자신의 우선가치에 따라 세계에서 가장 가난한 사람들이 있는 아프리카 남수단으로 찾아간다. 가장 낮은 자들을 위해 더 낮은 자가 되고자 몸소 타지로 떠난 그의 결단력은 내겐 버거울 만큼 큰 충격으로 다가왔다. 인간이라면 누구나 자신의 삶을 우위에 두고 최선을 다하여 살아가는 것이

기본이지만 그는 남달랐다. 적잖은 망설임이나 나약함의 그림자조차 드리우지 않고 개인의 안위를 포기했기 때문이다. 선한 생각은 누구나 할 수 있는 것이지만 그것을 직접 행함에 있어서는 결코 쉽지가 않다는 것을, 역설적이게도 그는 너무나 쉽게 보여주었다. 검은 대륙의 참혹한 죽음의 그림자를 마주한 그의 삶은 철저한 이타주의였기 때문이다. 대개 아프리카 사람들은 '가난하고 병든 사람들'이라는 명분이 존재하지만, 그렇다고 그가 그들을 사랑하고 보듬어줄 이유는 없다. 그럼에도 그는 그것이 자신의 일이라는 생각으로 그들의 부족함을 돌보길 쉬지 않았다. 이러한 그의 행보를 매체로나마 목도하고 난 뒤, 내게는 적어도 한 인간으로부터 '사랑의 본질'을 직접 마주한 듯했다.

작은 병과 싸울 힘조차 없는 아프리카 사람들은 치료 한번 제때 받지 못한 채 시들어 죽어간다. 그들은 목이 말라 오염된 강물을 마시고, 주변엔 이렇다 할 만한 의료시설이나 복지시설이 없어 홀로 병마와 싸울 수밖에 없다. 그곳의 실상을 파악한 이태석 신부는 마을 주민들과 함께 손수 병원을 짓고, 밤낮 할 것 없이 그들을 진료해 주었다. 더욱이 상처뿐인 그들의 삶에 활기를 불어넣어 주었으며, 단순히 의사나 신부로서가 아닌 인간적으로 그들과 교우했다. 단 한 사람의 영향력이 어쩜 이렇게나 클 수 있는지 감탄밖에 나오지 않았다. 특히 한센병에 걸린 사람들의 발을 직접 그려가며 신발을 제작해 준 것은, 그가 정말 말 그대로 하나님의 일을 하는 사람이라 느껴지기에 충분했다. 그는 하나님께 쓰임 받는 귀중한 사람이었고, 선한 인품으로 자신의 사명을 감당하는 자였다.

아울러 수수죽 한 그릇을 가지고 서로 먼저 먹으라고 행복한 실랑이를 벌이는 한 아버지와 아들을 보며, "더 많은 걸 가져야 하고 더 많은 걸

누려야 하는 것이 행복이라고 생각하는 우리의 행복관이야말로 애당초 시작부터가 잘못된 것이 아닌가 생각된다"[1]는 그의 말은 더욱 가슴에 와 닿았다. 삶의 필요조건들이 제대로 충족되지 않은 아프리카 사람들은 아무런 불평을 하지 않고 살아간다는 점에서, 조금만 부족해도 불편을 느끼는 나의 삶과는 사뭇 대조적이었기 때문이다.

내가 세상에 태어난 이상, 이태석 신부처럼 현재를 가치 있게 살고 선한 삶을 살아가는 하는 것은 두말할 나위가 없는 일일 것이다. 대학을 다니던 때만 해도 세계에 큰 영향력을 끼치는 소설가가 되어 많은 사람들에게 작품으로 감동을 주고 싶었다. 그리고 어느 정도 나이가 들면 많은 후원과 도움의 손길 가운데 소외계층을 위한 독서아카데미를 설립하여 수많은 책들을 무료로 배포하고, 자유로운 생각과 토론이 이루어지는 하나의 장을 만들고자 다짐했다. 가난으로 점철된 치기 어린 대학시절의 큰 포부였지만, 그러한 생각을 가지고 꿈틀거리는 것이야말로 지금 이 순간 내가 할 수 있는 일이라는 생각이 들었기 때문이다.

사실 내가 굳이 故 이태석 신부의 이야기를 꺼내든 까닭은, 그의 삶과는 상반되게 자기 공부만 하고 자기 성공만 추구하는 사람들의 위험성을 알리고 싶어서다. 누구보다 시간 관리를 철저히 해 가며 열심히 공부하였고 인성적인 측면에서도 나무랄 데 없이 자란 사람은 교육의 본질에 가장 근접하게 성장한 듯하지만, 실은 그런 사람일수록 인간미가 없는 것이 현실이다. 왜냐하면 그들에겐 언제나 규칙적이고 선한 일상만 있기 때문에 그 외의 불규칙하고 불안정한 것들을 의식적으로 거부하거나 허용하려 들지 않는다. 사람이라면 어쩌다 지각도 하고, 맞춤법도 틀리고, 남들 앞에서 코도 파는 삶을 살아야 하는데, 그 자체로만 보면 부정적인 것들이라

바로잡으려고만 들려하므로 도저히 사람냄새가 나질 않는 것이다. 지적으로든 인성적으로든 열심히 교육받은 그들에겐 선한 가치를 판단할 능력이 있지만, 당장의 내 안위가 중요하기 때문에 자신의 주변을 돌아볼 여유가 없는 것이고, 결국엔 타인이 처한 어려운 현실을 외면하는 것이 삶에서 당연시되고 있다.

인간은 누구나 자유롭게 살아갈 권리가 있다지만, 인간으로 태어난 이상 본질적인 질문을 하나 던져 놓고 살아가야 하지 않을까 싶다. 과연 자기 성공만 추구하는 사람들이 사회에 나간다고 하자. 그럼 대체 그런 사람들을 어디에 써먹을 것인가? 민감한 자기애로 무장된 날선 칼날 같은 사람이나 로봇같이 자기만 아는 사람은 되지 말아야 할 것이다.

내 젊은 날의 선택이 결코 절대적이지 않을 것을 알면서도 언제나 나 자신만을 존중했기에 깨달은 사실은 무엇이던가? 무엇을 하든 항상 약간의 아쉬움이나 후회를 동반한다는 것이 아니던가? 더욱이 서로를 어리석다며 존중하지 못하는 풍토 가운데 우리가 진정으로 해야 할 일은 바로 사람답게 살아가는 일이 아닐까? 뒤돌아볼 줄도 알고 조금 천천히 가도 좋은 그런 삶. 타인이 처한 어려운 현실을 외면하지 않는 인간미가 넘치는 삶. 그것은 곧 사람냄새가 나는 성결한 삶을 의미하는 것이다. 물론 선택은 자유다. 우리 스스로 어떤 삶을 살아갈지에 대하여서는.

---

1) 이태석, 『친구가 되어 주실래요?』, 생활성서사, 2010, 82쪽.